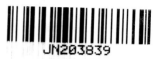

刑事責任能力論

竹川俊也著

成文堂

はしがき

本書は、2016年10月に早稲田大学大学院法学研究科に提出した博士論文「刑事責任能力論の再構成―裁判実務における判断場面を見据えた実体論構築の試み―」に加筆・修正を行ったものである。

刑法上の責任能力については、伝統的に、（生物学的方法や心理学的方法、混合的方法といった）判断基準をめぐる議論や、（責任前提説と責任要素説の対立に表れるような）体系的地位に関する議論が中心であったが、近時では、安田〔2006〕や水留〔2007ab〕、箭野〔2011a〕などを中心に、その実体要件の内実を明らかにしようとする動向がみられる。もっとも、規範的責任論から演繹的に導出された「精神の障害」および弁識・制御能力という従来の枠組みの中での議論は、観念的な色彩が強く、学説が提示する要件が責任能力の実際の判断場面で機能していないのではないかとの疑念が抱かれる。こうした問題意識から、本書は、責任能力判断の実践に耐えうる実体要件の構築という、（裁判員制度の導入を契機に一層高まった）裁判実務からの理論的要請に応えることを目的としている。

さて、本書の刊行に至るまでには、多くの方のご指導・ご助力があった。とりわけ恩師である松澤伸先生には、学部１年次の導入演習への出席を許されて以来、現在に至るまで公私に渡りご指導を受けている。学部卒業後の進路が定まらずふらふらしていた私に対して先生は、研究大学院への進学を熱心に勧めてくださり、それ以降、私がその時々に抱いた疑問や不安に対して誠実に、研究者としての「構え」を教えてくださった。先生のアドバイスの多くは抽象的で、未熟な私にとってすぐには消化できないものばかりであったが、これらを幾度も反芻することで研究者としての私は形作られた。大学院進学時に先生から贈られた、「物事を機能的に捉える習慣をつけるように」というお言葉は、現在に至るまで研究生活の指針となっている。責任能力は、先生が与えてくださった研究テーマである。本書がこれまでのご学恩に報いるものとなっているか心許ないが、謹んで本書を松澤伸先生に捧げたい。

私は現在、日本学術振興会特別研究員 PD として、北海道大学大学院法学研究科にて触法精神障害者の量刑に関する研究に取り組んでいる。素晴らしい研究環境を与えてくださっている受入教員の城下裕二先生には、改めて感謝申し上げたい。私は、大学農場で放牧されている牛や羊を横目に見ながら研究室へ向かう毎日に、代えがたい充実感を覚えている。かつての松澤先生がそうであったように、研究キャリアの初期に異なる機関で研究に打ち込むことのできる幸せを噛みしめつつ、今後も弛まず努力を続けていくことを読者の方々にお約束したい。

本書の出版にあたっては、成文堂の阿部成一社長、篠崎雄彦氏にご高配を賜った。また、校正に際しては、瀧本京太朗氏（防衛大学校講師）、松本圭史氏（早稲田大学大学院博士後期課程）、十河隼人氏（早稲田大学大学院修士課程）にご協力いただいた。記して謝意を表したい。

2018年10月

札幌にて

竹　川　俊　也

本書の公刊に際し、日本学術振興会から出版助成（研究成果公開推進費）（18HP5134）の支援を受けた。本書の内容は、JSPS 科研費 JP14J02485、JP17J00587による研究成果である。

目　次

第４部　責任能力の認定手法について

結　論

初出一覧

本書の原型となった既発表論文は、以下の通りである。

序　論

書きおろし

第１部

「刑事責任能力判断における精神鑑定人の役割（１）（２・完）」早稲田法学会誌65巻２号（2015年）151頁以下、66巻１号（2015年）189頁以下

第２部

「刑事責任能力論における弁識・制御能力要件の再構成（１）（２・完）」早稲田法学会誌66巻２号（2016年）321頁以下、67巻１号（2016年）225頁以下

第３部

「『精神の障害』と刑事責任能力（１）〜（４・完）」早稲田大学大学院法研論集158号（2016年）249頁以下、159号（2016年）269頁以下、160号（2016年）185頁以下、161号（2017年）149頁以下

第４部

「責任能力の認定手法について」早稲田法学会誌67巻２号（2017年）235頁以下

序　論　問題の所在

1　背景事情

刑法39条１項は、「心神喪失者の行為は、罰しない」とし、２項は、「心神耗弱者の行為は、その刑を減軽する」と定める。この「心神喪失」や「心神耗弱」という概念は、精神医学や心理学における概念ではなく、法律上も具体的な要件は明記されていないため、その解釈は裁判実務と刑法学説に委ねられてきた(1)。

わが国の判例(2)および学説(3)は、刑法39条における「心神喪失」と「心神耗弱」の意義について、昭和６年の大審院判決による定義を基本的に支持している。これによれば、「心神喪失と心神耗弱は、いずれも精神障害の態様に属するものといってもその程度を異にするもの」であり、心神喪失とは、「精神の障害により事物の理非善悪を弁識する能力なく、あるいはこの弁識に従って行動する能力のない状態」を、心神耗弱とは「精神の障害が未だこれらの能力を欠如する程度にまで達していないものの、その能力が著しく減退した状態」を意味するとされる(4)。

このように、実務・学説ともに、責任能力の判断基準としては、「精神の障害」（生物学的要素）と弁識・制御能力（心理学的要素）を併せて考慮する、混合的方法を前提とする。わが国の責任能力論は長らく、「有責行為能力か刑罰能力かという責任能力の本質、責任前提説か責任要素説かという責任能力の体系的地位、責任能力規定の在り方といった、前提的問題の解明に学説の関心が向けられていた(5)」が、近時では、安田拓人による研究を嚆矢として刑法39条の実体要件を

---

(1)　大塚ほか編［2015］428頁参照［島田＝馬場］。

(2)　最判平成20年４月25日刑集62巻５号1559頁。

(3)　小野［1967b］119頁、平野［1975］283頁以下、藤木［1975］204頁、中山［1982］337頁以下、団藤［1990］280頁、内藤［1991］790頁以下、浅田［2007a］282頁以下、大塚［2008］453頁、林［2008］322頁以下、井田［2008］366頁以下、大谷［2012］318頁、川端［2013］422頁、前田［2015］302頁、山中［2015］646頁、山口［2016］272頁、高橋［2016］349頁以下、松原［2017］219頁以下など。

(4)　大判昭和６年12月３日刑集10巻682頁。一部の漢字と仮名遣いを改めた。

(5)　安田［1998］103頁。

明らかにしようとする動向が見られ[6]、生物学的要素や心理学的要素の内実に関する理論的な分析がなされ始めている。これまでの議論の到達点は、以下のように概括できる。

まず、「精神の障害」(生物学的要素)は弁識・制御能力とともに医学的な疾患概念とは区別された、法的概念として再構成する立場が有力である[7]。たとえば、安田は、「認識・制御能力に影響を与えうるような精神症状あるいは精神状態像[8]」として、「精神の障害」を弁識・制御能力といった法的見地から再記述しようと試みる。

他方で、わが国の通説的見解は、心理学的要素のうち「弁識能力」を違法性の認識可能性として、「制御能力」をその違法性の認識にしたがって行為を思いとどまる可能性として理解する。こうした理解の背景には、責任要素を、行為者が備える精神的・心理的能力に関わる面と、具体的な行為事情に関わる面に二分した上で、それぞれの面で「その行為が違法であることの認識可能性」と「その違法性の認識に従って違法行為への意思決定を思いとどまる動機づけの制御可能性」の両者が問題になるとする思考枠組み——責任能力(弁識能力・制御能力)と他の責任要素(違法性の意識の可能性・適法行為の期待可能性)を平行理解する考え方[9]——が存在する。

しかし、責任能力に関する上記の理解は、2009年に導入された裁判員裁判制度を契機として、再考を迫られることになる。

2　責任能力論再考の契機

わが国では2009年に、裁判員の参加する刑事裁判に関する法律(以下、「裁判員法」という。)が施行された。特定の刑事裁判の第一審において、選挙人名簿から選ばれた原則6名の裁判員が有罪無罪および量刑の判断を職業裁判官とともに行

(6)　近時の包括的・代表的研究として、安田［2006］、水留［2007a］［2007b］、箭野［2011a］など。
(7)　安田［2006］71頁参照。
(8)　安田［2006］71頁。
(9)　たとえば、井田［2008］363頁以下。

	精神的・心理的能力に関わる面	行為事情に関わる面
知的要素	弁識能力(責任能力の一要素)	違法性の意識の可能性
動機づけ制御要素	制御能力(責任能力の一要素)	適法行為の期待可能性

うこの制度の下では、難解な刑法理論を一般の人々が理解できるように噛み砕き、必要に応じて刑法体系の側を修正することが刑事法研究者の新たな役割となった。

責任能力が問題となる事件の審理の在り方をめぐっては、同制度の導入前から種々の検討がなされ、「司法の分野だけでなく、精神医学における知見も必要となる[(10)]」責任能力の概念を一般の人々にいかに説明すべきかについて、特に活発な議論が展開された。この一連の議論の中で、平成19年度司法研究『難解な法律概念と裁判員裁判』は、責任能力論について過去の裁判例を参照しつつ、以下に述べる２つの重要な提言を行った。

第一に、同研究は、責任能力の判断場面において、「精神医学の専門家である鑑定人が法律判断の一方に明示的に軍配を上げたときの裁判員に対する影響は相当に大きい」としながら、「責任能力の結論に直結するような形で弁識能力及び統御能力の有無・程度に関して意見を示すことはできるだけ避けるのが望ましい[(11)]」と指摘した。裁判員裁判においては、少なくとも鑑定人が心神喪失・心神耗弱といった法的概念を用いることは避けるべきとされ、責任能力判断における精神鑑定人の役割について、一定の立場が明示された。

第二に、同研究は、責任主義の意義を「自ら意思決定を行って犯行に及んだが故に非難可能性がある」と定義づけた上で、「実務上、弁識能力と制御能力とを明確に区別した上で、具体的な事実関係を各能力に当てはめて両者を個別的にそれぞれ検討するという運用が定着しているかというと、必ずしもそうではない[(12)]」とし、弁識能力と制御能力を分けて判断する必要性を否定した[(13)]。

上記２つの提言は、責任能力が争われた場合に裁判員が審理・評議を容易に理解するためのものであり、運用上の指針にとどまると理解することも可能であろ

（10）　司法研修所編［2009］32頁。

（11）　司法研修所編［2009］41頁以下。

（12）　司法研修所編［2009］34頁。

（13）　同研究ではさらに、統合失調症の影響を理由として責任能力が争われた場合を例に挙げながら、従来の裁判例では、①犯行の動機や犯行が妄想に直接支配されていたかという点が最も重要視され、次いで、②動機や犯行態様の異常性などが被告人の平素の人格（統合失調症に罹患する前からのもの）と乖離しているかという点も重視されており、犯行が妄想に直接支配されていたか否かが責任能力の判断のポイントとなる事案では、端的に、「精神障害のためにその犯罪を犯したのか、もともとの人格に基づく判断によって犯したのか」という視点（「もともとの人格」論）から検討するのが裁判員にとって理解しやすいとの指摘がなされ（司法研修所編［2009］36頁参照)、責任能力の有無や程度を判断する際の指標が提示された。

う。しかし、後述のように、これらの指摘には、実体論レベルの責任能力論にとって重要な示唆が含まれている。

3　問題意識

（1）「神の命令」事例による問題点の洗い出し

上記のように、裁判員制度の導入を契機として、裁判実務では責任能力の判断枠組みや判断手法を確立しようと試みられ、責任能力の認定手法に関する重要な最高裁判例（最判平成20年4月25日[(14)]、最決平成21年12月8日[(15)]）も相次いで登場している。

他方で、刑法学説における責任能力論が裁判実務からの理論的要請に十分な形で応えられているかというと、疑問が残る。以下では、アメリカで「神の命令（deific decree）」事例と呼ばれる問題領域を例にして、従来の責任能力論が抱える問題の一端を紹介する。

> ある母親が統合失調症に起因する幻聴の影響により、自身の子供たちを殺さない限り、彼らが邪悪になり、永遠に悪魔に苛まれると信じていた。それゆえ彼女は5人の子供をバスタブに沈めて殺害したが、彼らが人間であり、溺れることによって死に至ること、また、その行為が違法であることを認識していた[(16)]。

この母親に対して何らかの形で心神喪失を認めるとすれば、責任能力基準のうち、どの要件が問題になるだろうか。まず、①「統合失調症」であることを責任能力判断において重視することはできない。というのも、責任能力基準における「精神の障害」は、医学的な疾患概念から区別され、弁識・制御能力といった法的見地から理解されるからである。また、②弁識能力を違法性の意識可能性と理解する通説[(17)]のもとでは、違法性の意識が認められる上記の事例において、弁識無能力や限定弁識能力を認める余地は存在しない。このことから、③上記の事例において心神喪失が認められるとすれば、もっぱら制御能力の問題として理解されることになる。

---

(14)　刑集62巻5号1559頁。
(15)　刑集63巻11号2829頁。
(16)　2001年にアメリカで実際に生じた、Andrea Yatesの事例を一部改変して用いた。Slobogin［2003b］at 315.
(17)　たとえば、井田［2008］366頁、安田［2002a］36頁など。

しかしながら、制御能力要件に対しては、その判断の困難性が指摘されている（認定論的問題）。また、上記の事例における母親のように、歪んだ価値体系の中で一見理知的な判断を下した者に対して、「自身の行為を思いとどまることができなかった」（制御能力を欠いた）との評価を与えることの妥当性については、なお検討の余地がある（実体論的問題）。

このように、制御能力要件に実質的に依拠する従来の責任能力論は、「神の命令」事例を適切な形で解決することができない。

（2）責任能力の判断場面を見据えた実体論構築の必要性

筆者の見立てでは、従来の責任能力論の問題は、責任能力基準の構築に際して体系的整合性を優先し、各要件で論じられるべき実体について、責任能力の実際の判断場面を見据えた形で考慮してこなかった点にある。ここにいう「責任能力の実際の判断場面」の問題は、①責任能力判断における精神鑑定人の役割と、②責任能力に関する事実認定の問題に分けて考えることができる。

まず①の点について、従来の責任能力論は、現実の裁判手続における精神鑑定人の役割を加味した刑事訴訟法領域の議論を考慮するものではなかった。しかし、精神鑑定人と裁判所の任務分担に関するかつての通説的見解——経験科学的な方法により把握可能な事実的要素たる生物学的要素は鑑定の対象となるのに対し、規範的要素たる心理学的要素は裁判所の法的判断に委ねられるとする見解——が、生物学的要素と心理学的要素の区分に依拠していたことからも明らかなように、精神鑑定人の役割論は責任能力の実体論分析に際して避けて通れないものと考えられる。

精神鑑定人の役割に関する従来の議論では、鑑定人の意見と異なる法的結論を導出することが可能なのはいかなる場合なのかという、精神鑑定の拘束性を中心に議論が展開されてきた。これは、生物学的要素や心理学的要素の判断権限が鑑定人と裁判所のいずれに属するのかという、形式的な区分論であったと評することができる。

これに対して、鑑定人の証言範囲を限定すべきとの提言に表れているように、精神鑑定人の役割に関する法曹実務家の問題関心は、事実認定者の一員たる裁判員が証拠を正当に評価できるかという、いわば実質面にも拡がりつつある。しかし、この問題領域について、刑法（および刑訴法）学説は十分な理論的基礎づけを試みてこなかった。

このことから、精神鑑定人の証言範囲の問題を契機として、責任能力判断において精神鑑定人が果たすべき役割を提示することが求められているのである。

また、②の点について、裁判実務における責任能力の判断は、「被告人の犯行当時の病状、犯行前の生活状態、犯行の動機（了解可能性）、態様（異常性、計画性）のほか、事案に応じて、さらに、犯行後の行動（証拠隠滅、違法性の意識、反省の情）、記憶の有無・程度、病前の性格、犯罪的傾向等の事情を総合的に考慮して行う[18]」ものとされる（以下、この認定手法を「総合的判断方法」という。）。

しかし、総合的判断方法の各考慮事情が、どの実体要件との関係で重要（ないし非重要）と解されているのか、裁判実務の側からは必ずしも明らかとされてこなかった。この理由としては、上記の総合的判断を実体要件（「精神の障害」および弁識・制御能力）に落とし込む段階において、具体的にどの要件が問題となるのか明示的に言及しない実務慣行があることを指摘できる。たとえば、被告人側の心神喪失の主張を認める場合には、弁識能力と制御能力のいずれが欠けるとしても結論に影響を与えないことから、どの要件が充足されるのか明示する必要性が乏しいのである。

他方で、責任能力の認定手法に関する理論的な分析については、認定論と実体論を峻別し、後者の枠内で体系的整合性を重視した演繹的議論が好まれるわが国の学問的土壌によってこれまで刑法研究者の側から十分な検討が加えられてこなかった。

このように、責任能力の認定手法については学説と実務の没交渉状態が続いてきたが、責任能力論において認定論と実体論を峻別し、後者の枠内で論理演繹的な議論を完結させる態度は妥当でない[19]。裁判員裁判においては、選挙人名簿から無作為抽出される一般市民が裁判員として参加するため、これまでの問題点が顕在化・増幅化され、新たな問題として生じてくることが想定される[20]。刑法学説における責任能力の判断基準に対しては、実際の判断場面で厳格に用いられることがむしろ稀であるとの指摘は従来からなされてきたものの[21]、こうした指摘につい

---

(18)　三好［2010］263頁。

(19)　この点について佐伯［2009］29頁は、責任能力概念について、学者を含めた法律家がその本当に意味するところを理解できていないのではないかと疑問を呈する。

(20)　廣瀬［2010］28頁参照。

(21)　たとえば、制御能力は定義として掲げられていても、実際には文字通り活用されておらず、その適用が躊躇されてきたとされる。植松［1962］43頁参照。

て十分な検討は加えられてこなかった。そうだとすれば、責任能力の判断場面で弁識・制御能力が区別されていないとする司法研究の指摘を端緒として、刑法学説における責任能力基準（実体論）と裁判実務における認定手法（認定論）の齟齬に着目し、従来の議論を検証することが求められるだろう。

以上の問題関心を本書における議論との関係で見通しを示すと、以下のようになる。まず、①の問題関心から精神鑑定人の役割を（これまでとは異なる視座から）明確にし、②の問題関心から認定論と実体論の齟齬を端緒として、弁識・制御能力要件を再構成する。また、①および②の分析結果を踏まえ、責任能力基準のもう一つの肢である「精神の障害」の意味内容や実体論上の地位を明らかにする。

このように、責任能力論については実体法の実現過程を見据えた総合的な分析が求められ、上記のように一見異なる視座からの分析が有機的に組み合わされなければならない。たしかに、こうした検討順序（鑑定人の役割論→弁識・制御能力→「精神の障害」）に対しては、精神鑑定に関する議論は責任能力の内実が確定されなければ不可能であり、実体論的な分析を先行させるべきとの疑念が想定される。しかし、責任能力に関して法文上は「心神喪失」や「心神耗弱」という簡単な規定が見られるにすぎず、――「神の命令」事例を契機に従来の理論枠組みに再考を迫る場合には――実体論的に手掛かりとなるものは、原理的には存在しない。責任能力の内実を先に確定しようと試みる場合には、たとえば体系的整合性に依拠して実体要件を定立することが可能だが、こうした議論の展開方法では、従来の理論枠組みを離れる――少なくとも、客観的見地から検証する――ことはできない。そこで本書は、責任能力の判断場面に関する問題のうち、特に実体論と距離のある領域から分析を進めることとする[(22)]。

(22)　たしかに、裁判実務においても、「精神の障害」と弁識・制御能力を併せて考慮する、混合的方法による責任能力基準が採用されている。このことから、混合的方法を前提とした手続論・事実認定論をベースに議論を展開しても、従来の理論枠組みを超えることにはならないとの疑念が抱かれるだろう。しかし、総合的判断方法における各考慮事情と実体要件の関係性は不明瞭であり、裁判実務においては、「神の命令」事例において表れるような実体要件上の矛盾・不整合を、何らかの形で（認定論レベルにおいて）クリアしながら責任能力の有無を判断しているはずである。そうだとすれば、学説における責任能力基準（実体論）と裁判実務における認定手法（認定論）の間には乖離にとどまらない矛盾の存在が推定され、裁判実務が混合的方法を採用しているとの前提に再考の余地が生じることになる。

4　分析対象・分析視角

（1）比較対象としてのアメリカ法

上記の問題関心のもとで本書は、主としてアメリカ法における責任能力論を検討する。英米法領域の責任能力論に対しては、「心神耗弱に相当する規定をもたない法制度のもとで展開されているがゆえに、その参照価値は著しく低い[(23)]」と感じる向きもあるだろうが、この指摘は正鵠を射ていない。

アメリカでは、事実審理を第一審裁判所のみに負わせ、原則として事実誤認による上訴が認められないという制度的特徴から[(24)]、手続面の議論が蓄積される傾向にある。精神医学者による証言もその例外ではなく、近時では、被告人の精神状態に関する証言を制限する、連邦証拠規則704条(b)項の解釈・運用をめぐり、議論が展開されている。

他方で、実体論についても、52の法域（50州、連邦、コロンビア特別区）ごとに責任能力基準が定められ、試行錯誤を厭わないアメリカ法の特質から、歴史を通じて数多の基準が実験的に採用されてきた[(25)]。こうした背景のもとに蓄積されたアメリカ法の議論は、責任能力基準の各要件で論じられるべき内実の解明を目的とする本書にとって示唆的である。

以下では、本書の分析視角を各部ごとに提示する。

（2）手続論的側面からの分析――精神鑑定人の役割について

第1部では、責任能力判断における精神鑑定人の役割を明確にする。

鑑定人の証言範囲を限定すべきとの前記司法研究による提言は、「一般の人々が適切に証拠を評価するための配慮」として理解されるべきものである。それと同時に、この提言は、「鑑定人が生物学的＝記述的要素の診断にとどまらず、それを前提として、心理学的＝評価的要素についても判断を示し、責任能力の有無・程度に関する参考意見を付した精神鑑定書が多く見られる[(26)]」と指摘されてきた実務運用に変化を迫るものでもある。

しかし、「一般の人々が適切に証拠を評価することができるか」という問題は、従来わが国では（半ば当然のことであるが）意識的に論じられてこなかった観点

---

(23)　安田［2013］18頁。
(24)　森本［2005］200頁以下参照。
(25)　横藤田［2009］231頁参照。
(26)　高橋［1994］398頁。

であり、責任能力の結論に直結する意見――特に、「心神喪失」「心神耗弱」「完全責任能力」に言及する意見――がいかなる理論的根拠によって制限されるのか、必ずしも明らかではない。

この問題は、責任能力判断の性質を考慮すると、一層明確になる。責任能力は、精神医学や心理学などの経験科学と密接に関係し、相互に影響を及ぼし合う領域に位置づけられる一方で、法的概念として、裁判所からの法的・規範的評価を含む概念としても理解される。経験的事実と規範的評価の交錯領域という心神喪失・心神耗弱概念の複雑な構造が、そのまま、その認定過程に反映されるのである。

心神喪失・心神耗弱の前提である「精神の障害」については、精神医学や心理学の成果に依拠せざるを得ず、精神鑑定人の専門知識に基づかなければ困難であり、あるいは不可能でさえあろう(27)。他方で、責任能力判断は法律判断である。最高裁判例は、「被告人の精神状態が刑法39条にいう心神喪失又は心神耗弱に該当するかどうかは法律判断であって専ら裁判所に委ねられるべき問題であることはもとより、その前提となる生物学的、心理学的要素についても、右法律判断との関係では究極的には裁判所の評価に委ねられるべき問題である(28)」と指摘する。

とりわけ、責任能力の鑑定は、他の類型とは異なり、この事実問題と法律問題とがほとんど不可分一体のものとして理解される。実際の事件処理においては、責任能力の有無は事実問題として取り扱うべき場合が多いようだが(29)、精神鑑定人と裁判所の「管轄」ないし「役割分担」と称される問題の困難性は、この精神鑑定の特殊性に起因する(30)。

本書における手続論的側面からの分析では、こうした精神鑑定の特殊性を念頭に置きつつ、精神鑑定人による「心神喪失」、「心神耗弱」、「完全責任能力」といった言語表現に焦点を当てる。具体的には、この種の法的概念を含んだ鑑定意見が制限されるべきか、制限されるとすれば、いかなる理論的根拠から、どのような類型に限って制限が認められるのかにつき分析を加える。「被告人は犯行当

(27)　大塚ほか編［2015］507頁参照［島田＝馬場］。
(28)　最決昭和58年9月13日判時1100号156頁。
(29)　大塚ほか編［2015］505頁参照［島田＝馬場］。
(30)　精神鑑定の困難性は、責任能力という法的概念そのものを対象とすることに起因するのではなく（法学者による法律鑑定なども「法的概念を明らかにするための鑑定」の一例である）、責任能力判断が「事実問題と法律問題の交錯領域」に位置づけられることに由来する。

時、心神喪失であった」などという精神鑑定人による意見陳述の許容性を検討することを通じて、責任能力判断における精神鑑定人の役割を明確にする。

（3）実体論的側面からの分析——弁識・制御能力要件について

第2部では、弁識・制御能力要件の意味内容を明らかにする。先述のように、この分析に際しては、「認定上は弁識能力と制御能力が区別されていない」という司法研究による指摘（以下、「重なり合い問題」という。）を足掛かりにする。以下に見るように、弁識能力と制御能力を区別することの困難性は、実体論レベルの責任能力基準に再考を迫るインパクトを内包する。

既述のように、わが国の刑法学における通説は、違法性の意識の可能性と弁識能力をパラレルに捉え、弁識能力要件における弁識内容を違法性の認識と理解する[31]。こうした理解を念頭に置けば、「神の命令」事例における母親は弁識能力に欠けるところがなく、もっぱら制御能力の問題として論じられる[32]。

しかし、この問題を制御能力のカテゴリーに先送りすることは、必ずしも妥当な解決とはいえない。というのも、「神の命令」事例における母親は、自らが手を下さなければ子供たちが不幸になるという誤った価値体系の中にありながらも、実際に自らの意思で動機づけを制御しながら殺害行為に及んでいるからである。

他方で、急性期の統合失調症患者であっても違法性の意識が欠けることは稀だとの指摘[33]を勘案すれば、弁識能力欠缺による免責は事実上ほとんど想定できないことになる[34]。この点について、責任能力に関する近時のリーディングケース（前掲最判平成20年4月25日）は、統合失調症の幻覚妄想の影響下で行われた傷害致死の事案につき、「本件行為が犯罪であることも認識していたり、記憶を保っていたりしても、これをもって、事理の弁識をなし得る能力を、実質を備えたものとして有していたと直ちに評価できるかは疑問である」と述べ、本件犯行の犯罪性に関する被告人の認識等を前提として心神耗弱にとどまると判断した原判決を破棄し、差し戻した[35]。

---

(31)　安田［2002a］36頁参照。
(32)　たとえば、安田［2012］267頁以下参照。
(33)　たとえば、山口ほか［2006］101頁以下［岡田幸之］、前澤［2015］423頁。
(34)　さらに、弁識能力要件における認識の対象を道徳違反性に求めたとしても、別の問題が生じる。この点については、第2部第2章参照。
(35)　こうした視角から平成20年判決を分析するものとして、林（幹）［2009］30頁以下など。

こうなると、「重なり合い問題」は、弁識・制御能力を分けて判断することの困難性という認定論的な次元を超え、弁識・制御能力という実体論上の理論枠組みに再検討を迫るものとして位置づけられることになるのである。

本書では、この問題解決の示唆を得るためにアメリカ法の議論を参照する。たしかに、アメリカにおける責任能力論は1980年代から90年代初頭にかけて、すでにわが国にも広く紹介されている(36)。しかし、これまでの研究は責任能力規定の在り方などの前提問題に着目するものが多く、現地の議論をわが国の解釈論に応用しようと試みるものではなかったように見受けられる。

私見によれば、この応用の困難性は、①他行為可能性という原理を責任判断の前提に据えるわが国の議論の硬直性と、先述のように、②認定論と実体論を峻別し、後者の枠内で体系的整合性を重視した演繹的議論が好まれるわが国の学問的土壌に起因する。

まず、①の点についてわが国の刑法学説は、決定論・非決定論を問わず、「非難可能性を認めるためには行為者が現実には行ってしまった違法行為を避けることが可能であった（他行為可能性）と認められることが必要(37)」だと理解する。他行為可能性という原理を非難可能性の根拠に据える以上、「自らの行為を思いとどまることのできる能力」（制御能力）は、責任能力の要件のうち最も重要なものとして位置づけられることになる。

これに対してアメリカでは、どのような場合に刑罰を科すべきかというプラグマティックな議論が中心で、他行為可能性といった原理を打ち立てた上で演繹的に責任の要件を定立する発想は希薄である。後述のようにアメリカでは、「責任能力判断で問題とされるべき内実」を責任能力基準へと具現化する過程で、制御能力要件の妥当性に疑問を投げかける見解が有力となっている。

「責任能力判断で問題とされるべき内実」を重視するアメリカの議論に正しいものが含まれるとすれば、わが国の責任能力論は、「他行為可能性」という原理を拠り所にしたことによって議論の硬直化を招き、「弁識・制御能力の重なり合い」という形で刑事実務との間に齟齬を生じさせていると評することも可能であ

(36)　1980年代以降のアメリカにおける心神喪失抗弁の動向については、林［1991］209頁以下、青木［1990］215頁以下、墨谷［1993］237頁以下、岩井［2004］特に139頁以下および168頁以下、横藤田［2002］特に184頁以下、横藤田［2009］231頁以下など。

(37)　山口［2016］7頁。

ろう。換言すれば、意思自由を前提に他行為可能性に非難可能性の根拠を求めることで、ドイツ法以外の知見は「外国法の紹介」にとどまらざるを得ない状況が長らく続いており、英米法領域における責任能力に関する議論を消化する素地が整っていなかったのである[38]。

この点について周辺諸科学に目を向けると、脳神経生理学分野ではリベット（Benjamin Libet）の実験に端を発する意思自由論の進展が見られ、（法）哲学分野において有力な見解は、責任の必要条件として他行為可能性原理を排除する傾向を示している。このことから、法哲学を中心とした周辺諸領域の議論を参照しながら責任の本質に立ち返った分析を加えることで、アメリカの議論蓄積から得られた示唆をわが国の責任能力論へ応用することが可能になると考えられる。

また、②の点については、「弁識・制御能力の重なり合い問題」に関してわが国の責任能力論の第一人者は、実体論としては弁識・制御という従来の枠組みをなお維持する必要性を強調する[39]。既述のように、こうした理解の背景には、期待可能性論の下に位置づけられる責任能力論内部の心理学的要素としては、（違法性の意識の可能性と狭義の期待可能性に対置される）弁識・制御能力という両要件を定立することがなお整合的との考えがある。このように、弁識・制御という枠組みが他の責任要素との対比にも起因しているとすれば、責任能力論内部の問題だけでなく、責任能力の体系的地位をめぐる議論にも踏み込んだ形で検討を加えることが求められる。

上記のように、本書における実体論的側面からの分析においては、「弁識・制御能力の重なり合い問題」を端緒とし、アメリカの責任能力論を参照する。そして、①他行為可能性原理を中心とした責任本質論、および、②責任能力の体系的地位をめぐる議論に検討を加えることで、犯罪論体系の異なるアメリカ法の議論をわが国の解釈論に応用し、弁識・制御能力要件を再構成することを目標にする。

（4）手続論と実体論の交錯領域――「精神の障害」について

以上の手続論的・実体論的分析を経たうえで、第3部では、「精神の障害」の意味内容と実体論上の地位について検討を加える。

責任能力判断において、「精神の障害」と弁識・制御能力を併せて考慮する混

(38)　佐藤［1985］120頁参照。
(39)　安田［2012］266頁以下参照。

合的方法を前提とした場合には、その第一段階に位置づけられる「精神の障害」がいわば「ふるい」の役割を果たすことになり、この概念をいかに理解するかは、刑法39条の適用範囲を画するに際して決定的に重要な問題となる。[40]

他方で、「精神の障害」要件を具体的に列挙するドイツ刑法典[41]とは異なり、わが国においてこの概念は、「解釈に対していわば『開かれた』ままにされてきた[42]」と評される。「精神の障害」は、精神医学などの周辺諸領域と隣接し、茫漠でその外延が明確でない概念として、その実体論的な分析の困難性が長らく認識されてきたのである。[43]

既述のように、近時では、程度の差こそあれ「精神の障害」概念を法的なものとして構成する点において、学説上は意見の一致を見ている。こうした考えの下では、たとえば、わが国において戦後強い影響力を有していた[44]、ドイツの精神医学者クルト・シュナイダー（Kurt Schneider）による精神異常の二分論に基づく医学的疾患概念――精神異常は身体的原因を有するもの（および身体的原因が推定されるもの）と「精神的存在の単なる変種」に分けられ、前者のみを精神疾患とする考え方[45]――を、「精神の障害」の判断にダイレクトに結びつけるべきではないとされる。

このようにして「精神の障害」の意味内容が徐々に明らかとされる一方で、その刑法理論上の地位については、不明確な部分が未だ多く残されている。[46]「精神の障害」を弁識・制御能力といった法的見地から再構成する通説的な立場を前提とした場合には、責任能力判断の第一段階要素としていかなる役割を果たし得るのかという疑問が生じうる。法的概念としての「精神の障害」の外延や内実は、「弁識・制御能力に影響を与えうる精神状態」などという形で心理学的要素に

(40)　安田［2009a］27頁参照。
(41)　1975年より妥当しているドイツ刑法20条・21条は、「精神の障害」要件につき、「病的な精神障害、根深い意識障害、又は精神薄弱若しくはその他の重い精神的偏倚」という形で具体的内容を列挙する。
(42)　水留［2007a］140頁。
(43)　この分野の研究では、統合失調症や躁うつ病などの精神病に加え、精神遅滞や意識障害、人格障害や飲酒酩酊などの疾患分類がなされた上で、各症状別の考察がなされるにとどまってきた。こうした考察方法が採られてきた背景には、「従前の裁判例を集積して帰納的に導く方が、より実際的で有効である」（大塚ほか編［2015］435頁［島田＝馬場］）との理解があり、責任能力の具体的な判断結果を関心対象とした、裁判例の帰納法的な考察が行われるに過ぎなかった。
(44)　箭野［2008b］289頁参照。
(45)　シュナイダー［2007］２頁以下参照。
(46)　この点については、山口ほか［2006］96頁［橋爪］による指摘が示唆に富む。

よって規定されることから、責任能力基準において両者を別個の要件として並置する必然性は存しない——つまり、「精神の障害」要件と弁識・制御能力要件の並置は、前者が医学的概念として理解されていた限りで意義を有していた——のではないだろうか。

従来の学説の問題性について筆者は、「精神の障害」が責任能力の判断場面で果たす役割を考慮せず、混合的方法という従前の理論枠組みを念頭に「精神の障害」概念の精緻化を図った点に求められ、その結果として、この要件の内容が逆説的に空洞化する事態に陥っていると考ている。この点については、責任能力の判断過程に即した説明が有益と思われることから、以下では精神医学者の岡田幸之によって提示されたモデルを援用したい。

岡田によれば、医学的診断から責任能力判断に至る構造は、①精神機能や精神症状についての情報の収集、②集められた情報に対する精神医学的見地からの評価、③疾病の診断、④精神機能・症状と事件との関連性の抽出、⑤善悪の判断や行動の制御に関わる部分の抽出、⑥法的に弁識・制御能力の要素として捉えられる点の特定、⑦法の解釈と当てはめによる弁識・制御能力の程度評価、⑧完全責任能力・心神耗弱・心神喪失の法的判断、の８段階に整理される(47)。

このうち、責任能力の実体要件としての「精神の障害」は、どの段階で考慮されるのだろうか。「精神の障害」の字義からして、直感的には②や③の段階に位置づけられるようにも思えるが、「弁識・制御能力に影響を与えうる精神症状」などとして法的見地から再構成される「精神の障害」はむしろ、④ないし⑥の段階と関連性を有していると評せよう。こうした理解を念頭に置けば、法的概念としての「精神の障害」が実際に問題となるのは、ある病的な精神状態が弁識・制御能力の喪失や減弱と関連性を有するかという点であり、これに弁識・制御能力と区別された実体要件としての位置づけを与えることは困難である。

「精神の障害」の実体要件上の地位をめぐる上記のような困難性は、「ある病的な精神状態と弁識・制御能力の関連性」という認定上の動的な概念を、静的な実体要件の平面で記述したことによる弊害ではないだろうか。こうした理解が正しければ、第一段階要素としての「精神の障害」について、責任能力の判断場面を見据えた新たな角度からの分析が求められることになるだろう。

(47)　岡田［2012］103頁参照。

上記の問題関心のもとで本書は、アメリカにおける「精神の障害（mental disorder)」に関する議論のうち、純粋な生物学的方法による責任能力基準として知られるダラム・ルール（Durham rule）をめぐる議論について検討を加える。わが国においてダラム・ルールは、責任能力基準の失敗例として紹介されることが多い[(48)]ものの、生物学的要素のみを要件とするこのラディカルな基準に対しては、当時の段階でも様々な角度から批判が展開され、その議論が副産物として蓄積された。その中でも本書は特に、「精神の障害」という要素について、「責任能力判断において精神鑑定人と事実認定者のそれぞれが果たすべき役割」という視座から分析が加えられた点に着目する。

弁識・制御能力といった法的な機能基準を内包せず、「精神の障害」という一見医学的な概念のみに依拠するダラム・ルールのもとでは、精神鑑定人と事実認定者の職分が交錯しがちになる。これを逆から捉えた場合には、「精神の障害」という統一基準の下では、精神鑑定人と事実認定者のそれぞれが果たすべき役割の差別化が必然的に求められ、「精神の障害」概念に含まれる多様な要素を分析的に捉える契機が含まれることになるのである。こうした議論背景は、責任能力の判断場面を見据えた形で「精神の障害」を構成すべきとの本書の問題意識に合致し、上記のような視座の転換に際して有益な示唆を与えるものと考えられるのである。

（5）自説の検証作業——責任能力が争われた裁判例の総合分析

第4部では、第3部までの検討によって得られた自説の検証作業として、責任能力が争われた国内の裁判例を総合的に分析する。

責任能力に関する裁判例の分析については、限界事例が扱われた少数の裁判例を取り上げることで裁判実務の考え方の外延・輪郭を描き出すという、犯罪論の他の領域では有効とされる手法を用いることができない。というのも、既述のように、責任能力が争われた場合に裁判実務では、最終的には「精神の障害」や「弁識・制御能力」といった実体要件に落とし込まれるものの、その前提として幻覚妄想の有無や動機の了解可能性、犯行態様や犯行前後の事情などが考慮され、事案や病気類型ごとに考慮される事情の種類や（場合によっては）各事情の評価方向が異なることもあるからである。

---

(48)　墨谷［1975a］65頁など。

このことから、たとえば、責任能力に関する近時のリーディングケース（前掲最高裁平成20年判決）は、心神喪失・心神耗弱の判断が裁判体によって分かれうる限界事例であるとともに、個別判断の中で精神鑑定人の意見の取り込み方を最高裁が提示したという意味で重要とされるにすぎない。したがって、この事例のみを分析することによって、裁判実務における責任能力の認定手法の全体像を明らかにすることには、自ずと限界が伴う。裁判実務における責任能力の認定手法を明らかにするためには、ある程度の分量の裁判例を総合的に分析することが求められるのである。

そこで本書は、責任能力が争点となった国内の裁判例91例（平成19年度司法研究『難解な法律概念と裁判員裁判』において取り上げられた55例、および、同司法研究が公表された以降の公刊物登載の裁判例36例）を網羅的に分析する。

その際には、責任能力を検討する際に重視されている11の要素（①犯行当時の病状・精神状態、②幻覚妄想の有無、③動機、④犯行前の生活状況・犯行前の事情、⑤犯行の態様、⑥もともとの人格との関係、⑦犯行後の行動、⑧犯罪性の認識、⑨計画性の有無、⑩記憶の有無、⑪意識障害の有無）を設定したうえで、それぞれの要素が責任能力の評価にどのような形で影響を与えているのかを分析する。

この分析結果の考察過程では、従来の責任能力論から説明が困難な領域を改めて提示するとともに、裁判実務における責任能力の認定手法が私見の理論枠組みと親和的であることを明らかにする。

第1部　責任能力判断における精神鑑定人の役割

第1部では、責任能力判断における精神鑑定人の役割を分析対象とする。

このうち第1章では、議論の前提と問題状況を整理する。議論の前提として、鑑定の一般的性質を概観したうえで、精神鑑定の拘束性を中心に展開されてきた、精神鑑定人の役割をめぐる従来の議論を確認する。本書の立場からは、従来の議論枠組みでは平成19年度司法研究における提言の背景にあると考えられる、「一般の人々が適切に証拠を評価するための配慮」を考慮できないとして、新たな分析軸の必要性を提示する。

これを承けて第2章では、刑事司法に対する憲法の制約が厳格に解され、陪審制の下で適正手続が強調されるアメリカ法の議論を分析する。具体的には、連邦の刑事事件において被告人の精神状態に関する専門家証言を制限する、連邦証拠規則704条(b)項の立法動向および裁判実務における運用状況に検討を加える。この検討を通じ、精神鑑定人の証言がいかなる実質的根拠により制限されるのか、また、一律な証拠制限を課した場合にいかなる弊害が生じうるのかを浮き彫りにする。

第3章では、「線引き問題の検討」と題し、精神鑑定人による証言が制限されると解した場合に、その範囲がどこまで及ぶのか（線引き問題）、アメリカの諸学説に検討を加えた上で、これがわが国における同種の議論に与える影響を明らかにする。

さらに第4章では、上記実質的考慮から導かれる精神鑑定人の意見に対する制限が、証拠法則上いかなる地位を占めるべきか検討を加える。具体的には、連邦証拠規則704条(b)項と他の証拠規則との関係性をめぐるアメリカの議論に示唆を得て、わが国の刑事訴訟法分野における、いわゆる「証拠の関連性」概念をめぐる議論状況を整理・分析した上で、法的概念を含む鑑定意見に対する制限の妥当性につき理論的側面から考察する。

第1章　刑事手続における精神鑑定

最高裁判例によれば、鑑定とは、「裁判所が裁判上必要な実験則等に関する知識経験の不足を補足する目的で、その指示する事項につき第三者をして新たに調査をなさしめて法則そのもの、又はこれを適用して得た具体的事実判断等を報告せしめるもの[(1)]」とされ、学説においても、「特別の知識経験に属する法則又はこれを具体的事実に適用して得た判断の報告[(2)]」などと理解される。近年の社会の複雑化、細分化、専門化の進行とともに、また、科学技術の発展とともに、具体的事件において、裁判所に不足する専門的知識・知見を補う鑑定人の協力なしには判断が困難とされる領域は拡大しつつある[(3)]。

責任能力の判定のために行われる精神鑑定もこの鑑定の一種であり、鑑定の中でも比較的実施件数が多い類型であること[(4)]、また、重大事件においては、責任能力に関する判断が死刑・無期・有罪・不起訴といった刑罰の適用を左右することから、「社会の耳目を揺るがす重大事件、異常性の窺える殺人事件等では、その犯人像への興味・関心等とも相まって精神鑑定及びその刑事裁判による評価が広く注目される[(5)]」場合が多い。

本章では、精神鑑定人のあるべき役割論を導出するための準備作業として、この問題に関する従来の議論状況を整理した上で、裁判員制度の導入に際して生じた検討課題を明らかにする。

第1節　精神鑑定の採否

前提として、裁判所は、鑑定人の鑑定結果に拘束されず、その自由な判断によって鑑定結果を取捨できる[(6)]。鑑定結果を採用しないことが認められる場合とし

(1)　最判昭和28年2月19日刑集7巻2号305頁。読点を補って引用した。
(2)　河上ほか編［2010］254頁［中井］。
(3)　浅田［1994］160頁参照。
(4)　箭野［2012］88頁参照。
(5)　廣瀬［2002］169頁。

ては通常、①鑑定人の鑑定能力や公正さに疑問が生じた場合、②鑑定資料の不備ないし裁判所の認定事実との食い違いなど、鑑定の前提条件に問題がある場合、③鑑定が適切な方法で行われていない場合、④結論を導く考察・推論の判断過程が適切でない場合が挙げられる[(7)]。

既述のように、責任能力の有無・程度の判断に際しては、事実問題と法律問題とが交錯する領域であることから、鑑定の採否（鑑定の拘束力）の問題が先鋭化する。この点につき、最決昭和59年7月3日[(8)]は、「精神鑑定書の結論部分に被告人が犯行当時心神喪失の情況にあった旨の記載があるのに、その部分を採用せず、右鑑定書全体の記載内容とその余の精神鑑定の結果、並びに記録により認められたる被告人の犯行当時の病状、犯行前の生活状態、犯行の動機、態様等を総合して、被告人が本件犯行当時精神分裂病［統合失調症］の影響により心神耗弱の状態にあったことを認定したのは、正当として是認することができる」と判示し、被告人の精神状態が心神喪失または心神耗弱に該当するかどうかは法律判断であり、その鑑定結果は裁判所を拘束しないとの立場を明確にしている。

もっとも、責任能力の有無や程度（心神喪失・心神耗弱・完全責任能力の判断）は最終的に裁判所の判断に委ねられるとする点で、学説上の争いはない[(9)]。このことから、精神鑑定の採否の問題は、法的評価を根拠づけるところの事実（生物学的要素および心理学的要素）についての判断が、鑑定人と裁判所のいずれの権限に属するのかをめぐって論じられることになる。特に、前掲最決昭和58年9月13日が、法律判断の前提となる「生物学的、心理学的要素についても、右法律判断との関係で究極的には裁判所の評価に委ねられるべき問題である」旨を判示したことにより、この強いニュアンスを伴った最高裁判例をいかに理解するかが課題となる。この点については、これまでわが国で展開されてきた、精神鑑定人と裁判所の役割分担論を概観することが有益である。

---

(6)　大判昭和10年7月26日法律新聞3888号7頁。
(7)　高橋［1994］448頁、廣瀬［2002］169頁参照。
(8)　刑集38巻8号2783頁。
(9)　河上ほか編［2010］293頁［中井］。

第2節　精神鑑定人の役割論

従来の議論では、生物学的要素は、経験科学的な方法により把握可能な事実的要素であって鑑定の対象となるのに対し、心理学的要素は、規範的要素であって裁判所による法的判断に委ねられるとする見解（役割分担論）が支持を集めていた[(10)]。この考え方によれば、心神喪失・耗弱の判断にダイレクトに結びつく心理学的要素は、法律の理念および目的を基本として、裁判所の立場から判断されなければならない。こうした思考方法は、心神喪失・耗弱概念の分析結果としての生物学的要素と心理学的要素を、「記述的」・「事実的」なものと「規範的」・「法的」なものとに峻別し、この区別を鑑定人と裁判所の任務分担に反映させる立場だと評することができよう[(11)]。

上記の役割分担論に対し、青木紀博は、「精神の障害と規範的評価との関連が明らかでなく、行為者の心的事実を軽視した恣意的な評価に陥る危険性[(12)]」があると批判を加え、弁識・制御能力という心理学的要素も事実的・経験的要素であり、鑑定の対象になると指摘する[(13)]。青木によれば、責任能力の判断は、行為者の行為時における精神の障害およびそれが行為者の弁識・制御能力にいかなる影響を与えたのかが事実問題として認定される必要があり、その事実を前提として、裁判官が規範的評価（心神喪失・心神耗弱・完全責任能力の法的判断）を行うという、2段階で構成されることになる[(14)]。

近時では、箭野章五郎がドイツの学説を詳細に検討した上で、①生物学的要素の判断において、すでに純粋な事実の確定や没価値的な記述・診断が問題となっているのではなく、価値的・評価的な側面が含まれていること、②心理学的要素の判断においても、純粋な規範的問題が問われているわけではないことから、事

---

(10)　たとえば、臼井［1961］32頁、井上（正治）［1964］130頁、稲田［1982］128頁、野阪［1985］37頁など。もっとも、いずれの見解においても、同要素間の有機的関連性から形式的な分断の困難性が認識されている点には留意が必要である。また、後述のように、従来の議論においては「鑑定人と裁判所の役割分担論」と「鑑定人の言及範囲」の問題がリンクしておらず、鑑定人が生物学的要素のほか、心理学的要素の判断や心神喪失・耗弱等の意見を付け加えることも差支えないとされていた。
(11)　箭野［2012］93頁参照。
(12)　青木［1998］22頁。
(13)　青木［1998］22頁参照。同様の指摘として、村井［1977］171頁以下。
(14)　青木［1984］120頁以下参照。

実的側面と規範的側面を峻別することが困難であること、③精神鑑定人の活動は規範的な性質を伴っており、その限りで裁判官の活動との類似性を有していること、④法廷において鑑定人は、規範的要素に関して態度表明を行うことが期待されていることを挙げつつ[15]、心理学的要素も鑑定事項に含まれるべきだと指摘する。

筆者はこの問題につき、生物学的要素のみならず、それが心理学的要素に与えた影響についても鑑定人の専門知識が及ぶものとする、後者の立場を妥当と考える。心理学的要素は、生物学的要素と切り離して判断することが困難であり、精神医学や心理学の専門知識なしには、容易に判断できないからである[16]。たしかに、生物学的要素のみならず心理学的要素も鑑定の対象となるとする考え方に対しては、「鑑定と裁判官の判断とは対象において重なり合うことになり、後者の判断の基礎が一層不明確になる点に難がある[17]」との批判が想定される。しかし、鑑定人によって経験科学的に明らかにされた被疑者・被告人の犯行当時における弁識・制御能力の有無・程度と、こうした事実的基礎に対して裁判所が下す法的評価（心神喪失・心神耗弱・完全責任能力）は、理論上分けて考えるのが適切である[18]。心神耗弱を認めるために必要となる能力減少の「著しさ」の判断が単なる経験科学的見地からの量的問題でないことからも明らかなように、責任能力について裁判所が下すべき判断は、精神機能がどれだけ損なわれているかという、事実レベルの判断に尽きるわけではない[19]。

前掲最判平成20年４月25日は、「生物学的要素である精神障害の有無及び程度並びにこれが心理学的要素に与えた影響の有無及び程度」については、その診断が臨床精神医学の本分であることに鑑みると、「その意見を十分に尊重して認定すべき」と判示した。これは、心理学的要素の有無・程度が、生物学的要素と同様に経験科学的に実証可能なものであり、したがって鑑定の対象となりうるとい

---

(15)　箭野［2012］114頁以下参照。箭野は、鑑定人による「心神喪失ないし心神耗弱への言及」と「認識・制御能力の有無・程度への言及」の問題を区別せず、いずれも「規範的要素に対する言明」として同一視しているが（同・125頁参照）、後述するように、この問題は理論的に区分される。

(16)　村井［1977］171頁参照。

(17)　中森［1984］97頁。

(18)　この点を指摘するものとして、青木［1993］198頁、司法研修所編［2009］35頁。

(19)　安田［2011a］39頁参照。この意味で、「心理学的要素についての判断は、純粋な事実判断でなければ法律判断だけでもなく、その両面が不可分に結合したものとみるのが実態に沿う」（三好［2011］244頁）との指摘は示唆に富む。

う従来の立場を最高裁として改めて確認するとともに、前掲最決昭和58年の文言が、精神医学との関係において裁判所がオールマイティであると受け取られる余地を封じたものと解することができる[20]。

このように、精神鑑定人と裁判所の役割についての従来の議論は、「鑑定人による生物学的要素や心理学的要素の評価につき、裁判所がこれと異なる判断を下すことが、いかなる場合に合理的であるか」という問題に関心が向けられてきた。それゆえ、生物学的要素のみならず、心理学的要素や責任能力の有無・程度の評価を鑑定事項に含めることの妥当性、あるいは、鑑定書中にこれらの事項についての意見が記載されることの妥当性については、鑑定人の役割をめぐる上記の議論の中にあっても、特段意識して論じられてこなかったように見受けられる。

この問題について、従来の裁判実務では、鑑定人が心理学的要素のみならず、「心神喪失」や「心神耗弱」といった法律用語を用いて鑑定結果を示すことが慣例化していたとされる[21]。たしかに、従来の見解においても、鑑定人が法律の専門家でないことから、法律判断たる責任能力の有無・程度を鑑定事項に含むことは一般に妥当でないとされ[22]、実務上、裁判所はこうした法律概念による判断を求めておらず、「被告人の現在および犯行時の精神状態」を鑑定事項とする例が多かったようである[23]。しかし、他方で、心神喪失・耗弱が法律概念でありながらも生物学的・心理学的要素を基礎とし、いずれも経験科学的に実証できる事項であることから、「鑑定人が、生物学的要素のほかに、心理学的要素の判断をし、さらに、これに心神喪失等の法律的見解を付け加えることも、差し支えない[24]」との理解も一般に受容されていた[25]。ここには、鑑定人が心神喪失・耗弱等の用語に

(20)　安田［2009b］96頁参照。
(21)　このような指摘として、植松［1952］282頁、松本［1956］14頁以下、高橋［1994］398頁、上田［2001］141頁、稗田［2010］235頁以下など。鑑定人の立場からの指摘として、福島［2002］62頁参照。なお、大澤［2007］1105頁は、精神鑑定書71例と裁判書64例の検討を通じて、全ての鑑定書に責任能力判断の記載があったとし、司法研修所編［2009］41頁も、「現在の実務で見られる鑑定書は、……弁識能力及び制御能力の程度について考察し、心神喪失・心神耗弱・完全責任能力の法律判断そのものについての鑑定人の意見が明示されていることが相当数ある」と指摘する。
(22)　平場ほか［1987］493頁参照［鈴木］。
(23)　石井［2011］305頁参照。
(24)　河上ほか編［2010］282頁［中井］。同様の指摘として、平場ほか［1987］493頁以下［鈴木］、伊藤ほか編［1997］393頁［亀山］など。
(25)　さらに、上田［2001］151頁は、鑑定人による事実判断と裁判官の行うべき判断との間には微妙な関係があることを念頭に、「鑑定人が弁識能力・制御能力の有無・程度や責任能力自体につい

よって鑑定結果を示したとしても、それは法律判断というよりは、精神障害の程度を示すために用いられている場合が多く、鑑定の効力には影響しないとの理解があったように思われるのである[(26)]。

第3節　裁判員制度を見据えて生じた変化？

上記のように、精神鑑定をめぐる従来の議論は、精神鑑定の拘束性という理論的関心を軸に展開された鑑定人と裁判所の役割区別論であり、鑑定が生物学的要素の有無・程度に加えて、心理学的要素や責任能力の有無・程度にまで言及できるかという問題それ自体は、当該部分があくまで「参考意見」にすぎないと見なされることにより、顕在化してこなかった。こうした実務の運用に変化を迫ったのは、2009年に導入された裁判員制度である。

本書の冒頭で述べたように、平成19年度司法研究は、精神医学の専門家による法的評価への言及が裁判員に与える影響の大きさを考慮し、「責任能力の結論に直結するような形で弁識能力及び統御能力の有無・程度に関して意見を示すことはできるだけ避けるのが望ましい[(27)]」との提言を行った。この提言を受ける形で、たとえば安田拓人は、「精神鑑定において、……心神喪失・心神耗弱という『法的』結論を示すのは越権行為なのであり、裁判員制度における裁判員に及ぼす影響が強いものでありうることを考慮すれば、そうした結論を鑑定として示すことは厳に慎まれるべき[(28)]」とし、鑑定人による法的概念への言及に懐疑的な立場をとる。また、刑事裁判官の立場から、稗田雅洋も、具体的な事例が心神喪失や心神耗弱に該当するかは法令適用の問題として裁判員を交えて決める事項であり、これまでの運用と異なってくるとしつつ、検察官や弁護人による鑑定人に対する尋

て言及することは、裁判所が鑑定人の事実判断を正確に理解するのに資するという側面もある」とする。

(26)　伊藤ほか編［1997］393頁参照［亀山］。裁判例においても、大判昭和８年５月18日刑集12巻599頁は、鑑定人が、心神耗弱という法律用語を使用して鑑定結果を示した場合において、精神障害の程度を示すために偶々法律用語を用いたに過ぎず、当該鑑定の効力には影響がないとし、名古屋高金沢支判昭和26年４月20日特報30号53頁は、「鑑定人が鑑定書中に自己の法律的見解を附記すると否とは其の自由であり、裁判所は、何人の意思にもとらわれない独立不羈の立場から専ら法律を解釈する」旨判示している。

(27)　司法研修所編［2009］41頁以下。

(28)　安田［2009b］95頁。

問についても、質問が法的概念に及ぶ場合には、「審理の状況にもよるが、相当でない質問として制限することがあり得る[29]」と指摘する[30]。

以上の主張は、わが国において従来展開されてきた鑑定人の役割をめぐる議論とは、いささかその軸足を異にしているように見受けられる。すなわち、これまでの議論は、「生物学的要素や心理学的要素の判断が、鑑定人と裁判所のいずれの職分に属するか」という、いわば形式的な区分論であったのに対し、近時の論稿において重視されているのは、「一般市民たる裁判員が証拠を正当に評価できるか」という、実質面に主眼が置かれた問題なのである。両者の問題は、実際には重なり合う部分が多いと思われるが、その視点の異なりから、旧来的な視座によって後者の問題を解決することには、自ずと限界が生じてくるだろう。

その一方で、近時の議論における問題関心は、わが国においては長らく重視されてこなかったものであり、それゆえ、裁判員制度導入に際しても、こうした視点からの検討は手薄であったように思われる[31]。裁判員制度の導入時には、裁判員に審理の内容を理解しやすくするとともに過剰な負担を課さないため、短期集中的な審理を行い、核心司法を実現することに主眼が置かれた[32]。そのため、精神鑑定をめぐる議論も、①裁判員裁判の集中審理における精神鑑定の実施方法や、②精神鑑定の内容を裁判員に理解しやすいものにするための工夫、③公判廷で精神鑑定の結果を裁判員に分かりやすく提示するための工夫や、④いわゆる複数鑑定回避論が中心であった[33]。これらの議論は、語弊を恐れずに言えば、「分かりやすさ」を追求するためのものであったと形容できよう。しかし、裁判員裁判における審理は、「分かりやすい」審理であると同時に、適正な事実認定および量刑判断を可能とするものでなければならない。一般市民が適切に証拠を評価し、適正な事実認定を行いうるためには、どのような配慮が必要なのか、また、そうした配慮がなされる理論的根拠はどこに求められるのか、これらの問題につき検討が

---

(29)　稗田［2010］237頁。同様の見解として、廣瀬［2010］23頁。

(30)　なお、こうした運用が実際に根付いている点を指摘するものとして、中川ほか［2013］18頁［河原］、青沼［2016a］171頁。

(31)　裁判員制度が導入される前後にこうした観点から論じられた課題として、被害者影響証拠（Victim Impact Evidence）と、心理的インパクトの強い証拠（Gruesome Evidence）の問題が挙げられよう。前者について、島田（良）［2009］115頁以下。法心理学の立場から後者について論じたものとして、綿村［2011］47頁以下。

(32)　廣瀬［2010］29頁参照。

(33)　稗田［2010］226頁以下参照。

加えられる必要があろう[(34)]。

この点に関連して、平成22年度司法研究『科学的証拠とこれを用いた裁判の在り方』は、DNA 型鑑定を念頭に置きながら、「理論的根拠が納得し得るものであるというだけで、検査結果とその持つ意味を過信・過大評価してはならない」点を指摘し、裁判官や裁判員に注意を促すものであった[(35)]。科学的証拠につき、特に注意を要する類型として挙げられることが多いのは、ポリグラフ検査結果や警察犬による臭気選別検査結果、声紋・筆跡鑑定などであり[(36)]、刑事訴訟法分野において、精神鑑定が特段に論じられることは少ないように見受けられる。もっとも、精神鑑定が有する問題点は、以前から指摘されているところであり[(37)]、他の鑑定類型と異なる特殊性に着目すれば、以下の４点を挙げることができる。

まず、①精神医学が他の自然科学領域に比して未発達な、発展途上にある学問とされる点が挙げられる。鑑定の対象が被告人の人格であることから、鑑定結果を客観化ないし数量化することとは親しみにくく、そこに鑑定人の解釈が含まれることは否定できない[(38)]。この点で、科学的原理や方法がすでに確立しており、それにしたがって得られた結果に異議を差し挟むのが困難な鑑定類型（理化学鑑定や工学鑑定など）とは、その性質を異にしていると評することができる[(39)]。

また、②精神鑑定が依拠する鑑定資料の特殊性が挙げられる。精神鑑定では、被告人や参考人の供述を鑑定の資料とすることから、これらが相互に矛盾したり、供述内容が変化したりする場合には、どの供述に依拠するかによって、結論に相違をきたすことが想定できる[(40)]。

さらに、③精神鑑定人による責任能力についての意見は、裁判所による法規範的評価と直結しやすい[(41)]。精神障害の診断が臨床精神医学の本分であり、責任能力の有無に関する最終的判断が裁判所に委ねられていることに疑いの余地はない。

---

(34)　佐々木［2010］184頁参照。
(35)　司法研修所編［2013］139頁参照。
(36)　たとえば、田口［2017］392頁以下など。
(37)　たとえば、青木［1983］59頁以下など。本書における以下の記述は、この論文に依るところが大きい。
(38)　青木［1983］60頁参照。浅田［2007b］791頁は、精神鑑定を「鑑定人の主観的判断に依存する度合いが大きい領域」に位置づける。
(39)　たとえば、現在主流となっているSTR 型検査によるDNA 型鑑定においては、STR 型15座位の全てが一致した場合、４兆7000億人に１人という高い識別精度を有しており、個人識別能力という点ですでに究極の域に達しているとされる。司法研修所編［2013］139頁参照。
(40)　青木［1983］60頁参照。

しかし、争点が「精神障害が犯行に与えた機序」あるいは「弁識・制御能力の有無・程度」となれば、この問題に線引きを行うことは困難であろう。このように、責任能力は事実問題と法律問題の交錯領域に位置し、「法と医の判断はグラデーションをなして重なり合っている[(42)]」のである。

加えて、④責任能力概念それ自体が複雑である[(43)]。責任の本質をめぐっては、刑法研究者間でも未だ意見の一致を見ておらず、こうした不安定な基礎の上に構築される責任能力の実体要件も、不明確なものにならざるを得ない。裁判員制度導入に際して行われた模擬裁判において、鑑定人役を務めた精神科医に対するアンケート結果によれば、責任能力の考え方について共通認識があると答えた者は少数であり、個々の精神科医によって心神喪失・耗弱を認める基準の置き方はかなり異なっている[(44)]。こうした実情が、実体法分野の概念規定の曖昧さに起因していることは否定できないだろう。

以上の特殊性から、「責任能力の鑑定に固有の問題が生じ、あるいは、鑑定一般に共通する問題がより先鋭化した形で現れる[(45)]」ことになる。この点、従来は、法曹関係者と精神鑑定人による、いわばコンセンサスによって問題が回避されてきたが、責任能力の判断に裁判員が加わることが想定される現在では、同種の運用は期待できない。本書の関心対象である、「鑑定人による法的概念への言及は越権行為なのではないか」という問題は、従来から潜在的に認識されていたものの、裁判員制度が導入されたことを契機とし、早期に解決しなければならない問題として顕在化したものと捉えることができよう。

既述のように、責任能力の有無・程度が最終的に裁判所の判断に委ねられるとする点で、学説上の争いはない[(46)]。そして、鑑定人による法的概念を含む意見は、精神鑑定に内在する上記の困難性や裁判員の司法判断に与える影響の大きさを考慮すれば、避けられるべきであろう。ここでは、「参考意見」として従来許容されていた表現が制限される理論的根拠が求められる。しかし他方で、犯行時における行為者の精神状態については、鑑定人の専門知識に依拠せずには、妥当な判

(41)　村松［2013］45頁以下参照。
(42)　村松［2013］47頁。
(43)　青木［1983］60頁以下参照。
(44)　司法研修所編［2009］41頁、307頁以下参照。
(45)　青木［1983］59頁。
(46)　この理由について、上田［2001］141頁、國井［2015］136頁参照。

断を下せないのが実情であろう。どの限度まで鑑定人が意見を述べることを許容すべきなのか、ここに線引き問題の難しさがある。

そこで次章では、上記の着眼点を軸として、アメリカ連邦法における精神鑑定人の役割論を分析する。先述のように、アメリカの心神喪失抗弁については、法域ごとに責任能力基準が定められ、「試行錯誤を厭わないアメリカ法の特質もあいまって、壮大な歴史の実験場の様相を呈する[(47)]」と形容され、特に1980年代以降、わが国にも広く紹介された。しかし、これらの議論は、主として責任能力の実体要件に着目するものであり、鑑定人の証言範囲に関する近時の判例・学説を詳細に検討したものは見当たらない。そこで、以下では、刑事裁判において被告人の精神状態に関する専門家証言を制限する、連邦証拠規則704条(b)項の制定経緯を概観した上で、連邦裁判所による同規則の運用状況について分析を加える。

(47)　横藤田［2009］231頁。

第２章　連邦証拠規則704条(b)項をめぐる議論状況

第１節　精神医学者による証言の制限と連邦証拠規則704条(b)項の制定

第１項　いわゆる「究極問題ルール」について

アメリカでは、19世紀から20世紀初頭にかけて、争点たる事実を決定づけるような事項について、証人による意見陳述を禁止する、「究極問題ルール（ultimate issue rule）」が一般に受容されていたとされる[(48)]。この証拠法則の出現時期は定かではないものの、たとえば、バーモント州最高裁は1840年の判例において、川の戻り水の原因に関する証言につき、陪審が単独で決定しなければならない旨を判示していた[(49)]。バーモント州においてこのルールが確立されて以降、1874年までには、全米の裁判所によって同種の制限が採用されるに至ったのである[(50)]。

この証拠規則は、争いのある事実について陪審が自ら考えることを放棄し、影響力の強い証人の意見を無批判に採用してしまうことへの懸念に由来し[(51)]、精神鑑定人による証言にも形式的に適用された[(52)]。すなわち、被告人の責任能力の有無という法的判断に直結し、それゆえに陪審の権限を侵害するような究極問題に関する、精神医学の専門家による証言は禁じられていたのである[(53)]。この考え方は多くの裁判所によって共有され、証人が「端的に核心を突く質問（test question）」——心神喪失の法的基準として用いることが可能な用語を使いながら意見を述べること——は、許容されないと解されていた[(54)]。

---

(48)　Braswell［1987］at 621.
(49)　Stoebuck［1964］at 226 (citing 12 Vt. 178 (1840)).
(50)　*Id.* at 227.
(51)　Broun (ed.)［2013］vol. 1, §12, at 80.
(52)　*E.g.,* State v. Palmer, 161 Mo. 152 (1901); State v. Brown, 181 Mo. 192 (1904).
(53)　LaFave［2017］at 567.
(54)　*Id.* たとえば、「被告人は犯行当時、精神障害に罹患しており、それによって善悪の認識が奪われていた」という証言がこれに該当する。

しかし、この証拠制限の妥当性が疑問視されるにつれ、1930年代以降、各法域において同ルールを廃止する傾向が生じる。究極問題ルールへの批判としては、①特定の争点につき、陪審が専門家の補助を得る必要性や適切性を考慮することなく、究極問題に関する証拠を一律に排除する点や[(55)]、②どのような意見が究極問題に関連するとして排除されるべきかという、困難な線引き問題を生じさせる点[(56)]が挙げられる。その結果、1964年までには多くの裁判所において同ルールの廃止・修正がなされ[(57)]、1975年に連邦証拠規則704条が制定されると、この傾向は決定的となる。同条は、「それ以外の点で許容性が認められた意見又は推論の形式による証言は、事実認定者によって決定されるべき究極問題を包含することを理由として、異議の対象とならない[(58)]」とし、専門家証人による意見が究極問題に関する事実を含むことを理由としては、制限の対象とならない点を明記する。

実際にも、こうした傾向の下で1962年に公表されたアメリカ法律協会による模範刑法典（American Law Institute Model Penal Code）は、§4.07(4)において[(59)]、被告人を鑑定した精神科医が、犯行当時の精神状態に関する診断結果について供述し、さらに、弁識・制御能力が精神の疾患ないし欠陥によって損なわれていた場合には、その程度についての意見を述べることができると規定していた。しかし、模範刑法典に代表される、究極的意見に寛容な態度は、1980年代に一部退行することになる。この契機となったのが、1981年に生じたロナルド・レーガン大統領暗殺未遂事件（ヒンクリー事件）である。

第２項　ヒンクリー事件後の動向

アメリカの心神喪失抗弁は、レーガン大統領暗殺未遂など13の訴因で起訴された被告人ヒンクリーに対し、1982年にコロンビア特別区の陪審が心神喪失による無罪評決を下したことが大きな分岐点となった。この事件とヒンクリーのその後の動向は全米にわたってセンセーショナルに報じられ、この無罪評決以降、アメリカにおいては、心神喪失抗弁が認められるための要件を狭めようとする傾向が

(55)　Korn [1966] at 1086.
(56)　Broun (ed.) [2013] vol. 1, §12, at 82.
(57)　Stoebuck [1964] at 227-234.
(58)　訳出に際して、中村［1975］を参照したが、完全に同一ではない。
(59)　なお、アメリカ法律協会（ALI）の解説は、精神医学者による、責任能力の法的基準に沿った形での意見陳述を許容している。American Law Institute [1985] at 253.

みられる。[60]

連邦レベルの責任能力基準は、1984年に包括的犯罪規制法として立法化されたものであり、以下のように規定されている（18 U.S.C. §17）。

(a) 被告人が犯罪行為時に、重大な精神の疾患ないし欠陥（severe mental disease or defect）の結果、行為の性質または罪悪性を弁識（appreciate the nature and quality or the wrongfulness）できなかったことは、連邦法の下での起訴に対する抗弁となる。その他の場合には、精神の疾患ないし欠陥は抗弁とならない。

(b) 証明責任：被告人は、明白かつ説得力のある証拠（clear and convincing evidence）によって、心神喪失を立証しなければならない。

それまで多くの連邦裁判所で採用されていた模範刑法典による基準（ALIルール）[61]との相違として着目すべきは、①精神の疾患ないし欠陥に「重大な」という限定が付され、②制御能力要件が削除され、さらには、③挙証責任が被告人側に転換されていることであろう。こうした実体基準の狭隘化に並行する形で、④精神鑑定人の証言範囲の限定が議論の俎上に載せられることになったのである。

精神医学証拠に関するそれまでの議論は、この種の証拠類型が、科学的証拠に求められる許容性要件を満たすかを軸に展開されていた。[62]この種の議論では、一部の論者により、精神医学が厳密な意味での科学的根拠に立脚しておらず、争いのある問題についての証言や、堅固な科学的根拠に基づかない結論の意見陳述は許容されるべきではないとの批判がなされていた。[63]

もっとも、この批判に対しては、当該証拠が単なる憶測や推測以上のものである限り、証言を基礎づけるところの原理が厳密な意味における科学性を有さないことをもって排除することは妥当でない、との反批判が可能である。[64]すなわち、あらゆる資料は、「確率」や「可能性」といった言葉によってのみ表現されうるのであり、厳密な意味での科学性に欠けることを根拠にした証拠排除が認められるとすれば、事実認定者から多くの有益な情報を奪うことに繋がりかねない。精

(60)　この問題については、後述第2部第2章。
(61)　アメリカ法律協会（ALI）による模範刑法典（Model Penal Code, 1962）の責任能力基準については、後述第2部第2章。
(62)　American Bar Association [1986] at 7-118-119 [hereinafter ABA].
(63)　Morse [1978] at 600-26.
(64)　Bonnie & Slobogin [1980] at 461-2.

神医学の専門家が、精神や感情のプロセスや、異常な行動について、陪審よりも多くの知識を有していることは明白である[65]。この種の証拠は、適格性を付与された専門家の特別な知識の範囲にとどまる限り、許容されるべきであろう[66]。

第３項　精神鑑定意見を制限する根拠？

それでは、究極問題に関する精神鑑定人の意見を制限する根拠は、どこに求められるのであろうか。この点についてGoldsteinは、以下のように述べている。

> 「[精神医学者に対して] 端的に本質を突くような問い（test question）を許容することの問題性は、責任能力の判断が依拠すべき事実の詳細が、こうした問いへと置き換わってしまうことにある。精神医学証拠により、責任能力をめぐる問題が（速度や天気のように）見ることのできるものに変えられてしまう。多くの事例において、ある証拠はこうした視角で、別のある証拠はそれとは異なる視角で物事を見る、という形で証拠が構成されてしまうのである。こうなると、心神喪失をめぐる争点は、信頼性（credibility）の問題にすぎないものとして取り扱われることになる。どの鑑定意見が信用されるべきだろうか。鑑定意見の中で最も良い観点から物事を取り上げ、洞察に優れ、偏見の少ないものはどれだろうか……。被告人の精神生活について、精神医学証拠それ自体ではなく、彼 [被告人] についての合理的判断を下すのに十分な情報が与えられない。陪審は、専門家の中から [最も妥当だと考えるものを] 選び出さなければならない、という印象を抱くことになる[67]。」

精神医学の専門家による究極問題への言及を制限する根拠としては、一般に以下の二点が指摘される。第一に、究極問題に関する証言は、事実認定者たる陪審の権限を侵害する可能性が高い[68]。陪審が自ら判断を下さなければならない事柄について専門家が意見を表明した場合、その権威性も相まって陪審に過度な影響を与えてしまう。第二に、究極問題についての意見は、精神医学の専門性を発揮できる事項ではない[69]。アメリカ精神医学会（American Psychiatric Association、以下、

---

(65)　ABA [1986] at 7-119.

(66)　*Id.* 精神医学鑑定が、科学的証拠の証拠能力に関するフライ基準を満たすとする判例として、Hughes v. Mathews, 576 F.2d 1250 (7th Cir. 1978).〔同判例についての紹介として、青木 [1990] 230頁参照。〕

(67)　Goldstein [1967] at 103-4.

(68)　ABA [1986] at 7-335.

(69)　ABA [1986] at 7-122.

「APA」という。）は、被告人の精神状態を超えて究極問題につき意見を述べることが求められる場合には、専門家証人は、医学的概念と法的・道徳的価値判断との関係を推論ないし直感しなければならず、「論理の飛躍（leap in logic）を犯すことが求められる[70]」と指摘する。そして、こうした論理の飛躍のために、専門家証人は相対立する結論を述べ、結論に至った根拠よりも、結論自体に専念することに至るのである[71]。そこには、法廷における「専門家の闘い（battle of experts）」と従来称されてきた問題の実体が、「多くの場合、専門的な診察結果の差異というよりは、目下の事件をどう処理すべきかという点での専門家各人の好みを反映した法律上の結論の対立であった[72]」との理解が窺えよう。

アメリカ精神医学会（APA）に続き、アメリカ法曹協会（American Bar Association、以下「ABA」という。）も、1984年8月に制定した「刑事司法精神保健基準（Criminal Justice Mental Health Standards）」の中で、「被告人の犯行当時の刑事責任能力の有無についての意見証言は許容されない」との条項を定めた[73]。また、全国精神保健協会（National Mental Health Association、以下、「NMHA」という。）も、APAやABAと同様の立場を採用し[74]、精神医学の専門性が発揮できる事項に証言範囲が限定されるべきだと指摘する[75]。

こうした学術団体からの提言を受け、究極問題についての専門家証言を許容していた連邦証拠規則704条は、1984年に一部修正が加えられることになる。

第704条　究極問題についての意見

(a) 意見は、それが究極問題を包含していることのみを理由として、異議の対象とならない。

(b) 刑事事件において専門家証人は、被告人が攻撃防御の対象たる犯罪の構成要素を成す精神状態にあったか否かについて、意見を述べることはできない。それらの事項は、事実認定者によってのみ決定される問題である。

---

(70) American Psychiatric Association [1983] at 686 [hereinafter APA].

(71) ABA [1986] at 7-335.〔紹介として、青木［1990］232頁。〕

(72) ジョージ［1988］313頁。

(73) ABA [1986] standard 7-6.6.

(74) The National Mental Health Association [1983] at 41-2 [hereinafter NMHA]. なお、現在、同団体はMental Health Americaへと名称が変更されている。

(75) NMHA [1983] at 41. もっとも、NMHAは、この制限範囲が過度なものになってはならないと注意を促している。*Id.* at 42.

704条(b)項の創設により、少なくとも連邦管轄の刑事事件において、精神医学の専門家が被告人の精神状態につき、法的結論に直結する形で意見や推論を述べることは許容されなくなった[(76)]。以下では、同条の制定過程を概観した上で、連邦裁判所における運用状況に分析を加える。

第４項　連邦証拠規則704条(b)項の制定過程

上院司法委員会の報告書（committee report）[(77)]は、この修正案の目的につき、「事実認定者によって明らかとされるべき法的・究極的な争点について、直接に矛盾した結論に至るような複数の専門家証言による、混乱を招く惨状（confusing spectacle）を除去することにある[(78)]」とし、具体的な制限範囲について、「精神医学の専門家証言は、被告人が重大な精神の疾患・欠陥を有していたか否か、有していたとすれば、その精神障害の特徴がいかなるものであるかといった診断（diagnosis）……を提供し、説明することに制限される[(79)]」との理解を示していた。そして、先のAPAの見解を引用しつつ、この証言範囲の制限により、被告人の精神状態について証言する精神鑑定人に対し、「実際上語ることのできない、つまり医学上の概念と自由意思のような法的・道徳的な構成概念との間の推定的な関係」についての意見を求めたり、「論理的な飛躍を要求する[(80)]」ことが避けられるとしていた。

この立法提案については、下院の司法委員会も、同様の説明を加えている。すなわち、精神衛生の専門家は、心神喪失に関する法的結論を導き出す特別な能力を何ら有しておらず[(81)]、責任能力についての究極問題を、陪審による社会的・共同

(76)　他法域における、連邦証拠規則704条(b)項に類似の規定として、コネティカット州の証拠規則（Conn. Code Evid. §7-3）を挙げることができる。また、メリーランド州では、同様の制限を規定しながらも、心神喪失に関する究極的意見はこの制限の範囲外とし（Md. Rule 7-704(b), Md. Courts and Judicial Proceedings Code §9-120）、モンタナ州では、この種の制限が加えられる対象を、精神科医・認可を受けた心理学者・一定以上の技術水準を有する看護師に限定することにより（Mont. Code §46-14-213(2)）、連邦の基準に比して緩やかな制限を採用している。もっとも、同様の規定を有さず、判例においてこれらの証拠に許容性を認めている州も多い（*E.g.*, State v. Schmidkunz, 721 N.W.2d 387 (ND 2006)）。See, KAYE, BERNSTEIN & MNOOKIN［2010］at 46 note 20.

(77)　S. REP. NO. 225, 98th Cong., 1st Sess., 1984, at 230.

(78)　*Id.*

(79)　*Id.* at 230-1.

(80)　*Id.* at 231; APA［1983］at 686.

(81)　H. R. REP. NO. 577, 98th Cong., 1st Sess., 1983, at 16.

体的価値観の適用場面とするために、これに関連する専門家証言の排除を提言したのである。[(82)]

それでは、立法者は、具体的にいかなる範囲の制限を意図していたのであろうか。まず、「心神喪失（insanity）」といった法的結論への言及を禁止しようとしていた点については、明白であろう。この種の証言は、法的問題を解決する手掛かりに直接に言及するものとして、通常、「究極的結論（ultimate conclusion）に関する証言」と称される。[(83)]

また、責任能力の連邦基準にしたがい、被告人が「犯行当時、行為の罪悪性を理解することができたか」について精神鑑定人が意見を述べることも、制限を受けるとされている。[(84)] この種の証拠は、「直前の結論（penultimate conclusion[(85)]）に関する証言」と位置づけられ、究極的結論ほどではないものの、法的基準に関連するような事項に触れるものを含むとされる。たとえば、心神喪失に関するアメリカ法律協会（ALI）の基準の下では、「被告人が犯行当時、『精神の障害ないし欠陥により、行為の罪悪性を理解し、または自己の行為を法の要求に従わせる実質的能力を欠いていた』」という証言がこれに該当する。[(86)]

他方で、精神鑑定人による、①被告人が有していた精神障害の特徴や重大性についての意見や[(87)]、②被告人が犯行当時、当該精神障害の急性期にあったか否かについての意見は、許容されると解されている。[(88)] よって、連邦証拠規則704条(b)項のもとで許容される精神医学者に対する質問は、以下のように解されることになる。[(89)]

「被告人が患っていた精神の疾患・欠陥とは、どのようなものですか。」

---

(82)　*See*, Braswell［1987］at 626. なお、この証拠制限の問題は、心神喪失に関する精神医学者の証言をめぐって議論が展開されたものだが、704条(b)項は、その射程を精神医学者の証言に限定していない。*See*, S. Rep. No. 225, 98th Cong., 1st Sess., 1984, at 231.

(83)　Slobogin［1989］at 259. この他にも、たとえば、被告人の精神状態につき、「訴訟無能力(incompetent)」、「受刑能力を有している（committable)」など、法的結論に及ぶような証言が該当する。

(84)　*E.g.*, United States v. West, 962 F.2d 1243, 1245 (7th Cir. 1992).

(85)　"penultimate" とは、通常、「最後から2番目の」という意味で用いられる形容詞である。

(86)　Slobogin［1989］at 259-260. 連邦議会の他にも、ABA や一部の州が同様の見解を採用している。*See*, ABA［1986］standard 7-6.6; Cal. Penal Code §28(a).

(87)　*E.g.*, United States v. Gold, 661 F. Supp. 1127 (D.D.C. 1987).

(88)　Kaye, Bernstein & Mnookin［2010］at 48.

(89)　Broun (ed.)［2013］at 87-8.

「その精神の疾患・欠陥の特徴を説明してください。」
「彼の行為は、その疾患・欠陥の産物だったのですか。」

上記のように、704条(b)項の下での言及範囲をめぐる議論では、通常、精神医学による通常の診断（diagnosis）に加えて、直前の争点（penultimate issue）、究極的争点（ultimate issue）という3つのレベルに分けられた形で議論が進められる。しかし、この種の一律な証拠制限は、「法的結論」と「医学的診断」の線引き問題を生じさせ[90]、この線引きの困難性については、かつてより指摘されていた点に注意が必要であろう[91]。すなわち、当事者主義が強調され、鑑定人も一方当事者側の証人としての色彩を有するアメリカでは[92]、この証拠制限を実質的に潜脱しようとする試みが両当事者によって展開され、どの限度まで精神鑑定人の意見を認めるべきかについては、各連邦管区によって微妙にそのニュアンスを異にしているようにも見受けられるのである。以下では、704条(b)項の具体的な運用状況に検討を加える。

第2節　連邦証拠規則704条(b)項の運用状況

本節では、連邦証拠規則704条(b)項によって制限される精神医学証拠の類型を明らかにするとともに、同法の適用に際して生じうる問題点を洗い出すため、704条(b)項に関する近時の重要判例と思われる、Eff 判決、West 判決、Dixon 判決を取り上げて検討する。もっとも、これらの事案の検討に際しては、専門家証人による証言範囲という問題のほか、1984年連邦法により、①挙証責任が被告人側に転換され、心神喪失の問題について陪審説示が行われるためには、心神喪失たる精神状態を明白かつ説得力ある証拠によって立証することが被告人側に求められている点や、②制御能力要件が廃止されている点など、わが国の事情との相違に注意を払う必要がある。よって、本書でも、詳細に事案を紹介した上で分析

(90)　Dietz［1985］at 85.
(91)　State v. Gardner, 616 A.2d 1124, at 1128 (R.I. 1992).
(92)　鑑定ないし鑑定人の性質については、大陸法的な理解によれば、鑑定人は裁判所の補助者とされ、他方、英米法的な理解によれば、証人の一種とされる。わが国の鑑定制度の性質については、この両者の考え方が微妙に交錯していると評される（松岡［1977］109頁、松尾［1979］32頁、三井［1999］116頁以下）。

を加えたい。

第1項　United States v. Eff, 524 F.3d 712 (5th Cir. 2008)

ア　事案の概要

被告人Effは、3件の放火の嫌疑で刑事手続に付された。事実審において被告人は心神喪失の抗弁を提起し、神経遺伝障害（クラインフェルター症候群）に罹患し、この疾患が行為の性質ないし罪悪性を弁識する能力に影響を与えたことを、2名の専門家証人を引き合いに出して立証しようと試みた。事実審は、この専門家証言の許容性を判断するため、Daubert基準による聞き取り（Daubert Hearing）を行った。この聞き取りを経て事実審は、当該専門家証言は排除されるべきであり、心神喪失抗弁について陪審説示を行わないと結論づけた。被告人はその後、陪審審理の権利を放棄し、自身の行為が、消防士たちが傷害を負う実質的な危険を惹起させたかという点についてのみ争ったが、原審は、3件の放火全てにつき有罪を宣告し、7年の自由刑を言い渡した。被告人は、専門家証拠を排除した原審の手続の違法を理由として上訴を申し立てた。

イ　法廷意見の概要

第5管区連邦控訴裁判所は、被告人側の精神鑑定証拠を排除した原審の判断を支持し、上訴を棄却した。

（1）専門家による証言内容　原審では、被告人側の証人として、Carole Samango-Sprouse医師による意見と、Kyle Boone医師による意見が提示された。Samango-Sprouse医師は、クラインフェルター症候群の一般的症候として、①神経遺伝疾患の一種であり、行動および神経認知的な影響を脳に与える点、②治療がなされない場合、脳の発達に影響を与え、青年患者においては実行機能を統括する前頭葉を萎縮させ、抑制、配慮、作業記憶の機能を損なう点、③計画能力や行為の帰結を予期・認識する能力、不適切な行動を抑制する能力が欠如する傾向があり、④「子供じみた決定」や「呪術的な思考」という形で表出する点を指摘した。そして、同症候群が被告人の行動に与えた影響として、実行機能、判断能力、および結果認識能力の低下を挙げ、8歳程度の子供に類似した判断傾向があると指摘しながら、放火行為時に、行為の性質や罪悪性を弁識する能力を欠いていたと証言した。同様に、Boone医師も、障害の具体的症状に触れながら、重大な精神の欠陥（severe mental defect）を有し、行為の性質や罪悪性を弁識することができなかったとの意見を述べた。

（２）究極問題に関する証言の定義　（ア）連邦地裁の判断　原審（地裁）は、専門家証言について定める連邦証拠規則702条、および、関連性の認められた証拠についても排除される場合があることを定めた同403条を用いて、専門家証拠の許容性を否定した[93]。ここでは、被告人の精神障害に関する専門家による分析と、専門家らがその帰結として述べた「行為の性質や罪悪性を弁識できなかった」という結論の非関連性（disconnect）を指摘した上でこれらの証言を排除したが、704条(b)項の規定を考慮に入れていなかった。

（イ）704条(b)項の「究極的争点」の定義　控訴審は、先例たるLevine判決[94]に依拠しながら、被告人の心神喪失抗弁が問題となる場面において、704条(b)項によって制限される証拠類型は、「重大な精神の障害・欠陥により、行為の性質や罪悪性を弁識することが妨げられた（または、妨げられなかった）」点についての意見であるとし、両医師の証言内容は、被告人の上記能力に関連した部分について、704条(b)項の下で許容性を欠くと判示した。

（ウ）「究極問題」以外の部分を排除したことの妥当性　次に、原審が、精神医学上の診断（クラインフェルター症候群という診断結果、およびこの疾患が被告人の行動に与えた影響）など、究極問題以外の証言をも排除したことの妥当性が問題となる。すなわち、犯行時における被告人の精神状態と、心神喪失抗弁との関連性は明らかであり、このことが、証言の信頼性に問題はないとの判断がなされている点といかなる関係に立つのかが問題となる。一般に、被告人の心神喪失抗弁について陪審説示を正当化するのに不十分（insufficient to warrant a jury instruction）でない限り、当該証拠は、陪審に提示されなければならないと解される。このことから、証言の当該部分が、被告人の心神喪失抗弁について陪審説示を正当化する程度の証明力があったかという点が、本事案の中心問題となる。

（エ）陪審に対する説示が認められる要件　心神喪失抗弁についての陪審説示が認められるのは、「当該証拠によって、理性的な陪審が、説得力をもって明確に、心神喪失であるとの結論に至りうる」場合である。証拠の曖昧さを排除することや、陪審の内心に確実さをもって植えつける（instill certainty）必要性まで

(93)　もっとも、検察側も地裁も、Effの専門家証人について、その専門知識や資格、鑑定手法の妥当性について異を唱えたわけではない。

(94)　United States v. Levine, 80 F.3d 129 (5th Cir. 1996).

は求められないにせよ、最低限、心神喪失であることを、陪審が高い蓋然性をもって見出すことを可能にする証拠を、被告人側が提出しなければならない。したがって、被告人の精神疾患歴と犯罪行為との関係について、有意な方法で説明や考察がなされていないと判断された場合[95]には、陪審説示が認められない。

（3）**控訴裁判所の判断**　（ア）証拠能力について　以上のように、控訴裁判所は、究極問題についての証拠を排除し、「それ以外の証拠」によって心神喪失抗弁についての陪審説示が認められるための一般要件を提示した。そして、本件においては、被告人側に最も有利となるように解釈しても、明白かつ説得力のある証拠により、理性的な陪審が、行為の性質や罪悪性を弁識する能力を欠いていると結論づけることができないと指摘した上で、心神喪失について陪審説示を認めなかった原審の判断を支持した。詳細な理由づけは、以下の通りである。

（イ）限定責任能力（diminished capacity）について　第一の論拠として、提出された専門家証拠が、せいぜい「限定責任能力」であることを示唆するにすぎない点が挙げられる。このことは、1984年より妥当している連邦の責任無能力基準が、行為の性質や罪悪性を弁識する能力の「完全な欠如」を要求している点と相容れない。

また、①行為の性質を理解する被告人の能力につき、自身の行為を理解し、被告人が消防士として、放火によって引き起こされる損害や危険について認識していた点、②行為の罪悪性を弁識する能力について、秘密裏に放火をし、当初は捜査官らに対して嘘をつき、自己の関与を隠そうとした点や、③被告人の自白によって明らかとなった、昇進の機会を与えなかった上司に復讐するという犯行の動機は、行為の罪悪性を弁識していたことを示唆し、④被告人が森林局に勤務し、火災の危険を知る立場であったことなど、その他の争いのない事実から、放火の罪悪性についての被告人の認識が、精神疾患によって完全に妨げられていたとは信じ難いと結論づけた。

（ウ）制御能力要件が排除されている点について　第二の論拠として、現行の責任能力規定において、制御能力（volitional capacity）の要件が削除されている点が挙げられる。この点、1984年法の制定経緯を考慮すれば、いかなる形式であれ、制御能力の欠如に基づく法的免責の余地はない。本件において被告人側の証

(95)　United States v. West, 962 F.2d 1243 (7th Cir. 1992).

人が示唆していたのは、行為の性質や罪悪性を弁識する能力の有無・程度ではなく、むしろ法の要求にしたがって行為に出る能力の有無・程度であり、このことは、被告人の心神喪失抗弁における実質的論拠が、連邦議会によって明確に排除された観点（制御能力）であることを意味している。

以上の検討を経た上で、控訴裁判所は、被告人側の専門家証拠が関連性を欠いており、したがって事実認定者にとって助けとなるものではなく、当該証言を排除した原審の判断に誤りはないと結論づけた。

第2項　United States v. West, 962 F.2d 1243 (7th Cir. 1992)

ア　事案の概要

被告人Westは、銀行強盗の嫌疑で刑事手続に付され、犯行時に心神喪失であった旨の抗弁を提起した。連邦地裁の裁判官は、彼の抗弁を補助するため、委員会による認可を受けたJeckel医師に鑑定を命じた。Jeckel医師の鑑定書は、被告人が犯行当時、重大な精神障害（統合失調性感情障害）に罹患していたものの、「行為の罪悪性を理解していた（understood the wrongfulness of his actions)」と結論づけた。Jeckel医師は、予備審問においても鑑定書と同様の供述を行い、検察側は異議を申し立てた。原審は、これらの証拠が連邦証拠規則403条に違反するものとして排除した上で、心神喪失抗弁については、明白かつ説得力のある証拠を欠いているとして陪審説示を行わず、陪審は、有罪の評決を下した。被告人は、心神喪失抗弁に関する証拠や主張を許容しなかった原審の判断に誤りがあるとして、上訴を申し立てた。

イ　法廷意見の概要

第7管区連邦控訴裁判所は、精神鑑定人による証言を許容せず、心神喪失についての陪審説示を認めなかった原審の手続には誤りがあったとして、原審の判断を破棄した上で、本件を差し戻した。

（1）704条(b)項の適用範囲　（ア）原審の判断とその問題点　心神喪失が争点となる場合に、連邦証拠規則704条(b)項が禁止する究極問題とは、「被告人が犯行当時、行為の性質や罪悪性を弁識することができたか（to appreciate the nature and quality or the wrongfulness of his acts)」という点である。同項の下では、これらの問題は事実認定者によってのみ決定されるべきものであり、このことは、被告人の精神状態についての証言をも排除し、心神喪失抗弁についての陪審説示を認めなかった原審の判断が誤りであることを示唆している。

（イ）Jeckel医師の意見に対する控訴審の判断　　原審においてJeckel医師は、鑑定書や予備審問手続の中で、被告人が「自身の行為を弁識し、それが悪いことであることもわかっていた」旨の証言を行った。この意見が信頼に足るものであれば、心神喪失という争点について当該証拠が有する証明力は極めて高いものとなり、裁判所によって命じられた精神鑑定書には通常、こうした意見の記載が認められている(96)。たしかに、裁判所によって任命された被告人側の専門家証言は、結論において心神喪失抗弁を否定する内容を有していたが、証言の結論部分は、その抗弁に関連する究極問題についての意見を含み、704条(b)項の下で許容性が否定されると解される。

本件においてより重要なのは、「被告人が犯行当時、自身の行為を理解していたか」についてのJeckel医師による意見が、704条(b)項の下で許容性が否定されるのみならず、法的に意義を有さないものであり、それはいわば、予備審問中に被告人側の弁護人によって繰り返されたものの、事実審の裁判官を説得させるに足らない主張にすぎないという点である。「被告人が犯行当時、行為の性質や罪悪性を弁識することができたか」についての専門家証人による意見は、被告人の精神状態について陪審が評決を下す際の証拠として用いることはできないが、他方で、陪審の役割を否定するような形態で、事実審裁判官が精神鑑定人の証言を排除するための、妥当な根拠ともなりえないのである。

（ウ）裁判官と精神医学者の役割　　連邦証拠規則104条(a)の下で、裁判官は証拠規則に拘束されず、精神鑑定人の意見を聴取することが認められている。しかし、このことは、究極問題に関連することを根拠として、精神鑑定人による証言の全てを排除する権限を裁判官に与えるものではない。704条(b)項は、同一の結論を示す専門家証言が存在しない場合にも、陪審による心神喪失による無罪評決（その逆に、心神喪失を認めない有罪評決）を可能にすることを意図するものなのである。

たしかに、究極問題について専門家の意見が含まれない、許容性が認められた

(96)　合衆国法典第18編4247条c項4号(B)は、裁判所によって任命された精神医学の専門家が、鑑定書中に被告人の精神状態が心神喪失に該当するか否かについて、意見を記載することを認めている。18 U.S.C. § 4247 (c)(4)(B)(2012).

証拠によって、理性的な陪審が心神喪失の評決を下すことが可能かどうかという裁判所の判断は介在する。しかし、「重大な精神の障害に罹患しているものの、被告人は法的に正常である」という専門家証人の意見が問題となる場合に、被告人の精神障害の程度についての意見をも一括りに排除することは、証拠規則の不公平な適用にほかならない。

以上の点から、Jeckel医師による究極問題についての意見は、704条(b)項の下で許容されないが、この不許容とされた意見の結論部分が被告人の主張と矛盾していることを根拠として、当該抗弁に関連する、他の許容されうる証拠をも排除したことは妥当でない。

（2）連邦証拠規則403条との関係性　（ア）難解な専門用語と陪審をミスリードさせる危険性　Jeckel医師の証言を排除することは、連邦証拠規則403条の下でも許容されない。原審は、当該証言が混乱を招く精神医学上の専門用語を含むことを取り上げ、陪審をミスリードする可能性を指摘する。しかし、この種の証言においては、一般の人々にとって不慣れな専門用語が用いられるのが通常であり、同医師の意見が特段に混乱を生じさせうるものとは評価できない。

（イ）403条の適用により704条(b)項の立法趣旨が没却される可能性　原審の判断プロセスの背後には、陪審が「誤った」評決に至る懸念があり、この評決の当否は、許容性が認められない究極的意見のみに基づいた、事実審裁判所の判断に左右される。しかし、このことは、403条の規定と矛盾する。すなわち、不許容とされた意見に基づいて、心神喪失抗弁に関わる全ての証言を排除することは、「これらの問題は陪審によって決定されるべき」との704条(b)項の立法趣旨に明確に反するのである。

被告人の精神状態についてのJeckel医師の証言は、関連性と証明力がともに認められ、この医学的診断は、被告人が重大な精神疾患に罹患していることを示唆し、被告人の抗弁の立証に資するものであった。たしかに、同医師の証言は、一方で重大な精神障害を示唆しながら、他方で善悪の判断能力を喪失していなかったとする点で、矛盾を有するようにも見受けられるが、この証拠の不十分さは、同証拠を排除する理由とはなりえない。当該証拠が心神喪失を認めるのに足りるものであるかは陪審の判断事項であり、被告人の幻覚妄想などに関するその他の証言も、被告人が行為の善悪を弁識していたか否かを陪審が判断することの助けになるのである。

（3）704条(b)項適用に際しての公平性　704条(b)項の下で精神鑑定人に対し、究極問題の意見陳述を禁止することについては、以下のような疑問が生じうる。すなわち、検察側は、被告人が罹患していた精神障害の一般的性質を尋ねる（たとえば、「善悪を識別する能力の減退は、被告人が有していた疾患の特徴なのか」を訊く）ことにより、被告人が法的に心神喪失でないとする、鑑定人の究極的意見が示唆され、704条(b)項による禁止が回避されうる。また、反対に、専門家が心神喪失を示唆している場合には、弁護側が同様の方法によって、当該禁止を回避することが可能となる。精神科医が被告人の精神状態についての究極的意見を述べることを禁止するという、明確な立法者意思を回避する上記の方法は、特に被告人の心神喪失を否定する意見を専門家が示している本件の場合には、適当でない。704条(b)項は、議会によって修正されるべきだが、修正がなされるまでは、検察側による上記の方策を認めるべきではない。

以上の検討を経た上で、控訴裁判所は、被告人の精神状態についての専門家証言を排除した原審の判断には誤りがあったと結論づけた。

第3項　United States v. Dixon, 185 F.3d 393 (5th Cir. 1999)

ア　事案の概要

強盗や脅迫などの罪により訴追された被告人Dixonは、事実審において心神喪失抗弁を申し立て、精神障害の病歴を明らかにするために自身の診療記録を提出した。これによれば、1976年には急性の統合失調症であると診断され、80年代には、「慢性未分化型統合失調症」などの診断名が与えられていた。また、逮捕翌日に連邦拘置所の医師は、被告人が「混合型双極性障害」に罹患していると診断していた。

連邦地裁からの命令を受け、法精神医学を専門とするWolfson医師が被告人の訴訟能力および刑事責任能力の鑑定を行った。Wolfson医師は、訴訟能力については肯定しつつ、被告人が犯行当時、重大な精神障害を有していたとは考えられないと指摘し、さらに行為の性質や罪悪性を弁識することが可能であったと意見を述べた。弁護人は、この証言につき、連邦証拠規則704条(b)項に違反するものとして、異議を申し立てた。

原審は、一旦はこの異議を却下したものの、後にこの異議を認め、究極問題に関連する部分の証言を考慮しないようにとの治癒的説示（curative instruction）を行った。他方で原審は、Wolfson 医師に対し、被告人と同じ精神疾患を有する者は行為の性質や罪悪性を弁識することが可能かと尋ね、同医師は、この種の精神疾患が罪悪性の弁識を妨げることはないと回答した。続く尋問の中で Wolfson 医師は、行為の性質を観察する際には、その診療記録よりも、行為それ自体に目を向けることが重要だと指摘したうえで、被告人の行為の中には、犯行当時、精神疾患の影響をなんら受けていないことの兆候として読み取れるものがあるとの助言を与えた。弁護人は、これらの意見についても異議を申し立てたが、却下され、陪審は有罪の評決を下した。

被告人は、①心神喪失抗弁に関わる究極問題についての証言を専門家証人に許容した点が連邦証拠規則704条(b)項に違反し、②不適切な証拠に基づき、心神喪失抗弁についての陪審説示を行わなかった点に手続の違法があるとして上訴を申し立てた。

イ　法廷意見の概要

第５管区連邦控訴裁判所は、心神喪失に関する陪審説示を行わない決定を下すに際し、不適切にも許容された専門家証言に原審が依拠した点を指摘しつつ、この証拠を許容した判断の誤りは無害なものとはいえないと結論づけ、原判決を破棄し、差し戻した。

（１）704条(b)項の適用範囲　本件における中心問題は、心神喪失抗弁についての陪審説示を原審が行わなかった点の適切性である。この問題は、704条(b)項の下でいかなる専門家証言が許容されるかという論点とも関連するため、相当に複雑化している。

（ア）手続の瑕疵が無害なものか　まず問題となるのは、心神喪失抗弁についての専門家証言を許容したことが、無害なもの（harmless）と評価できるかである。この点、裁判記録を全体として見た上で、異議の申し立てられた証拠が評決に寄与していない場合には、訴訟手続の瑕疵が無害なものと見なされる[(97)]。

心神喪失についての陪審説示を行わなかった原審の判断を仮に支持した場合、被告人の精神状態についての問題は陪審に提示されなかったのであり、いかなる専門家証言も評決に寄与していないと解される。しかし、原審は、陪審説示を行

(97)　United States v. Dickey, 102 F.3d 157 (5th Cir. 1996).

わないとの決定を下すに際し、専門家証言に対する評価に少なくとも部分的には依拠しており、陪審説示を差し控えた点の適切性の問題は、専門家証言の許容性の有無に左右される部分があることは否定できない。

結論から述べれば、原審は、不適切にも許容された専門家証言に依拠して陪審説示を行わなかったのであり、当該証拠を許容するに際して生じたいかなる誤りも無害なものとはいえない。したがって、陪審説示の必要性について検討を加える前に、被告人側から提起された、704条(b)項に関する異議について検討を加える必要がある。

（イ）704条(b)項によって制限を受ける証拠の範囲　　704条(b)項によって禁じられた証拠類型を明らかにするには、連邦法の責任能力基準を分析することが肝要である。この点につき被告人は、①犯行当時、重大な精神の障害に罹患していたか、②当該疾患により、行為の罪悪性を弁識することができたか、という問題はいずれも究極問題についての意見であり、704条(b)項の下で許容されないと主張した。

この問題につき先例（Levine 判決[98]）は、704条(b)項の下では、要件②のみが制限される旨を判示する。たしかに、Levine 判決は、要件①が究極問題を構成するか否かにつき、明示的に述べてはいないものの、後者の要件のみが704条(b)項によって制限されることを強く示唆している。

704条(b)項制定時の資料によれば、精神障害の有無についての証言が議会によって認められていたのは明白である。上院司法委員会の報告書は、「当然のことだが、精神科医は、被告人の診断結果や精神状態、動機などについて（臨床上の専門用語あるいは一般常識的な用語によって）証言することが許容されなければならない」との提言を行っていた。このことは、㋐心神喪失抗弁を構成する要素として、重大な精神障害に罹患していた点の立証を被告人側に課すこと、㋑心神喪失抗弁における究極問題について、専門家の証言を禁止すること、㋒犯行当時、精神疾患に罹患していたかについての意見を専門家に求めることの三者が、互いに矛盾しないと議会が理解していたことを示している。

専門家証人による、精神疾患の診断についての意見を禁止することは、不合理でもある。精神医学の専門家によって、その専門性が発揮できる範囲内で意見が

(98)　*Levine*, 80 F.3d 129.

示されることは、陪審にとって助けとなる。陪審が評決を下す際に助けとなるような専門家証言を、議会が禁止しようと意図していたとは考えられない。現行の責任能力基準が「重大な精神の障害により（as a result of）……」と規定していることからも明らかなように、精神の障害要件は、弁識能力要件を構成する一要素であり、この副次性を考慮すれば、同要件についての専門家による意見は、704条(b)項によって禁止されるべきではない。

（ウ）Wolfson 医師による証言について　　被告人は、①犯行当時、行為の罪悪性を弁識する能力を有しており、②被告人と同様の精神障害に罹患している者は一般に、行為の罪悪性を弁識する能力を失うことはないという Wolfson 医師による証言につき、いずれも704条(b)項によって禁止される証言だと主張する。

まず、①の点については、陪審は、当該証言を考慮すべきではないとする治癒的説示に従ったと見なすことができ、この瑕疵は説示により十分治癒されたと解すべきである。また、②の点について検察側は、704条(b)項によって制限されるのは、要件たる精神状態を被告人が有していたかについての証言のみであり、同様の疾患を有する架空の人物が当該精神状態に至りうるかについての意見は、制限を受けないと主張する。

この点、架空の人物に当てはめる形態の意見陳述は、現実の事実関係を直接に反映するような推論を含まない限りにおいて、704条(b)項の下で許容されると解すべきである。Manley 判決(99)で示されたように、「証言において想定される事実が、当該事件の被告人と関連づけられるのみならず、責任能力基準の文言に即した形式で架空の人物を用いる方策は、……質問の形式が仮定的か否かを問わず、適切性を欠く（immaterial）」のである。

もっとも、仮定上の質問を許容しないとした Manley 判決と本件では、「架空の人物」の用い方が異なっている。というのも、本件原審は、「被告人と同様の障害に罹患している者は、行為の性質や罪悪性を弁識できますか」と尋ねたのに対し、Wolfson 医師は、その病気のみによって、弁識能力が奪われることはないと回答したのである。陪審は、この意見に基づいて、専門家の意見を受け入れると同時に、本件事案において、被告人が行為の罪悪性を理解できたか否かを検討することができる。したがって、被告人の有していた疾患が、善悪を弁識する一

(99)　United States v. Manley, 893 F.2d 1221 (11th Cir. 1990).

般的能力に与えうる影響について、Wolfson 医師の証言を引き出した原審の裁量に逸脱は認められない。

（2）心神喪失抗弁についての陪審説示が行われるための要件　（ア）Owens 判決により示された基準と本件原審の判断プロセス　1984年連邦法の下で、心神喪失抗弁についての陪審説示が許容されるためには、明白かつ説得力のある証拠によって、心神喪失を立証することが被告人側に求められる。Owens 判決[(100)]は、陪審説示の要件として、「理性的な陪審が当該証拠によって、心神喪失であると確信を抱くほどの明白さをもって評価できる」ことを提示し、陪審説示が認められるための証拠の十分性基準を明らかにした。もっとも、この判断に際して同判決は、提出された証拠は被告人にとって最も有利となるように解釈されなければならず、「明白かつ説得力のある証拠」基準は、最高レベルの証拠を要求するわけではないと指摘しており、他の控訴裁判所と同様に、当裁判所も、基本的にこの思考方法が妥当だと考える。

本件において被告人は、犯行の２週間前には双極性障害と診断され、逮捕後も医師により同様の診断がなされたことを診療記録の提出により立証しようと試みた。被告人は、これらを組み合わせて理解することにより、犯行当時心神喪失であると陪審が推論するのに十分な証拠となると主張したのである。

原審は、被告人による請求を却下し、「被告人の主張と相反する専門家証人の存在を考慮すれば、診療記録を提出することのみによって、十分な証拠を提示したとは評価できない」と指摘した。原審は、①専門家証言によって心神喪失の主張を根拠づけることはできず、②提出された診療記録も、記載内容と被告人の具体的行為との関連性を説明する専門家が存在しない場合には、十分な証拠とはなりえないと理由づけたのである。

（イ）不許容とされた証言に基づいて陪審説示を認めなかった点について　既述のように、704条(b)項は、専門家証人による究極問題の意見陳述を制限する。本件で問題になるところの究極問題とは、「行為の性質や罪悪性を弁識する能力の有無」であり、原審は、（後になって治癒的説示を行ったものの）この点に関する証言を許容し、陪審説示の必要性を判断するに際し、証言の当該部分に基づいて決定した点に手続の違法があった。West 判決が「704条(b)項は、同じ結論を

(100)　United States v. Owens, 854 F.2d 432 (11th Cir. 1988).

示す専門家証言が存在しない場合にも、心神喪失による無罪評決を陪審が下すこと（その逆に、心神喪失を認めず有罪評決を下すこと）を可能にすることを意図している」と述べているのは適切である。陪審説示を行わないという判断を下すに際し、Wolfson 医師による意見の当該部分に依拠することは妥当でない。

（ウ）診療記録のみでは不十分とした点について　　また、被告人の診療記録を解説する専門家証人が存在しなかったことを理由として、原審が陪審説示を認めなかった点にも疑問が残る。たしかに、陪審説示を要求する被告人側に課された「明白かつ説得力ある方法」での立証は、これまでの診療記録を単に提示しただけでは不十分だと解され、Owens 判決で示された基準を充足しない。この点につき被告人は、Wolfson 医師に対する反対尋問を通して、自身の行為と診療記録との関係性を提示したと主張する。

この主張に対しては、敵対的な専門家証言によって説明された診療記録のみに基づいて、心神喪失の陪審問題が形成されうるのかという疑問もないではないが、究極問題を陪審に委ねるという704条(b)項の趣旨に鑑みれば、敵対的な専門家証言であることをもって、陪審説示が妨げられることはないと解すべきである。

被告人は犯行以前に精神疾患の治療を受けており、事件後も連邦の施設に収容された。診療記録によれば、犯行の２日前に治療を終えていたが、Wolfson 医師も認めるように、双極性障害は、治療を受けずに寛解に至る場合もあるが、健康を維持するためには通常、治療が必要とされる。同医師は、被告人が犯行の10日前、混合型の双極性障害と診断されていることを説明する過程で、被告人が躁鬱期（manic and depressive phase）にあったことを同診断が示しているとの意見を述べていた。

加えて、他の医師による証言や事実関係についての証拠を、被告人に最も有利となるように解釈した場合、理性的な陪審が明白かつ説得力ある証拠に基づき、犯行当時、重大な精神の障害に罹患していたとの結論を下しえたと解すべきである。

以上の検討を経た上で、控訴裁判所は、被告人の精神状態についての専門家証言を排除した原審の判断には誤りがあったと結論づけた。

第4項　検　討

以上、704条(b)項の下で精神鑑定人による証言範囲が問題となった、3件の連邦控訴裁判所の判例を概観した。精神鑑定人による証言の許容性問題は、心神喪失抗弁の挙証責任が被告人側に転換され、陪審説示が認められるための要件が狭く解されていることと相まって、複雑な様相を呈している。

精神鑑定人の証言範囲に限れば、704条(b)項の下で制限される精神医学証拠とは、連邦の責任能力基準に従い、行為の性質または罪悪性を弁識する（appreciate the nature and quality or the wrongfulness）能力が被告人に認められるかという点で一致している。他方で、精神鑑定人による、被告人の精神状態についての意見は許容されると解されており、究極問題に触れたことを理由として専門家証言が排除されるとしても、精神障害についての意見をも一律に排除することは妥当でないとされている。

こうした運用は、704条(b)項制定時の委員会報告書における提言と軌を同じくしているが、上記のように制限範囲の一般要件を提示したとしても、実際の事案において、証拠の制限範囲を一義的に確定することの困難性もまた、明らかであるように思われる。

たとえば、Eff判決においては、限定責任能力や制御能力に関する証言が取り上げられ、究極問題に触れない証言であっても、責任能力の実体要件との関係で意味のない証拠だと解された場合には、関連性がないものとして制限を受ける可能性が指摘された。また、West判決においては、直接には争点となっていないものの、「行為の罪悪性を理解していた（*understood* the wrongfulness of his actions）」というJeckel医師の意見は、連邦基準における法的基準（「行為の性質または罪悪性を弁識する（*appreciate* the nature and quality or the wrongfulness）」）に一語一句したがったものではなく、どの程度の同一性が認められた場合に704条(b)項の射程に入るのか、必ずしも明らかではない。さらに、Dixon判決においては、架空の人物を用いた形態での証言につき、先例との相違を考慮しつつこれを許容したが、このような表現による場合、精神障害の一般的兆候についての説明と、被告人の弁識能力の有無・程度についての説明は、その境界が曖昧となる。

Eff判決で取り上げられた関連性問題については、理論的側面を有する問題であることから別途検討を加える（第1部第4章）。以下では、704条(b)項が実際に適用される場面で問題となることが多いとされる[(101)]、後二者について付言するにとどめる。

まず、責任能力の法的基準を同義語等によって言い換えることにより、704条(b)項による制限を実質的に潜脱する方策が考えられる。この点、連邦裁判所の立場としては、①証言の文言が法的基準に触れているかを形式的に問題とするアプローチと、②法的基準に触れた証言に加え、証言の内容が「究極問題に関わるものであるか」を実質的に問題とするアプローチとに大別される(102)。このうち、証言における法的用語の有無のみを問題とする①説は、委員会報告書の立場とも合致し、多くの連邦裁判所によって採用されているとされるが(103)、法文上、「究極問題」の解釈は事実審裁判所に委ねられており、これが実質的に解釈されている場合も散見される(104)。

他方で、Dixon 判決に見られたように、専門家に対する尋問の内容を仮定的なものにすることにより、704条(b)項による制限を潜脱しようとする試みも想定される。仮定的な証言については批判的な意見も見られるものの(105)、多くの連邦控訴裁判所において、架空の人物に当てはめた形で精神障害の一般的兆候について意見を述べることは許容されている(106)。

(101)　Kaye, Bernstein & Mnookin［2010］at 49-51.

(102)　Cohen［1988］at 547-8.

(103)　*Id.* at 548-9.

(104)　たとえば、未成年者に脅迫メールを送付したことによる、強要未遂および未成年者に対する性的誘惑の罪が問題となった事案（United States v. Hofus, 598 F.3d 1171 (9th Cir. 2010)）において、事実審は、被告人は性的関係を意図せず、空想の世界においてのみ性的内容のメールに価値を見出していた、という被告人側専門家証人の意見を排除した。控訴審は、704条(b)項の下でこの決定を是認し、「『被告人は、空想の世界においてのみメールに意味を見出していた』と証言することは、『少女を誘惑し、口説くことを意図していなかった』という内容の単なる言い換えに過ぎず、これはまさに陪審の判断事項である」として原審の決定を支持した。また、電子的通信手段を用いた詐欺罪および盗難コンピュータ機器の州間輸送の罪に問われた被告人が、「自己陶酔的な特徴を有する依存性人格障害に罹患して」おり、この障害は「DSM で指定された精神の障害、欠陥、ないし状態である」との専門家証言を提出しようと試みたが、検察の申立てにより、事実審裁判所がこれを排除した事案（United States v. DiDomenico, 985 F.2d 1159 (2nd Cir. 1993)）において、控訴裁の多数意見は、「コンピュータ機器が盗難品であった点の認識という究極問題に専門家が言及していなかったとする被告人の主張は、意味上のカモフラージュ（semantic camouflage）である。被告人側専門家証人による証言は、核心についての推論を含んでおり、それゆえ、陪審は『その通りでよい（Amen)』とただ呟くことしかできない」と指摘し、部分的に704条(b)項に依拠しつつ、当該証拠を排除した原審の判断を是認した。

(105)　たとえば、West 判決の同意意見において Manion 裁判官は、704条(b)項の下で、こうした仮定上の尋問は許容することのできない潜脱だと指摘する。*West*, 962 F.2d at 1251 (concurring opinion).

(106)　Salzburg［2011］vol. 3, at 704-10.

上記の事例は、精神医学的知見を用いるに足りる情報を陪審に与えなければならない一方で、法的判断に至りうる説明は却下しなければならないという、704条(b)項に内在する緊張状態を反映している[(107)]。次章では、精神鑑定人による証言範囲についてのアメリカの学説状況を概観した上で、わが国における同種の議論に考察を加える。

---

(107)　KAYE, BERNSTEIN & MNOOKIN［2010］at 50. たとえば、Dixon 判決中にも引用された Manley 判決（*Manley*, 893 F.2d 1221）では、被告人と同様の精神障害を有する者は、行為の性質を弁識することができるか、という弁護人側の質問を排除した原審の決定を是認し、当該事件と同一の事実関係が推定されるのみならず、責任能力基準の文言を直接になぞるような証言は許容されない旨を判示した。他方で、United State v. Brown, 32 F.3d 236（7th Cir. 1994）においては、検察官が鑑定人に対し、「被告人と同様の精神障害に罹患した者は、その疾患のみを理由として、行為の罪悪性を弁識することができなくなるか」と尋ね、同証言が704条(b)項に反するとの被告人側の証拠排除申立てにもかかわらず、同証拠を採用した原審の判断につき、704条(b)項による文言上の禁止があったとしても、当該精神障害の特徴や、この特徴によって、行為の性質や罪悪性の弁識が不可能となるかという診断を証拠として挙げることができるとして是認している。上記のような判断の差異は、Dixon 判決において言及されたように、「架空の人物」の用い方に起因するように思われる。「被告人と同様の障害に罹患している者は一般に、行為の性質や罪悪性を弁識することができますか」という質問は、被告人が罹患していた精神障害の一般的兆候についての説明として許容されるのに対し、「被告人と同様の精神疾患を有する者」が被告人自身と相当程度に一致することが連想される形態で、責任能力の法的基準に触れつつ、専門家が意見を述べることは許容されない。ここで重要なのは、専門家の意見を受け入れると同時に、当該事案において、被告人が行為の罪悪性を弁識できたか否かについて、陪審が考慮する余地が残されているかという点なのである。

第3章　線引き問題の検討

精神医学の専門家による証言範囲をめぐる学説は、線引き問題（どの限度まで鑑定人に意見を述べてもらうべきかという問題）についての議論と、他の証拠規則との関係性についての議論に大別される。本章では、前者の議論につき、アメリカとわが国の学説状況に検討を加えたうえで、本書の立場を提示したい。

第1節　アメリカにおける精神鑑定人の証言範囲

第1項　精神鑑定人による証言の制限に対し懐疑的な見解

線引き問題に関して専門医の多くは、究極問題についての意見陳述が制限されることに対し、批判的であるように見受けられる。たとえば、1990年代以降の学術団体の立場として、アメリカ司法心理学会（American Academy of Forensic Psychology）が1991年に示した「司法心理学者のための専門家指針（Specialty Guideline for Forensic Psychologists）」においては、究極問題についての意見陳述について明言が避けられていたものの[108]、アメリカ精神医学と法学会（The American Academy of Psychiatry and the Law）が2002年に示したガイドラインは、連邦などの法域で一定の証言が制限されていることを認めながらも、「鑑定を依頼した当事者から別段の指示がない限り、当該法域の責任能力基準に基づいた、完全かつ詳細な理由づけが鑑定書に記載されるべき[109]」とし、責任能力基準の文言に基づいた検討がなされなければならないとの立場をとる[110]。もっとも、連邦管轄の刑事裁判で被告人の精神状態が問題となる場合にも、鑑定書には通常、究極問題に関する意見の記載が求められることから[111]、この点について明確な立場の相違は存しない。

しかし、精神医学の専門家による証言の制限についても、以下に見るように懐

(108)　American Academy of Forensic Psychology [1991].
(109)　American Academy of Psychiatry and the Law [2002] at S25.
(110)　*Id.*
(111)　18 U.S.C. § 4247 (c) (4) (B) (2012).

疑的な立場が存在する。[112] たとえば、Ciccone と Clements の論考[113]は、精神鑑定に求められる検査過程が、検査の目的や回答されるべき問題の性質に左右されるとしたうえで、精神疾患が行為の選択能力・弁識能力に与えた影響についての意見陳述が制限された場合、その検査過程が不自然に分断されることにより、陪審が科学的に系統立った検査結果に直接触れることができず、検査結果の妥当性について評価することが不可能となる点を指摘する。[114] また、Rogers と Ewing の論考[115]は、多くの法域で704条(b)項類似の規定が設けられず、[116] 究極問題についての意見陳述が陪審の評決に影響を与えないことを示す実証的研究を挙げながら、[117] 一律の証拠制限はなんら効果を発揮しないと主張する。すなわち、彼らの主張によれば、704条(b)項の基本的な欠陥として、いくつかのフレーズを避けることで証拠制限を潜脱することが可能であり、両当事者が法的基準以外の多様な表現を用いることにより、反対尋問が有効に機能しなくなるなどの弊害が生じることになる。[118]

第2項　精神鑑定人による証言の制限に対し肯定的な見解

他方で、専門医の間でも、究極問題に関する意見については謙抑的であるべきとする見解は有力である。[119] この種の証言が制限される主たる根拠は、前章第1節で述べたように、①事実認定者たる陪審の権限を侵害する可能性が高く、②精神医学の専門性を発揮できない事項であるという点に求められる。さらに、Tillbrook と Mumley などの論考[120]は、Rogers や Ewing などの懐疑説において、①「究極問題について専門家の意見が付されなければ陪審は困難に陥る」ことに基づいて批判を展開する点で帰結主義的であり、[121]「そうすることが適切か」という

(112)　これに関連して、被告人の精神状態が問題となる場合に、究極問題についての専門家証言が陪審の判断に与える影響については、実証的な研究も行われている。Fulero と Finkel による研究は、専門家の意見を「診断のみの場合」、「直前の争点についての意見を付け加えた場合」、「究極問題についての意見を付け加えた場合」の3段階に分けた上で対照実験を行い、これらが陪審の評決に有意な差をもたらさなかったとする。Fulero & Finkel [1991].

(113)　Ciccone & Clements [1987].

(114)　*Id.* at 335.

(115)　Rogers & Ewing [2003].

(116)　*Id.* at 67.

(117)　*Id.* at 70.

(118)　*Id.* at 71-2.

(119)　Heilbrun [2001] at 225-6; Melton & Poythress et al. [2007] at 603-5.

(120)　Tillbrook & Mumley et al. [2003].

観点を欠いていること[122]、②専門性を発揮できない事項について決定を下す権限が社会的に認められていないこと[123]、③「能力の低下がどの程度認められた場合に心神喪失とされるのか」という判断に際しては、経験科学的なデータ以上のものが求められること[124]を挙げて、これを批判する。

もっとも、究極問題に関する意見が制限されるべきだとしても、どの限度までの意見を許容すべきかについては、未だに意見の一致を見ていない[125]。以下では、論者間の対比を明確にするため、Slobogin によって提示された基準を参照する。彼によれば、医学的診断から責任能力判断に至る推論過程は、以下の7段階に整理される[126]。

① 行為の外形に意味を与えること（「彼は両手を揉み合わせていた」）
② 一般的な精神状態への当てはめ（「彼は何かが気がかりのように見える」）
③ 理論的な構成概念への当てはめや、知覚された一般的精神状態の「定式化」（「面談中の不安な様子は、他人を喜ばせることに対する通常の強迫観念と辻褄が合う」）
④ 診断（「面談中の挙動と資料における病歴は、『全般性不安障害』と辻褄が合う」）
⑤ 「定式化」や診断を、法的に関連性のある挙動に関係づけること（「犯行当時の彼の不安感は圧倒的なものであり、自らの行為の帰結を熟考できなかった」）
⑥ 究極的な法的争点を構成する要素への言及（「犯行当時、彼は圧倒的な不安感により、行為の帰結については熟考できなかったが、行為の罪悪性は弁識していた」）
⑦ 究極的な法的争点への言及（「彼は犯行当時、完全責任能力であった」）

学説においては、精神医学の専門家が診断についての意見を述べることにすら懐疑的な見解も一部主張されているが[127]、たとえば ABA は、⑦のレベルを一律に

(121) *Id*. at 84. (citing Grisso [2003] at 15-6.)
(122) *Id*.
(123) *Id*.
(124) *Id*. at 85.
(125) 精神科医と心理学者に対して行われたアンケートによれば、刑事事件の鑑定書において、究極問題への言及を避けるべきと回答したのは全体の20% に留まっており、精神科医の60%、心理学者の40% が、究極問題についての意見を付すことに賛同している。Borum & Grisso [1996] at 307.
(126) Slobogin [1989] at 264-5.
(127) Morse [1978] at 604-15. もっとも、Morse が上記①から⑦の尺度のうち、どの限度の許容を意図していたかは明らかでない。たとえば、Slobogin の論稿は、Morse が①の限度内でのみ専門家証言を認める見解だと整理する（Slobogin [1989] at 265）が、Morse の見解においては、②や

不許容としつつ、⑤や⑥のレベルについては、医学的意義を有する表現であり、かつ、成文法や上級裁判所によって特定の法的意義が付与されていない場合に限って許容されると解している[(128)]。すなわち、特定の法的意味を含まない意見については、直前の争点に関するものであっても（医学的な意義を有する限りで）言及可能とするのである。

これに対して Slobogin は、特定の法的含意があることを理由として、医学的に有意な表現への言及が妨げられるべきではないと指摘する[(129)]。すなわち、当事者主義的な訴訟構造の下では、両当事者が一律の証拠制限を実質的に潜脱しようと試みることから、法的含意を有する表現を単に禁止することに実質的な意義は認められず、反対尋問や相手方の鑑定などが保障される限り、⑥のレベルまでの証言を許容すべきだと主張するのである[(130)]。この Slobogin の考えの根底には、精神鑑定人による弁識能力の有無・程度への言及それ自体は問題ではなく、制限されるべきは、「鑑定によって明らかにされた被告人の犯行当時の弁識能力が、心神喪失を認めるのに十分であるか否か」に言及する意見との理解が存するように思われる[(131)]。

この問題につき Braswell[(132)] は、704条(b)項による究極問題ルールの一部復活が証拠法に混乱を招くとして批判を加え、その根拠として、「704条(b)項により、複雑な争点について陪審の理解能力が過小評価され、陪審にとって有益な証拠が奪われてしまう」点を挙げている。すなわち、①精神鑑定人による究極的意見の問題は、他の証拠規則によって十分に回避可能であり[(133)]、②精神状態に関する証言のみを特別扱いすることは、704条(a)項が究極的意見についてリベラルな態度を示していることと矛盾し[(134)]、さらに、③陪審に対する心理的支配や混乱といった懸

③の証言をも許容している趣旨の言及がみられるからである（Morse［1985a］at 145)。しかし、法的問題について結論を出すのに必要な専門性と、関連する臨床症状や能力を描写する際に必要とされる専門性を明確に区分し、前者については司法精神医学の領分でないと主張した点に、Morse 説の先駆的意義があるとされる。Heilbrun［2001］at 223.

(128)　ABA［1986］at 7-338.

(129)　Slobogin［1989］at 263.

(130)　*See also*, Melton & Poythress et al.［2007］at 260. さらに、林［2009］54頁は、ABA の立場からは「究極問題と弁識能力・制御能力の区別に意味があるのかに疑問が生じる」と指摘する。

(131)　Tillbrook & Mumley et al.［2003］at 83-5.

(132)　Braswell［1987］at 630-40.

(133)　*Id.* at 628-30.

(134)　*Id.* at 630.

念により、精神鑑定人の証言範囲が過度に狭められるべきではなく[135]、④704条(b)項による制限が、両当事者・陪審・裁判所のそれぞれに新たな問題を生じさせうることを挙げながら[136]、704条(b)項による証拠制限は、可能な限り謙抑的であるべきと主張するのである。

以上が、アメリカにおける線引き問題に関する今日までの議論である。以下では、この問題についてのわが国の議論状況に検討を加える。

第２節　わが国における精神医学者の証言範囲

第１項　精神鑑定人による証言の制限に対し懐疑的な見解

わが国においても、精神鑑定人の証言範囲に対する制約について、疑問を呈する見解がある。たとえば、浅田和茂は、従来の鑑定において、精神障害の有無・程度の判断に加えて、行為時における弁識・制御能力の有無・程度を示すことが通例であり、むしろ精神鑑定にはこの点が求められていた点を指摘する[137]。浅田によれば、「鑑定人が『心神喪失等の法律判断を明示すること』は鑑定人の役割を超えているといえるが、それは法律判断をする裁判所が『その部分に拘束力はない』とすることで足り」、「それに言及することを禁止する必要まではない[138]」ことになる。

同様に、精神医学者の中島直は、鑑定意見が裁判員に与える影響を考慮することの必要性を認めながらも、「結局書かなければ尋問の場で問われるという事実、結論を明示しなくとも暗示していれば同じであること、結論を明確にしたほうが鑑定人の考察過程も明確になり、反論も却ってしやすい」との配慮から、究極的争点についての言及問題は、複数鑑定によって解決されるべきと指摘する[139]。

さらに、林美月子は、責任能力が争点となった裁判員の模擬裁判において、裁判官よりも裁判員の方が責任無能力を認めることに消極的であった点を指摘しながら、精神鑑定の精神医学的理解のためには、鑑定の結論部分を併せて読むことが助けになると主張する[140]。

(135)　*Id.* at 631-4.
(136)　*Id.* at 634-9.
(137)　浅田［2011］62頁参照。
(138)　浅田［2011］63頁。
(139)　中島［2012］31頁参照。

たしかに、従来鑑定事項として「被告人の精神状態」が指定された場合であっても、鑑定書中に究極問題についての記載を欠けば、鑑定人尋問において心神喪失や耗弱についての意見が求められるという実務慣行が広く行われてきた[(141)]。しかし、アメリカの議論の分析過程から明らかになったように、精神鑑定人による究極問題に関する意見は、①事実認定者の職分を侵害する可能性が高く、その権威性から過度の影響力を与えることが予想され、②精神医学の専門性を発揮できる事項ではない。これらの問題は、わが国における責任能力の判断場面にも妥当する。

まず、①の点についてわが国の刑訴法156条1項は、「証人には、その実験した事実により推測した事項を供述させることができる」と定めており、この規定は鑑定の場合にも適用される（同条2項[(142)]）。同条は、証人が本来、自己の直接経験した事実を供述すべきものであるが、「経験とそれに伴う一定事項の推測とは、実際上分離しがたい場合が多いばかりでなく、そのような推測は、単なる意見と異なり、経験事実との結びつきによって、ある程度の客観性と非代替性を有し、裁判官の行う判断の資料として、証拠価値を有する[(143)]」旨の規定である。この反対解釈として、基礎ないし根拠となった経験事実を欠いた単なる意見は、証言であっても証拠能力が否定されると解される[(144)]。体験事実と推測の間にどの程度の結びつきが求められるかは別途問題となるものの、この推測は事実の推測に限られるとされ、善悪や合目的性、政治的意見等の価値判断、とりわけ法的判断の証言は許容されないとするのが一般である[(145)]。

たしかに、責任能力の判断場面においては、事実問題と法律問題とがほとんど不可分一体となることは否定できず、心神喪失等の法的概念についても、その必

---

(140)　林（美）［2009］55頁参照。
(141)　林［2011］23頁参照。
(142)　刑訴規則199条の13は、「意見を求め又は議論にわたる尋問」や「証人が直接経験しなかった事実についての尋問」を原則として禁止し、「正当な理由がある場合は、この限りではない」とするが、証人が実験（体験）した事実により推測した事項の尋問は、この「正当な理由がある場合」にあたるとされる（小野（慶）［1970］62頁参照）。もっとも、実務上は、刑訴法326条に定める同意により証拠能力を取得したとみられる場合があり、「単なる意見であれば証明力の点から実質的に証拠として用いられないのが通常であり、現実問題として意見であることを理由として証拠排除の決定のなされた例はあまりみられない」（松尾監修［2009］275頁）とされる。
(143)　伊藤ほか編［1997］357頁［亀山］（傍点筆者）。
(144)　河上ほか編［2010］185頁参照［仲家］。
(145)　小野［1970］63頁、松尾監修［2009］274頁、河上ほか編［2010］186頁参照［仲家］。

要性があれば、裁判官の合理的裁量の下、尋問を許容してもよいとする見解も存在する。[146] しかし、鑑定人によって経験科学的に明らかにされた被告人の精神状態と、こうした事実的基礎に対して裁判官が下す法的評価（心神喪失・心神耗弱・完全責任能力の判断）は、少なくとも理論上は分けて整理されるべきである。被告人の一定の精神状態が心神喪失の状態に該当するかは裁判所が判断すべき法律問題である一方、その前提となる事実関係、すなわち、被告人が現実にどのような精神状態にあったかについての判断は、証拠によって判断すべき事実認定の問題だと解される。[147]

加えて、一回限りの事実認定に関与する裁判員が参加する裁判においては、手続の適正を担保するために従来と異なる、特別な配慮が必要であることは否めない。[148] 裁判員制度の導入を、従来の実務運用に再考を迫る呼び水として考える本書の立場から出発すると、同条の本来の趣旨に立ち返り、心神喪失という法的評価についての意見は、厳格な制限を受ける必要がある。

また、②の点について、わが国においても個々の精神科医により心神喪失・耗弱を認める基準の置き方はかなり異なっているとされ、[149] 鑑定人の立脚する学説が統一されていないことを理由として、複数の鑑定結果に分かれることもあると指摘される。[150] この意味で、法的判断事項たる究極問題についての意見を求められた場合に、鑑定人は医学的概念と法的・道徳的価値判断の関係を推論・直感しなければならず、「論理の飛躍を犯すことが求められる」[151] とのアメリカ精神医学会（APA）による指摘は、わが国にも同様に妥当する。

法的判断たる責任能力の最終的な判断は、裁判所のみが正当に行いうるものであり、こうした事項を鑑定事項に加え、あるいは尋問において究極問題についての意見を求めることは、必要性ばかりか妥当性をも欠くというのが本書の立場である。[152]

---

(146)　小野［1970］63頁参照。
(147)　大塚ほか編［2015］505頁［島田＝馬場］。責任能力の認定過程を明らかにするために、この二つの区別を重視すべきとする見解として、青木［1984］126頁。
(148)　これに対して、酒巻［2012］69頁、川出［2012］55頁以下参照。
(149)　大阪刑事実務研究会［2012e］45頁参照。
(150)　岡田［1998］107頁参照。
(151)　APA［1983］at 686.
(152)　伊東［2011］48頁参照。

第2項　線引き問題をめぐる従来の議論

上述のように究極問題に関する意見を制限するとしても、どの限度まで鑑定人に意見を求めるべきかについては、わが国でも見解の相違が見られる。

裁判所と精神鑑定人の役割分担に関する本書の立場――生物学的要素のみならず、それが心理学的要素に与えた影響についても鑑定人の専門知識が及ぶとの立場――を前提とすれば[153]、精神障害の有無・程度並びにそれが行為者の弁識・制御能力に与えた影響は事実認定の次元に属し（いわゆる評価根拠事実）、その事実に対して刑法上、「心神喪失」、「心神耗弱」、ないし「完全責任能力」のいずれの評価が妥当かという問題は、規範的評価の次元に属するものとして区別することが可能である[154]。前掲最決平成20年4月25日は、「生物学的要素である精神障害の有無及び程度並びにこれが心理学的要素に与えた影響の有無及び程度については、その診断が臨床精神医学の本分である」旨を判示しており、この立場からは、鑑定事項として、「生物学的要素である精神障害の有無及び程度並びにこれが心理学的要素に与えた影響の有無及び程度」を設定することになるだろう[155]。

他方で、第一線の現場では、被告人の責任能力が問題となる場面において、鑑定事項を「精神障害が犯行に与えた影響の有無やその機序」に限定する傾向があるようである[156]。たとえば、前掲最決平成21年12月8日は、S医師による鑑定につき、「本件犯行時に一過性に増悪した幻覚妄想が本件犯行を直接支配して引き起こさせたという機序について十分納得できる説明がされていない」と指摘し、同医師の意見を不採用とした原判決の判断を是認した。ここには、裁判所が精神鑑定に求めるものとして、精神障害の有無・程度に加え、精神障害が犯行に与えた影響の「機序」を想定し、弁識・制御能力を具体的に判断することは想定されていないようにも見受けられる[157]。この場面では、旧来型の役割分担論――生物学的要素と心理学的要素を「記述的」・「事実的」なものと「規範的」・「法的」なものとして峻別し、この区別を鑑定人と裁判官の任務分担に反映させる立場――が一部復活しているようにも見受けられる。

以下では、精神鑑定書や公判廷における鑑定人尋問で許容されるべき意見の内

(153)　第1部第1章参照。
(154)　青木［1998］23頁参照。
(155)　伊東［2011］49頁参照。
(156)　大阪刑事実務研究会［2012g］71頁、三好［2011］250頁参照。
(157)　安田［2011a］46頁以下参照。

容として、「精神障害が犯行に与えた影響の『機序』」の説明に限定されるのか、「精神障害が被告人の弁識・制御能力に与えた影響」の説明までもが許容されるのかという点に議論軸を設定して検討を加える。

ア　「精神障害が犯行に与えた影響の『機序』」の説明に限定されるとする見解

刑事裁判官の立場から芦澤政治は、従来の実務で鑑定人に意見を求めていた、①被告人の精神障害の有無・程度、②精神障害の犯行への影響の有無・程度、③被告人の弁識・行動制御能力の有無・程度、④心神喪失ないし心神耗弱の判断のうち、③および④については、裁判員に与える影響が大きく、そもそも裁判員と裁判官が中心となって判断すべき事項ではないかと問題を提起した上で[(158)]、①および②の段階においては、複数の鑑定人の間でも見解が分かれにくく[(159)]、鑑定人に本来求めるべき意見は前記②までだとする考えが裁判員法施行に際し、裁判官の間で支配的となった点を指摘する[(160)]。

イ　「精神障害が被告人の弁識・制御能力に与えた影響」の説明までもが許容されるとする見解

精神医学者の岡田幸之は、前述のように、医学的診断から責任能力判断に至る構造を8段階に整理した上で[(161)]、精神医学が専門とするのは精神機能・症状と事件の関連性の抽出（④）までであり、争点が善悪の判断や行動の制御への焦点化（⑤）以降にあるのならば鑑定を繰り返す意味がないと主張する[(162)]。しかし、岡田によれば、「現実的なところでいえば、鑑定書が述べる結論が弁識能力と制御能力の説明という範囲までなのであれば、裁判官や裁判員の職責との境界を踏み越えないものと考えてよい[(163)]」とし、むしろ重視されるべきは、「鑑定意見はあくまでも参考として扱われるものであり、裁判員の自由心証が保障されているということを裁判官が裁判員に説明すること」だと指摘する[(164)]。

また、精神医学者の五十嵐禎人も、前掲最判平成20年を念頭に置きつつ、「裁

(158)　芦澤［2013］85頁参照。
(159)　芦澤［2013］87頁参照。同様の指摘として、APA［1983］at 686.
(160)　芦澤［2013］87頁参照。
(161)　岡田［2012］103頁参照。
(162)　岡田［2012］103頁参照。
(163)　岡田［2008］116頁
(164)　岡田［2008］116頁

判員制度においても、精神医学の専門的立場から犯行時の被告人の判断能力についての意見を述べることは引き続き鑑定人の重要な役割」[165]であり、弁識・制御能力の有無・程度に関する証言が許容されるべきだと主張する。

さらに、安田拓人は、医学的診断から責任能力判断に至る過程を5段階（①行為の時点での診断の確定、②刑法39条の解釈として出てくる「精神の障害」要件への包摂、③診断された状態の犯行への影響の確定、④認識・制御能力の概念への包摂、⑤心神喪失・耗弱が認められるかの確定）に整理したうえで[166]、刑法39条の解釈として導かれる法的意味における認識・制御能力の有無・程度に言及することは妥当でないが、医学的

表1　各論者の立場について

<table>
<tr><th>芦澤政治による整理</th><th>安田拓人による整理</th><th>岡田幸之による整理</th></tr>
<tr><td rowspan="3">①被告人の精神障害の有無・程度</td><td rowspan="3">①行為の時点での診断の確定</td><td>①精神機能や精神症状に関する情報の収集</td></tr>
<tr><td>②精神機能や精神症状の認定</td></tr>
<tr><td>③疾病の診断</td></tr>
<tr><td rowspan="2">②その精神障害の犯行への影響の有無・程度</td><td>②刑法39条の解釈として出てくる「精神の障害」の要件への包摂</td><td>④精神機能・症状と事件の関連性の抽出[1]</td></tr>
<tr><td>③診断された状態の犯行への影響の確定</td><td>⑤善悪の判断や行動の制御への焦点化</td></tr>
<tr><td rowspan="2">③弁識・行動制御能力の有無・程度</td><td rowspan="2">④認識・制御能力の概念への包摂[2]</td><td>⑥法的な弁識・制御能力として捉えられる点の特定</td></tr>
<tr><td>⑦弁識・制御能力の程度の評価</td></tr>
<tr><td>④心神喪失ないし心神耗弱の判断</td><td>⑤心神喪失・心神耗弱が認められるかの確定</td><td>⑧法的な結論</td></tr>
</table>

＊　網掛け部分は、各論者の立場から制限されるべき事項を指す。

1. 岡田は、精神医学が専門とするのは法の解釈と適用を必要としない④段階までだが、裁判員への説示を前提として、⑦段階までの意見陳述を許容する。
2. 安田は、医学的視点（事実レベル）から「精神機能のいずれの部分が障害され、それが犯行にどのような影響を与えたのかについての説明」を、法的意味における認識・制御能力の有無・程度と区別し、前者の意見を許容する。

(165)　五十嵐［2012］118頁。
(166)　安田［2011a］38頁参照。

視点（事実レベル）から「精神機能のいずれの部分が障害され、それが犯行にどのような影響を与えたのかについての説明をなしたとしても、それは必ずしも法的概念としての認識・制御能力に言及したということになるわけではないから、越権的だという問題は生じない」[167]と指摘する。この見解の背後には、精神機能の認識面ないし行動面のいずれの部分が障害され、それが犯行に与えた影響についての医学的見地からの説明は、法的判断を実質化する有益な情報だとの理解があるように見受けられる。

第３節　検　討

筆者は以下に挙げる理由により、「精神障害が被告人の弁識・制御能力に与えた影響」の説明までが許容されるとする、後者の立場を妥当と考える。

まず、①「精神障害が犯行に与えた影響の有無やその機序」に言及することが、「弁識・制御能力」への言及とその本質において区別できるのかが明らかでない[168]。事実認定者に与える影響の大きさを考慮し、鑑定人の意見が精神障害の有無や程度に限定されると解した場合には、事実認定者にとって「精神の障害と規範的評価との関連が明らかでなく、行為者の心的事実を軽視した恣意的な評価に陥る危険性」[169]があるとも指摘される。このことから、精神鑑定人には、精神障害と当該行為時の心理内容とを結び付けることが求められるが、後者はその具体的内容において、「精神障害が犯行に与えた影響の有無やその機序」と「弁識・制御能力の有無や程度」とに截然と区別できないのではないだろうか。

また、②わが国の「弁識・制御能力」はアメリカ連邦法とは異なり、解釈によって得られた概念であり、心神喪失や心神耗弱といった法的評価を基礎づけるところの具体的事実としての側面を否定できない。以上は、精神医学者の役割をめぐる従前の議論から明らかとなった帰結である（第１章第２節）。

他方で、③「弁識・制御能力」という表現のみを捉えて一律な制限を加えるア

---

(167)　安田［2011a］46頁。

(168)　五十嵐［2012］118頁以下、大澤［2009］126頁、田岡［2010］47頁参照。もっとも、田岡は、2012年に行われた座談会の中で、複数鑑定が回避された場合には、鑑定人が弁識・制御能力に関する意見を明示しない方が当事者主義の観点から望ましいとしている。岡田ほか［2012］47頁以下参照［田岡］。

(169)　青木［1998］22頁。

プローチに対しては、連邦証拠規則704条(b)項の下での「当事者による実質的潜脱の応酬」を想起させ、言い換え（paraphrasing）や架空の人物による置き換え（stating in a hypothetical way）などにより、意見に対する制限の弊害が大きくなる点を指摘しなければならない。アメリカでは704条(b)項に対し、(1)陪審の理解能力を過小評価し、専門家が真に意味する内容の把握が困難となる点や[(170)]、(2)反対尋問が有効に機能しなくなる点[(171)]などの弊害が指摘されていた。これらの問題は、陪審と裁判員という制度上の違いを考慮しても、わが国に同様な形で妥当する部分があるのではないだろうか。「一般の人々が適切に証拠を評価するための配慮」を過度に推し進めることによって「適切な証拠評価」が別角度から歪められてしまうとすれば、その運用には慎重なバランス感覚が求められる。

加えて、④裁判員に対する説明概念として「弁識・制御能力」概念を用いない場合が想定される現在においては[(172)]、「弁識」や「制御」のみならず、たとえば「判断能力」や「識別能力」など、評価者の主観が介在する様々な「能力の有無・程度についての言及」が制限されることになりかねない。こうした帰結は、事実認定者から有益な情報を過度に奪うことに結びつき、「裁判上必要な実験則等に関する知識経験の不足を補給する」という、鑑定本来の趣旨を没却してしまうように思われる。

たしかに、弁識・制御能力の有無や程度の判断には鑑定人の主観が介在するため、法曹実務家や精神科医らによって主張されているように、精神障害の犯行への影響については、影響の程度ではなく、影響の仕方（機序）を重視すべきとする方向性は、基本的に妥当である[(173)]。また、従来、「弁識・制御能力を欠いた場合には心神喪失、著しく減退した場合には心神耗弱」という定式が相当程度に定着しており[(174)]、このことを捉え、心理学的要素の有無・程度については「過失」や「相当因果関係」などと同様に純規範的評価だとの理解も可能であろう。

しかし、鑑定人が弁識・制御能力の有無や程度に言及したとしても、それには心神喪失や耗弱といった裁判所からの規範的評価を根拠づける事実的評価として

(170)　Braswell [1987] at 636.
(171)　Rogers & Ewing [2003] at 71-2.
(172)　たとえば、司法研究所編［2009］34頁以下参照。
(173)　山口ほか［2006］92頁［河本］、103頁［岡田幸之］、大阪刑事実務研究会［2012g］71頁参照。
(174)　これに注意を促す指摘として、岡田ほか［2012］47頁［岡田］。

の側面があることを看過できないのであり[175]、「弁識・制御能力についての意見を制限することによる弊害」と、「許容した場合の弊害」とを比較考慮すれば、弁識・制御能力の有無や程度に言及する鑑定人の意見については、制限の対象と解すのではなく[176]、裁判員に対する有効な説示など、他の手段が模索されるべきであろう。

どのような証拠であれ、要証事実の存否を肯定・否定の一方側に推定せしめる限りで「偏見のおそれがある」ことは否めない。弁識・制御能力の有無や程度についての精神鑑定人による意見は、「心神喪失たる精神状態」という要証事実を推認する上で許容される証言だと解されるべきである。

以上の私見の立場をまとめると、㋐弁識・制御能力の判断には「事実的側面」があり、精神鑑定人が関与できる領域があることを前提とし（上記①および②）、㋑弁識・制御能力についての意見陳述を制限することによる弊害が、許容した場合の弊害に比して大きいことから（上記③および④）、「精神障害が被告人の弁識・制御能力に与えた影響」の説明までもが許容されるとする立場を採用したことになる。前者の考察では、弁識・制御能力という心理学的要素もまた、事実的・経験的要素であり鑑定の対象となるとする、精神鑑定人の役割論の中で有力な立場を援用しつつ、後者の考察では、「弁識・制御能力についての言及も、事実認定者に対して過度の影響を与えるのではないか」との懸念に対する回答として、「過度の制限による弊害」を指摘するアメリカの議論を参照し、弁識・制御能力についての意見は許容されるべきとの結論に至った。

本書の主張の核心は、「弁識能力」や「制御能力」という言語表現が用いられたことのみを捉えて、一律に許容性が否定されることへの疑問にある。被告人の弁識・制御能力の有無や程度それ自体への言及は問題ではなく、むしろ制限されるべきは、「被告人の弁識・制御能力の有無や程度が、心神喪失や心神耗弱を認めるのに十分なものか」についての意見と解する本書の立場からは、弁識・制御

(175)　心神喪失と評価される場合においても、弁識・制御能力を全く欠いていることを想定することは困難であり（大塚ほか編［2015］431頁以下参照［島田＝馬場］、仙波＝榎本［1991］57頁）、心身耗弱と評価される場合においても、「能力の著しい減少」は単に事実レベルの「著しさ」の評価に尽きるわけではない（安田［2011a］39頁参照）。弁識・制御能力の有無・程度から心神喪失・心神耗弱・完全責任能力という評価を導出するに際しては、事実認定者による法的評価を経る必要がある。

(176)　もっとも、本書の立場からも、日常用語や医学用語による根拠づけを欠いた状態で、端的に「弁識・制御能力を欠いていた」との意見表明が許容されるわけではない。

能力の有無や程度に関する医学的見地からの意見は、「心神喪失や耗弱を認めるに足る能力の減少なのか」という裁判所の法的判断に資するのであり、刑訴法156条が許容する推測事項の範囲にとどまると解される。

平成19年度司法研究が「責任能力の結論に直結するような形で弁識能力及び統御能力の有無・程度に関して意見を示すことはできるだけ避けるのが望ましい[177]」と述べたことは、単に「弁識能力」や「制御能力」という言語表現が用いられたことのみを捉えて、一律に許容性が否定されることはないという趣旨で理解されるべきであろう。

他方で、精神鑑定人の証言範囲が上記のようなものであるとしても、法的概念を含む証言が制限される理論的根拠は未だ明らかではない。すなわち、上記の帰結は、いわば裸の実質論に留まっており、連邦証拠規則704条(b)項類似の個別規定が存在しないわが国において上述の理解を妥当させるためには、鑑定人の証言を制限することが証拠規則上いかに理解されるべきかを提示することが求められる。以下では、まず、アメリカにおいて連邦証拠規則704条(b)項が他の証拠規則といかなる関係に立つと解されているかを概観した上で、わが国における同種の議論に検討を加える。

(177)　司法研究所編［2009］42頁（傍点筆者）。

第4章　証拠法則上の位置づけについての検討

第1節　アメリカにおける関連性概念と専門家証言に対する規律

本節では、連邦証拠規則を題材として用いながら、アメリカにおける証拠の関連性概念および専門家証言の規律についての一般的理解を概観する。

連邦証拠規則は、その適用対象を連邦裁判所の事件に限るものの、多くの州においてそれを範とする証拠規則が制定・運用されており、現在のアメリカ証拠法の最も一般的な規律だと理解されている[178]。

連邦証拠規則は、「関連性とその限界（Relevance and its Limits）」と称する章を第4章に設け、401条から403条に「関連性（Relevancy）」についての総則規定を置いている。また、第7章には「意見証言および専門家証言（Opinions and Expert Testimony）」と称する章を設け、702条で「専門家証人の証言（Testimony by Expert Witnesses）」についての規定を、704条で「究極問題についての意見（Opinion on an Ultimate Issue）」についての規定を置いている。

既述のように、アメリカでは精神医学の専門家による究極問題についての意見が制限される根拠として、①事実認定者たる陪審の権限を侵害する可能性が高く、②精神医学の専門性を発揮できない点が挙げられている。このうち前者の分析に際しては、「不公正な偏見」や「陪審の誤導」などの弊害が顕著な場合に証拠排除を認める403条の規定が、また、後者の分析に際しては、専門家証言に対する一般的な規律と解される702条の規定が、それぞれ704条(b)項といかなる関係に立つのかを検討する必要がある。以下、順を追って分析を加える。

第1項　連邦証拠規則における関連性概念

連邦証拠規則401条～403条は、以下のように規定されている。

(178)　成瀬［2013b］395頁参照。

第401条　関連性ある証拠のための基準
証拠は、以下の場合に関連性がある。
(a) その証拠が、それが存在しない場合に比べて、ある事実の存否をより確実にし、又はより不確実にする何らかの傾向を有し、
(b) その事実が当該訴訟を解決するに際して重要と解される場合。

第402条　関連性ある証拠の一般的許容要件
関連性ある証拠は、以下のいずれかが特別の定めを置いていない限り、許容される。
・合衆国憲法
・連邦議会による制定法
・連邦議会による規則
・連邦最高裁判所により定められたその他の規則
関連性のない証拠は、許容されない。

第403条　偏見、争点の混乱、時間の浪費、その他の理由による関連性ある証拠の排除
裁判所は、その証拠の証明力が以下に挙げる一つないし複数の危険によって相当程度に凌駕される場合には、関連性ある証拠を排除することができる。その危険とは、不公平な偏見、争点の混乱、陪審の誤導、不当な遅延、時間の浪費、重複証拠の不必要な提出である。

まず、401条が「関連性のある証拠」について定義を与える。すなわち、証拠が関連性を有するのは、(a)当該証拠によって事実の存在ないし不存在の判断に影響を与えるものであり（logically relevant）、(b)訴訟の解決に際して重要（material）と解される場合である。他方で、403条は、関連性のある証拠であっても、不公平な偏見、争点の混乱、陪審の誤導などの弊害が当該証拠の証明力を凌駕する場合には、その証拠が排除されうると規定する。

以上を整理すれば、関連性が肯定されるためには、①証拠と要証事実との間に論理的な関連性があり、②当該訴訟についての判断を下すに際し、証拠の立証目的が重要な事実に関係することが必要とされる(179)。そして、当該証拠の証明力とその証拠を取り調べることによる危険や弊害などを比較考慮することにより、当該証拠の法廷への提出が許容されるべきか否かを判断する手法が採用されている(180)。

(179)　Giannelli［2013］at 112.
(180)　田淵［2009］52頁参照。なお、この「バランシング・テスト」という呼称により、「個別的具体的事案に対応した等価的利益衡量による判断」がなされていると誤解すべきではないと注意を

第２項　専門家証言の規律

連邦証拠規則702条は、以下のように規定されている。

第702条　専門家による証言
知識、技能、経験、訓練または教育により、専門家としての適格性を有する証人は、以下の４要件を満たす場合に、意見又はその他の形式により証言することができる。
(a) 専門家の科学的、技術的、その他の専門知識が、事実認定者にとって、証拠を理解し、争点事実の確定の助けとなること
(b) 証言が十分な事実又はデータに基づくこと
(c) 証言が信頼性のある原理及び方法の産物であること
(d) 専門家がその原理及び方法を当該事件の事実に信頼できる形で適用したこと

同規定については、特に科学的証拠の許容性に関連して、すでにわが国にも広く紹介されていることから、詳細については割愛する[(181)]。本書の関心からは、専門家証言が事実認定者の助けとならなければならない（helpfulness）という要件が、704条(b)項といかなる関係に立つのかが問題となる。

第３項　704条の外在的限界

第２章第１節で示したように、古いコモンローにおける「究極問題ルール」は連邦証拠規則704条（現在の704条(a)項）の制定により廃止され、専門家の意見は、究極問題を包含することのみを理由としては、異議の対象とならないと解されている。

しかし、究極問題を含む証言が許容されるとしても、その証言は専門性を発揮できる事項に限られ（702条）、また、証言の証明力と陪審の誤導のおそれなどの弊害が比較衡量された上で、許容性の認められた証拠であることが前提とされる（403条）。特に702条との関係では、事実認定者にとって「助けとなる（helpful）」という要件を満たすことが求められることから、究極問題に言及する証言を認める704条(a)項の下でも、結論に至ったプロセスや基礎となる事実を明らかにすることなく、究極問題についての結論を単に述べることは許容されないと解されている[(182)]。

促す見解として、角田［2013］310頁。
(181)　これまでに掲げた文献のほか、井上［1995a］［1995b］、辻脇［2010］など。

この点、適切に表現されていない法的基準を用いた意見も、役に立つとは言えず、場合によっては誤導の危険があるとされ、403条との関係で排除される[(183)]。たとえば、「T氏には遺言能力がありましたか」という尋問は、専門家や陪審が法的基準の要素に精通していることが前提とされるために許容されず、「T氏は自身の財産状態やその範囲、贈与の対象を認識し、それを分配する合理的な計画を組み立てる能力がありましたか」という質問が望ましいとされる[(184)]。さらに、意見証言は、裁判所が決定すべき法律問題について意見を述べたり、陪審に対してある特定の方法で問題を解決することを助言するものであってはならないとされる[(185)]。

以上の点を考慮した場合に、法的意味における究極問題（たとえば、「心神喪失」が認められるか）についての意見は、法的結論に言及するものとして704条(a)項の下でも排除され、直前の争点（たとえば、「行為の性質や罪悪性を弁識する能力の有無や程度」）についての意見も、702条や403条の下で事実審裁判所により、「専門領域の範囲内であるか」、「事実認定者にとって助けとなるか」、「弊害が証明力に凌駕していないか」等の個別判断がなされ、排除される余地があると解される。

このことから、精神鑑定人の究極問題についての意見に対する制限は、704条(b)項の規定を持ち出すまでもなく、既存の証拠規則で十分にカバーされるのではないかとの疑問が生じる。実際にも、下院の司法委員会は、連邦証拠規則702条が適切に解釈された場合には、704条(b)項に依拠せずとも同様の結論に至ることを認識していた[(186)]。それにもかかわらず、同委員会は、道徳問題に関する精神鑑定人による証言の排除を確実なものとするために、704条(b)項の必要性を強調したのである[(187)]。

---

(182)　Salzburg [2011] at 704-3. たとえば、「原告が勝ちだと思う」という単なる意見は、この観点から排除される。*See*, Graham [2011] at 416.

(183)　Fed. R. Evid. 704 advisory committee's note; Graham [2011] at 417.

(184)　Fed. R. Evid. 704 advisory committee's note. もっとも、法律用語の意義が適切に基礎づけられた後であれば、「遺言能力」の有無についての証言は許容されると解されている。See, Graham [2011] at 418.

(185)　Graham [2011] at 419.

(186)　H. R. Rep. No. 577, 98th Cong., 1st Sess., 1983, at 16 n. 29. *See also*, Simon & Aaronson [1988] at 92-4.

(187)　もっとも、線引き問題の検討で明らかとなったように、弁識能力の有無・程度への言及それ自体は問題ではなく、制限されるべきは、「被告人の犯行当時の弁識能力が、心神喪失を認めるのに十分であるか否か」に言及する意見であるとする今日有力な見解に従えば、704条(b)項による制限範囲（弁識・制御能力の有無・程度それ自体への言及禁止）と、その他の証拠規則（702条・

以上の議論は、法的結論に直結する意見陳述が、専門家証言の一般規律たる702条、および偏見や争点の混乱を招くと判断された場合に例外的に証拠の許容性を否定する403条により、704条(b)項のような規定を用いるまでもなく、究極問題についての意見を適切な範囲で制限可能とする点で、示唆的である。すなわち、704条(b)項類似の個別規定を有さないわが国においても、英米法由来の関連性概念は学説や判例によって認められており、この点に、究極問題への意見陳述を制限する理論的根拠を見出すことができるのである[188]。

次節では、わが国の刑事訴訟法分野における証拠の関連性概念をめぐる議論状況を概観した上で、前章で示した精神鑑定人の証言に対する制限に証拠規則上いかなる地位を与えるべきかを明らかにする。

第2節　検討——証拠の関連性概念をめぐって

自由心証主義を合理的・科学的心証主義として機能させるための重要な抑制として、関連性ないし許容性による制限が挙げられる[189]。証拠の関連性とは、当該裁判において意味ある事実の存在を推認させるという意味で、証拠と事実の間に結びつきがあることを意味する概念である[190]。関連性が認められた証拠は、特に排除すべき理由がない限り許容され、この命題は証拠法における公理だと解されている[191]。すなわち、「関連性」とは、ある証拠が刑事裁判において提出を許され、証拠調べの対象となることを根拠づける概念として位置づけられるのである。

英米法に由来する関連性概念は従来、刑訴法や刑訴規則において直接に規定されていたわけではない。しかし、公判廷で取り調べるべき証拠の範囲を選別・限定するためにその存在意義が認められ[192]、刑訴法295条が「事件に関係のない事項」についての尋問等を制限できるとし[193]、刑訴規則189条1項が証拠調べ請求に

403条・704条(a)項）による制限範囲とでは、その帰結に差異が生じうるであろう。

(188)　既述のように、推測事項の証言について刑訴法156条1項は、「証人には、その実験した事実により推測した事項を供述させることができる」と定めており、この反対解釈として、基礎ないし根拠となった経験事実を欠いた単なる意見は、証言であっても証拠能力が否定されることになると解されている点で（松尾監修［2009］275頁）、連邦証拠規則704条をめぐる議論との共通性を見出すことができる。

(189)　松岡［1968］275頁参照。

(190)　笹倉［2011］26頁参照。

(191)　笹倉［2011］26頁参照。

(192)　大谷［1991］192頁、三井［2004］37頁以下参照。

際して「証拠と証明すべき事実との関係を具体的に明示」することを要求している点を捉え、関連性概念の必要性が間接的に示されていると理解され、学説・実務ともに異論なくこの概念を承認していたとされる(194)。平成17年規則第10号により新設された刑訴規則199条の14は、訴訟関係人に尋問の関連性を明らかにする義務を明記し、同概念が法文上に初めて登場するに至っている(195)。

このように、わが国においても関連性概念は受容されているものの、英米法における同概念がそのまま導入されているわけではなく、わが国独自のアレンジが施されているとの指摘(196)には、注意を要する。すなわち、前節までの分析内容をわが国の議論に応用するためには、両国における概念の相違を認識し、議論の素地を整える必要がある。

第１項　従来の理論構造

証拠の関連性概念には、①当該証拠により直接証明すべき事実と公判審理の要証事実との関連性の問題と、②当該証拠とそれが直接証明すべき事実との関連性の問題という、２つの側面が含まれる(197)。②については、たとえば、偽造等が施された現場写真が、直接証明すべき事実との間で関連性が認められないという問題であり（いわゆる証拠の同一性、成立の真正性等の問題）(198)、一般に「証拠の関連性」として論じられる際には、①の問題に重点が置かれることが多い。たしかに、②の判断は①の判断の前提となる問題であり、同一性や真正性が否定された場合には、要証事実と当該証拠から直接証明される事実との関係を考慮するまでもなく関連性が否定されるため、その重要性は否定できない(199)。しかし、証拠から事実を推論する過程の正当性が問題となる点で両者に本質的な差異はないため、以下では特段区別せずに検討を加える。

---

(193)　事件に関係のない事項とは、論理的関連性ではなく、法律的関連性がないことを意味し、具体的には「裁判所が当該事件を審理する上で、実体法（即ち、事実認定および量刑）上も訴訟法上も意味のある関連を何ら有しない事項にわたるもの」（松尾監修［2009］625頁）を指すと解されている。

(194)　大谷［1991］192頁参照。

(195)　関連性についての規定を刑事訴訟法レベルにおいても立法すべきとする見解として、白取［2010］13頁以下。

(196)　成瀬［2013a］16頁参照。

(197)　大谷［1991］192頁参照。

(198)　池田［2002］162頁参照。

(199)　三井［2004］38頁参照。

ア　自然的関連性

関連性概念は一般に、「自然的関連性」と「法律的関連性」に分けられて論じられる。このうち、自然的関連性とは、ある証拠が要証事実の存否を推認させる必要最小限度の証明力を有する蓋然性と定義され、その存否は日常的論理則・経験則に基づいた判断によるものと解される[(200)]。通説は、自然的関連性が欠ける典型例として、風聞・風評・世間のうわさや、単なる意見・想像・印象を内容とする陳述の類を挙げる[(201)]。

まず、自然的関連性と証拠能力の関係につき、自然的関連性を証拠能力とは別の概念として把握すべきとする説[(202)]と、証拠禁止とともに証拠能力の問題として理解する説[(203)]に区分される。この点については、証拠能力概念を、事実の存否の判断資料として裁判所が使用することのできる訴訟法上の資格（証拠の許容性）と捉えるのであれば、自然的関連性を証拠能力の問題と解することが可能であろう[(204)]。他方で、自然的関連性と証明力は、理論面で区分される。つまり、「証拠の証明力の評価・判断は証拠調べを経たのちにおこなわれる裁判官の心証形成[(205)]」であり、証拠調べをしてよいかの事前確認である自然的関連性の判断とはその性質を異にすると理解される[(206)]。

イ　法律的関連性

他方で、法律的関連性とは、自然的関連性が認められたとしても、証明力の評価を誤らせる危険を有するものとして、証拠能力を否定する概念だと理解され

---

(200)　もっとも、笹倉［2011］27頁は、風説や噂などについても関連性を否定すべき点で見解は一致しており、自然的関連性の概念においても、「刑事訴訟という制度の下における事実認定の根拠として取り上げるに相応しいか」という法的観点は捨象されていないと指摘する。また、このような法的観点を「重要性」というメルクマールで考慮したものを（狭義の）関連性と位置づける見解として、光藤［1992］762頁以下。

(201)　三井［2004］42頁参照。

(202)　平場［1960］131頁、団藤［1967］247頁参照。

(203)　平野［1958］192頁以下参照。

(204)　三井［2004］41頁以下参照。

(205)　三井［2004］42頁以下参照。

(206)　もっとも、必要最低限度の証明力を有さない場合には自然的関連性が否定されるという関係に立つことから、いわゆる「足切り」の限度で両概念が相関することは否定できない。なお、自然的関連性が認められるための基準につき、高度の証明力を要求する見解がある（松岡［1968］285頁）が、関連性が証拠調べの事前判断に用いられる概念であること、また、種々の間接事実の積み重ねによる事実認定を否定することに繋がりかねないことから、要証事実の存否に影響を与えうる必要最小限度の証明力があれば足りると解するのが一般である（三井［2004］41頁参照）。

る。[207]通常、自白法則（憲法38条2項、刑訴法319条1項）や伝聞法則（刑訴法320条1項）が法律的関連性の類型的な規定として挙げられるが、被告人の悪性格や前科、他の犯罪事実の立証など、明文に挙げられた場合以外でも法律的関連性は問題になりうる。[208]

ウ　関連性概念の停滞と再評価

以上のように定義される関連性概念であるが、従来、実務においてこの概念が現実には機能してこなかったとの指摘がなされてきた。[209]というのも、要証事実に対する必要最小限度の証明力があれば足りるとの命題を字義どおりに解した場合、この「要証事実」には事件の経緯や背景事情などの事実も含めて考えるのが一般であり、犯罪の成否判断と情状事実の審査が区別されないわが国の公判手続においては、この範囲が相当に広く解されてきたからである。[210]

そして、実務的な観点からは、取調べを受ける法的資格を認めつつ、事実の推認力の強弱や誤導のおそれの有無、さらに争点の混乱など様々な事情を考慮する、「証拠調べの必要性」概念が重要な役割を果たしてきたと指摘される。[211]すなわち、わが国においては、証拠採否の判断に際して、証拠調べの必要性という観点からの総合的な判断が加えられており、この点を捉えてアメリカと議論の基盤を異にするとの評価がなされてきたのである。[212]

しかし、近時では、裁判員制度の導入を契機として、関連性概念を再評価する傾向が見受けられる。その理由としては、①証拠採否の判断時期や、②証拠採否の判断における考慮要素が従前とは変化している点が挙げられよう。[213]

まず、①証拠採否の判断時期について、従来の実務では、公判開始前に検察官・弁護人双方の証拠調べ請求の全貌は必ずしも明らかでなく、審理が進行する過程で徐々に明らかにされるものであった。[214]これに対し、裁判員制度における証拠採否の判断は、基本的に公判審理前の予測的判断であり、「少なくとも、審理

(207)　大谷［1991］192頁参照。
(208)　山崎［1998］52頁参照。
(209)　笹倉［2011］27頁参照。
(210)　佐々木［2010］189頁参照。
(211)　このような指摘として、笹倉［2011］27頁以下、石井［2011］281頁、松尾監修［2009］810頁、河上ほか編［2012］432頁［安廣］など。
(212)　たとえば、大谷［1991］192頁。
(213)　佐々木［2010］125頁以下参照。
(214)　こうした判断手法の合理性を指摘するものとして、石井［2011］280頁。

開始の当初は一部証拠の採否判断を留保し、証拠調べが進んだ段階で（一定の心証を前提に）これらを決するという従来の実務でよく見られた証拠採否の判断とは質を異にする[215]」と評することができる[216]。

他方で、②証拠採否の判断における考慮要素の相違について、従来は、証拠採否を決定する職業裁判官が心証を形成する主体でもあったが、裁判員裁判においては、証拠採否の判断に加わっていない裁判員が心証形成の主体に加わることになる。このように、非法律家である裁判員が証明力の評価主体となる点を考慮すると、「ある証拠が一般の人々にどのように理解されるのか」という視座の下、「その証拠が適正な事実認定に資するのか、それを困難ならしめる要因・要素はないかという観点からも検討し、証拠採否の判断を行う必要[217]」があるように思われる[218]。

---

(215)　佐々木［2010］203頁。

(216)　この点につき、平成18年度司法研究『裁判員制度の下における大型否認事件の審理の在り方』は、「立証対象事実の絞り込みの必要性」と「判断資料・証拠を絞り込むことの必要性」を挙げながら、「これまで必要性の判断は、もっぱら関連性の観点のみが重視され、当該証拠の取調べに伴う審理時間等の負担や、当該証拠の証明力が過大視される危険、弊害等については余り考えられてこなかった」（司法研修所編［2008］26頁）と指摘する。同研究は、裁判員裁判における必要性の概念は、「法律専門家以外の者も加わった裁判員裁判の審理の特性を踏まえたものでなければならない」（同頁）とし、公判で取り調べられるべき証拠の範囲を画する概念として、「証拠調べの必要性」概念を現行制度に合わせて変容させるべきとの指針を提示した。

しかし、この考え方に対しては、公判前の段階で証拠の「必要性」を判断するという表現からは、審理前にもかかわらず、事件に関する一定の心証を前提として判断を行っているかのように受け取られかねず（佐々木［2010］203頁参照）、事件ごとに個別具体的に「証拠調べの必要性」を判断せざるを得ないことから、明確な基準に基づかずに、恣意的に判断されるおそれがあるとの批判がなされた（角田［2013］304頁参照。神山＝岡［2008］46頁以下参照）。こうした批判を受け、最高裁も、「ある主要事実を立証するためにどの間接事実を取捨選択するかは当事者がその権限と責任において行うべきものであるから、当事者において当該間接事実を主張する一定の必要性・合理性を説明している場合には、裁判所としてもそれを尊重すべきであろう」（最高裁判所事務総局刑事局編［2009］11頁）とし、前記司法研究の立場を一定程度後退させた。以上の議論経過の中で、「『取調べの必要性』の有無に基づく選別ではなく、『関連性』概念を重視した許容性の判断として行うべきであるという議論が高まりをみせた」（角田［2013］305頁）のである。

(217)　佐々木［2010］186頁。

(218)　この問題は近時、科学的証拠の許容性の問題に関連して論じられることが多い。これまで科学的証拠の信頼性が問題となる場面においては、証明力の評価者でもある裁判官が科学的証拠についての証言を子細に検討し、判決において科学的原理を含む当該科学的証拠の信頼性について判断を示してきた。この判決で示される判断は、当該科学的証拠の信用性や証明力に関する判断となることから、あえてその時点で証拠の形式的資格としての証拠能力に関する判断を示す実質的必要性が乏しかったとされる（司法研修所編［2013］22頁参照）。つまり、証拠能力を判断する裁判官自身が事実認定の主体であることから、証人の証言の信用性を肯定しても、証明力の評価に際して慎重に検討を加えることが十分に可能であり、科学的証拠について、科学的信頼性という観点から、あえて証拠能力という「入り口」を狭める必要性が認められてこなかったのである

第2項　証拠の関連性概念に関する近時の議論

こうした背景事情のもとで、関連性概念が再評価されるとともに、さらなる精緻化が求められている。以下では、関連性概念に関する近時の議論状況を概観した上で、検討を加える。

ア　自然的関連性と法律的関連性の区別に対する批判

証拠能力概念を自然的関連性、法律的関連性、証拠禁止という3つの観点から説明したのは、平野龍一であった(219)。この包括的な証拠能力（関連性）概念は、その整理の明快さもあり、戦後わが国において急速に支持を広げ通説化した(220)。

他方で、アメリカにおいて法律的関連性の概念を導入したWigmoreは、関連性が肯定されるための証明力は日常の推論に求められるものよりも高くなければならないと指摘していた(221)。Wigmoreは、「論理的関連性（自然的関連性）」と「法

（酒巻［1987］68頁参照。こうした運用方法を示すものとして、東京高判昭和55年2月1日判時960号8頁。成瀬［2013a］46頁以下は、許容性の判断者と事実認定者の同一性以外に、①裁判官は同種の科学的証拠に触れる機会が多く、そこで得た知識を裁判官同士で共有することができたこと、②一定の間隔をおいて公判期日が設定される実務慣行の下、裁判官は当該科学的証拠の実質的価値につき、時間をかけて検討することができたこと、③科学的証拠の審理の中で、裁判官が自らのイニシアティブにより、他の専門家による鑑定を命じ、補充的な資料の取調べを行なう道が開かれていたことを挙げる。）

しかし、裁判員制度が導入された現在では、こうした審理過程は維持できない。なぜならば、科学的証拠に関する証人尋問を採用すれば、裁判員は実質的に科学的証拠に関する内容を詳細に知ることとなり、「科学」の持つ権威から必要以上にその証拠の価値を重大視する危険があるからである。この意味で、「一回限りの裁判を担当することになる何の訓練も受けていない素人の裁判員に、証拠能力のない証拠ないしその内容の詳細をできる限り目に触れさせないようにするのが、誤りのない裁判を実現することにとって何よりも重要」（小出［2010］29頁。）との指摘は傾聴に値する（渕野［2013］300頁参照）。

裁判員制度が導入された際に、証拠法の規定には変更が加えられなかった点を捉え、従前の運用方法に変化をもたらす必要性はないと解することも可能かもしれない。しかし、現行刑事訴訟法は元来、直接主義・口頭主義に基づく審理を想定しており、裁判員制度の導入がこうした当初の理念への回帰を意図するものであったと解すれば（川出［2012］51頁参照）、職業裁判官であっても、過度の信頼や誤信の危険にさらされる点に留意が求められることは従来から指摘されており（酒巻［2012］71頁参照）、裁判員制度の導入は、従来の運用に再考を迫る呼び水として理解することが適切である。このことから、「公判中に証拠の適否を判断しながら、しかも有罪か無罪かの心証を取るという、いわば、かなりの超人的能力を職業裁判官に課している」（丸田［1992］362頁）と形容されてきた審理過程は維持されず、証拠採否の基準としての関連性概念を、「証拠が事実認定者に与える影響」という観点から再検討することは有益であると考えられる。

(219)　平野［1958］192頁以下参照。

(220)　成瀬［2013a］20頁参照。わが国においてこの三分説を支持する見解として、鈴木［1990］192頁以下、田宮［1996］325頁以下、渡辺［2011］331頁、福井［2012］348頁以下、川端［2012］343頁、安冨［2013］447頁以下、光藤［2013］135頁以下、安冨［2014］288頁以下、上口［2015］395頁以下、大久保［2014］289頁、白取［2017］380頁以下、田口［2017］390頁、池田＝前田［2018］385頁以下、宇藤＝松田＝堀江［2018］357頁以下［堀江］など。

律的関連性」とを対比しつつ、刑事訴訟における関連性は後者でなければならないと主張し[222]、この限りで、両者をともに刑事訴訟における証拠能力の問題と解して並置する平野の見解とは異なっている[223]。このことから、平野の説明は、母法の概念の大胆な変容であり、「母法の概念を換骨奪胎して用いることにより、戦後我が国が導入した英米流の証拠能力制限の全体像を把握することを容易にした[224]」と評価される。

もっとも、こうした考え方に対しては、ある証拠法則を自然的関連性や法律的関連性、証拠禁止というカテゴリーへ画一的に分類することが可能なのか、こうした分類が法解釈上の意味を持たず、議論を錯綜させることはないかとの疑問が生じる[225]。実際にも、自然的関連性と法律的関連性という関連性概念の区分に疑問を呈する見解は、わが国でも有力化しつつある[226]。すなわち、自然的関連性にいう必要最小限度の証明力とは、結局は「必要とされる証明力を欠いていないか」という問題であり、「当該証拠の証明力に比して不当な偏見などによる弊害が凌駕すると評価される程度の証拠価値か」を問題とする法律的関連性の問題と、本質的には異ならないとの批判が向けられているのである。

他方で、法律的関連性のカテゴリーに属する問題を、関連性概念の範疇で論じることに対する批判も展開されている。すなわち、悪性格証拠等に代表される法律的関連性を欠く証拠についても、証拠と事件との間に一定の繋がりは認められるのであって、「この場合にまで『関連性の法則』を含ましめることは、証拠―要証事実―訴因たる公訴事実の関係としてとらえられた関連性概念の不当な拡張となってしまう[227]」との指摘がなされているのである。

---

(221)　WIGMORE［1940］§28, at 409-10.

(222)　*Id.*

(223)　実際にも平野は伝聞法則や悪性格証拠の問題を法律的関連性の領域に位置づけていたが、Wigmoreは明確にこれを否定していた。〔この点を指摘するものとして、成瀬［2013a］19頁。〕

(224)　笹倉［2011］28頁。

(225)　笹倉［2011］28頁参照。もっとも、平野［1958］193頁が自然的関連性と法律的関連性、証拠禁止のカテゴリーは「排他的なものではなく」、「相互の限界が明白でない場合もある」のであって、あくまで「三つの異なった観点があることに留意しなければならない」と指摘している点には注意が必要である。

(226)　自然的関連性と法律的関連性の区分に疑問を呈する見解として、寺崎＝長沼＝田中［2017］273頁以下［長沼］、寺崎［2013］384頁、成瀬［2013e］1039頁。また、自然的関連性と法律的関連性の区分の困難性を指摘する見解として、笹倉［2011］30頁。これらの見解に示唆を得て、「法律的関連性」概念を整理する必要性を指摘する見解として、佐々木［2010］202頁以下。

(227)　野々村［1989］193頁。同様の見解として、松岡［1968］285頁、早野［2005］62頁以下、角

自然的関連性と法律的関連性の区別を重視する見解は、要証事実の認定に役立たない証拠を選別し、無意味な証拠調べを回避する自然的関連性の問題と、証明力が一応肯定されても、認定資料とすることが有害な証拠を排除する法律的関連性の問題との間の質的差異を重視する。このことから、法律的関連性のない証拠を採用した場合には排除決定（刑訴規則207条等）が必要になるが、自然的関連性の判断を誤って証拠決定した場合にはその必要はないという形で、取扱いの差異が生じると主張するのである[(228)]。しかし、この指摘は、自然的関連性と法律的関連性の区別が不可欠だという結論に立ってはじめて成り立つ結果論（結論の先取り）であり[(229)]、自然的関連性も証拠能力の問題と解される以上、これを欠く証拠を取り調べた場合にも証拠排除決定がなされるべき場合が想定できる[(230)]。筆者も、自然的関連性と法律的関連性の区分については、懐疑的な立場を妥当と考える。

もっとも、この点が認められるとしても、自然的関連性と法律的関連性の二分説に対する批判が上記2つの視角から展開されているように、①法律的関連性（弊害の危険性）の問題を自然的関連性と別個の要件として定立する点が問題なのか、②そもそも法律的関連性の問題を関連性概念に包含する点が問題なのかについては、意見の一致を見ていない。以下では、この問題につき検討を加えた上で、精神鑑定において関連性概念が用いられる場面を提示する。

イ　「弊害の危険性」を関連性概念とは別個の要素とする見解

まず、連邦証拠規則の判断構造に示唆を得て、わが国で法律的関連性の問題とされてきた領域を関連性概念と切り離し、狭義の証拠能力の問題として再構成する立場がある[(231)]。

この立場を採用する早野暁によれば、証拠の許容性（広義の証拠能力）が認められるためには、証拠としての有用性（関連性）を満たし、かつ、その証拠が事実認定者に不当な影響を与えないこと（狭義の証拠能力）が求められる[(232)]。同説における関連性概念は、証拠と立証事実との間の論理的因果関係・重要性（materiality）と最低限度の証拠価値・証明力（probative value）から構成され、①証拠が最低限

田［2012］28頁。
(228)　大谷［1991］192頁参照。
(229)　寺崎［2013］384頁脚注9参照。
(230)　同様の見解として、三井［2004］44頁以下参照。
(231)　早野［2005］35頁、角田［2013］303頁。
(232)　早野［2005］37頁参照。

度の証明力を有さない、あるいは証拠と立証事実との間に有意な関連が認められない場合（関連性の欠如）、および②事実認定者に不合理な推論を生じさせる危険が当該証拠の証拠価値を凌駕（教義の証拠能力が欠如）する場合に許容性が否定されるという二段構造を採用する[(233)]。この立場からは、法律的関連性の問題は関連性の枠組みではなく、「狭義の証拠能力」の要件に吸収されることになる[(234)]。

同様に、角田雄彦は、「『法律的関連性』という概念を用いると、米国証拠法における証拠の許容性判断が類型性を重視した準則主義に基づいているという正確な理解を妨げてしまう[(235)]」と問題提起をしつつ、連邦証拠規則403条における「関連性がある証拠の例外的不許容」は、あくまで補充的な例外的手段として理解されている点を指摘する[(236)]。角田は、①連邦証拠規則において「関連性があっても証拠とすることが許されない類型」は明示的に列挙されており、これに該当しない場合には原則として許容性が認められること、②証拠排除という方法が最終手段とされ、弊害が証拠価値を「著しく凌いでいる（substantially outweighed）」場合にのみに正当化されることを挙げながら[(237)]、類型性を重んじた判断であることを正確に理解するため、例外的不許容については、「適格性を欠く」類型の問題として整理すべきと主張するのである[(238)]。

ウ　「弊害の危険性」を関連性概念内部で考慮する見解

以上の立場とは異なり、法律的関連性（弊害の危険性）の問題を自然的関連性とは別個の要件として定立する点を問題視する見解がある。

たとえば、長沼範良によれば、ある証拠について関連性が認められるためには、訴訟の結論に影響を与える争点であること（materiality）が前提とされ、さらに、その証拠に事実を推認させるだけの力（probative value）が必要とされる[(239)]。長沼は、法律的関連性の範疇で理解されてきた問題を、①必要最小限度の証明力はあるが、当該証拠の評価を誤らせるおそれから、反対尋問や任意性など一定の要件が法律で要求される場合と、②そうした明文の規定がなくとも弊害が証明力を

---

(233)　早野［2005］37頁参照。
(234)　早野［2005］63頁参照。
(235)　角田［2013］312頁。
(236)　角田［2013］310頁以下参照。
(237)　角田［2013］310頁以下参照。
(238)　角田［2013］319頁参照。
(239)　寺崎＝長沼＝田中［2017］274頁参照［長沼］。

凌駕した際に排除すべき場合とに区分する[240]。そして、①については、明文規定の解釈・適用の問題であり、②については「審理の混乱や誤りのおそれという弊害を凌駕するだけの証明力が当該証拠に欠けているというのであるから、結局は必要とされるだけの証明力がないことに帰する[241]」と指摘しつつ、自然的関連性と法律的関連性の間に本質的な違いはないと主張する[242]。

同様の立場から成瀬剛は、証拠から間接事実を認定し、そこから要証事実を推論する過程に沿った形で関連性概念を再定位しようと試みる[243]。成瀬によれば、関連性概念は、①要証事実の当該事案における適切性の問題、②間接事実から要証事実を推認する過程の問題、③証拠から間接事実を認定する過程の問題に区分される[244]。このうち、①においては、「当該証拠によって最終的に立証しようとしている事実（要証事実）が、検察官の掲げる主張や実体法の規律に照らして適切か[245]」否かが問われ、アメリカ証拠法における重要性（materiality）に相当する概念であるのに対し[246]、③においては、主として書証・物証の真正性や同一性が問題とされ、当該証拠から間接事実を認定することができるかが問われることになる[247]。また、②の問題は、弊害などを考慮するまでもなく、およそ要証事実を推認する力がない間接事実の場合と、一定の推認力は認められるものの、それを凌駕するほどの弊害が存在する場合に一応区分できるとしながらも[248]、両者はその間接事実が法の求める一定の推認力を有しているかという点で共通の側面を有していることや、①や③の問題のように、証拠から要証事実を推論する過程の中での位置づけ自体が異なるわけではないことを挙げながら、「あえて両者を区別する実益が乏しい[249]」と主張するのである。

---

(240)　寺崎＝長沼＝田中［2017］274頁参照［長沼］。
(241)　寺崎＝長沼＝田中［2017］274頁［長沼］。
(242)　これに類似の見解として、寺崎［2013］385頁。
(243)　成瀬［2013e］1025頁。
(244)　成瀬［2013e］1038頁以下参照。
(245)　成瀬［2013e］1037頁。
(246)　成瀬［2013e］1038頁参照。
(247)　成瀬［2013e］1038頁参照。
(248)　成瀬［2013e］1039頁は、従来わが国の通説が、この差異を捉えて自然的関連性と法律的関連性とに関連性概念を区分し、他方、アメリカ証拠法においても、論理的関連性と弊害との衡量に基づく排除の問題を分けて考える点で、基本的構造の類似性を指摘する。
(249)　成瀬［2013e］1039頁。

エ　検　討

筆者は、以下に挙げる理由により、「弊害の危険性」を関連性概念内部で考慮する、後者の立場を妥当と考える。

第一に、弊害などを考慮するまでもなく、およそ要証事実を推認する力がない場合と、一定の推認力は認められるものの、それを凌駕するほどの弊害が存在する場合とを区別することに、どこまで合理性が認められるのか疑問が残る。日常的な論理則や経験則の問題とされる自然的関連性の判断に際しても法的な観点は捨象されておらず[250]、また、「自然的関連性と法律的関連性という概念の対置は、元々は、証拠として許容するために、理屈の上での結びつき以上のものを要求すべきか否かという議論から生じたもの[251]」であることを考慮すれば、「必要とされる証明力を備えているか」という点において、両者に共通性が見出される。

第二に、「弊害の危険性」を関連性とは別の要件として解した場合には、関連性概念の空洞化が懸念される。この点、早野や角田は、論理的関連性と弊害の危険性を別個の要件とするアメリカ証拠法の思考枠組みに示唆を得て、関連性概念を立証趣旨の適切性（materiality）と最低限度の証明力（probative value）へと純化し、弊害の危険性を別個の要件として定立させる。このうち、立証趣旨の適切性という観点は、わが国では関連性概念に関係する形では論じられておらず、裁判員制度の導入に伴い、刑事裁判における審理対象を限定する議論の中で注目を集めたものである。しかし、検察官の冒頭陳述において、証拠とすることができず、または証拠としてその取調べを請求する意思のない事項を述べることは従前から禁止され（刑訴法296条但書）、わが国においても、「立証趣旨の適切性（materiality）」という観点は、「関連性」の問題と位置づけるかは別にせよ、刑訴法295条１項や刑訴規則189条１項などにより、従来から当然に受容されていたと理解するのが自然である[252]。したがって、有罪・無罪の判断に関する事実と量刑判断に関する事実の双方とが同一手続内で審理されるわが国において、立証趣旨の適切さ（materiality）と最低限度の証明力（probative value）が字義どおりに解された場合には、その範囲は相当に広範なものとなり、公判廷に提出されるべき証拠を選別するという関連性概念の意義が後退してしまう。

---

(250)　笹倉［2011］27頁参照。

(251)　笹倉［2011］28頁。

(252)　寺崎＝長沼＝田中［2017］274頁参照［長沼］。

第三に、証拠調べの必要性概念との棲み分けが明瞭な点で、「弊害の危険性」を関連性概念内部で考慮する思考方法は優れている[253]。既述のように、連邦証拠規則403条は、証拠の排除事由として、「不公平な偏見」、「争点の混乱」、「陪審の誤導」、「不当な遅延」、「時間の浪費」、「重複証拠の不必要な提出」という6つの要素を提示する。前三者が事実認定過程の適正さに関わる問題、後三者が訴訟経済に関わる問題として理解され、両者を並列している点で平板的との印象を禁じ得ないが、同法の立法過程では、前者が義務的排除事由であるのに対し、後者が裁量的排除事由にとどまるとして、取扱いを異にするとの議論が展開されたようである[254]。成瀬は、この取扱いの区別を、わが国における関連性概念と「証拠調べの必要性」概念の区別に応用し、「関連性概念によって許容性の問題として規律すべき弊害は、前者のグループに限定する一方、後者のグループは、訴訟指揮の経験豊富な裁判官の裁量判断に委ねる（即ち、『証拠調べの必要性』の問題に位置付ける）ことが適切である[255]」と指摘する。証拠調べの必要性概念についてはすでに述べたような批判も存するものの、必要性概念の射程を訴訟経済の範囲内に限定することが可能な点で、妥当である。

従来の理論構造における問題点は、自然的関連性と法律的関連性とを別個の要件として定立していたことにあり、弊害の危険性が関連性概念の内部で論じられること自体は問題でない。したがって、関連性が認められるためには、訴訟の結論に影響を与える争点であること（materiality）が前提とされ、その証拠に事実を推認させるだけの力（probative value）が必要となる。そして、後者の要件は、（成瀬の見解にしたがえば）間接事実から要証事実を推認する過程の問題と、証拠から間接事実を認定する過程の問題とに区分され、その両過程において、弊害の危険性が併せ考慮されることになる。

第3節　関連性概念と精神鑑定

精神鑑定の採否の場面に、前節で導出した関連性概念の構成要素を、訴訟の過程に沿った形で応用すると、以下のような関係になる。

---

(253)　成瀬［2013e］1068頁注33参照。
(254)　成瀬［2013b］399頁以下参照。
(255)　成瀬［2013e］1069頁注33参照。

ア　立証趣旨の適切性

まず、「犯行当時の心神喪失たる精神状態」という要証事実を導出するのに無関係な証拠と解される場合には、証拠が要証事実と無関係だとして関連性が否定される[(256)]。わが国の精神鑑定においては、被告人の犯行当時の精神状態に加え、（その後の審理・科刑の参考とするために）現在の精神状態が鑑定事項とされる例が多く[(257)]、立証趣旨が適切でないことから、直ちに精神鑑定証拠の関連性が否定される場面は想定しがたい。しかし、たとえば将来の再犯可能性についての意見は、刑法39条1項による責任阻却が問題となる場面においては、適切でないと判断される場合があるだろう。

イ　証拠から間接事実を認定する過程の問題

いわゆる、証拠の同一性・真正性の問題などがこれに該当する。従来、裁判官が鑑定結果を不採用とすることが許容される場合として挙げられることの多い[(258)]、㋐鑑定人の鑑定能力・公正さに疑問が生じた場合、㋑鑑定資料の不備ないし裁判所の認定事実との食い違いなど、鑑定の前提条件に問題がある場合、㋒鑑定が適切な方法で行われていない場合、㋓結論を導く考察・推論の判断過程が適切でない場合などは、いずれも証拠から間接事実を認定する過程の問題として理解することができる。

ウ　間接事実から要証事実を推認する過程の問題

精神鑑定人の証言範囲については、当該事案における立証趣旨が要証事実との関係で適切であり、証拠から間接事実を認定する過程に問題がないことを前提とした上で、間接事実から要証事実を推認する過程の問題として理解されるべきであろう。

すなわち、事実認定者の評価を誤らせる危険という観点からは、心神喪失・耗弱、完全責任能力といった法的概念を含む鑑定意見は、①法的判断事項たる究極問題に直接言及することで事実認定者の職分を侵害し、②精神鑑定人が道徳問題の専門家でないことを考慮すれば、その証明力に比して弊害の危険性が凌駕していると評することができる。

---

(256)　アメリカ連邦法においては、1984年改正法の新しい責任無能力基準により、被告人の制御能力欠如に関するいかなる証拠も、適切性がない（immaterial）とされる。Giannelli［2013］at 113.

(257)　廣瀬［2002］168頁参照。

(258)　高橋［1994］448頁、廣瀬［2002］169頁参照。

このようにして本書の立場からは、究極問題についての鑑定意見は、間接事実から要証事実を推認する過程において、法的判断の前提となる事実認識を誤らせる危険を有するものとして関連性が否定される。具体的には、こうした意見は刑訴法156条2項によって制限される「単なる意見」に該当し、この種の意見を求める尋問は、刑訴規則199条の13によって制限される「意見を求め又は議論にわたる尋問」や「証人が直接経験しなかった事実についての尋問」に該当する。

他方で、前章第2節で明らかにしたように、弁識・制御能力についての医学的見地からの意見に関しては、㋐弁識・制御能力判断における「事実的側面」を看過すべきでなく、精神鑑定人が関与できる領域が含まれることを前提に、㋑弁識・制御能力についての意見陳述を制限することによる弊害が、許容した場合の弊害に比して大きいという考慮から、精神障害が被告人の弁識・制御能力に与えた影響についての意見は許容されるというのが本書の立場である。

小　括

第１部では、平成19年度司法研究による提言に着想を得て、心神喪失・耗弱、完全責任能力といった表現を用いた精神鑑定人による意見陳述の妥当性に検討を加えた。

具体的には、精神鑑定の拘束性を中心に展開された従来の議論枠組みでは、司法研究の提言の根底に存すると思われる、「一般の人々が適切に証拠を評価するための配慮」を十分に加味できないとの問題意識から、参考意見として従来許容されていた鑑定意見が制限される理論的根拠を明らかにし、どの限度まで鑑定人に意見を述べてもらうべきかという線引き問題解決の糸口を得るため、アメリカの連邦証拠規則704条(b)項の立法動向と連邦裁判所における運用状況に検討を加えた。

その結果、精神鑑定人の証言が制限される実質的根拠をめぐるアメリカの議論に示唆を得て、「心神喪失」等の法的概念を含む鑑定意見は制限されるべきとの結論に至った。他方で、制限されるべきは「能力の喪失・減少が、心神喪失や心神耗弱を認めるのに十分なものか」について言及する意見との考えや、精神障害が被告人の弁識・制御能力に与えた影響についての説明が制限された場合に懸念される弊害の大きさを考慮し、これらの能力の有無・程度への言及は妨げられるべきではないとの立場を採用した。

さらに、上記実質的考慮による証拠制限の証拠法則上の地位を明らかにするために、連邦証拠規則704条(b)項が他の証拠規則といかなる関係に立つと解されているかを敷衍して論じた上で、わが国における証拠の関連性概念をめぐる議論を整理・検討し、法的概念に言及する鑑定意見は、間接事実から要証事実を推認する過程において、事実認定を誤らせる危険を有するものとして、関連性が否定されるとの結論に至った。

本書の立場は、心神喪失や耗弱といった法的結論に直結するような専門家による意見が制限される一方で、弁識・制御能力に関する意見は制限されないとするものである。このことから、精神鑑定人の役割に関する従来の議論の到達点——

生物学的要素の有無・程度のみならず、それが心理学的要素に与えた影響の有無・程度についても鑑定人の専門知識が及ぶとの考え——と、結論において異なるものではない。しかし、裁判員制度の導入を契機とし、鑑定書や鑑定人尋問において、法的概念を含む意見が制限されるべきではないかという問題が早期に解決しなければならないものとして顕在化していることを考慮すれば、本書のようなアプローチによって精神鑑定人の役割を明確化することの意義が認められると考えられる。

第2部からは、手続論的な分析を離れ、責任能力の実体要件に主眼を置いた検討を試みる。

第2部　弁識・制御能力要件の再構成

第2部では、責任能力基準における弁識・制御能力の意味内容を明らかにする。

まず、第1章では、わが国における問題状況を概観する。具体的には、平成19年度司法研究によって提示された「弁識・制御能力の重なり合い問題」に関する法曹実務家・精神医学者の見解を参照したうえで、刑法学説上の議論を分析する。この過程を通じて、従来の刑法学説からこの問題に一義的な回答を与えることの困難性を提示し、これまでの議論枠組みへの問題提起を試みる。

続く第2章では、この問題解決の示唆を得るため、心神喪失抗弁（insanity defense）に関するアメリカの議論を検討する。このうち前半部分では、議論の前提として、マクノートン基準の定立前後から現在までの代表的な責任能力基準を概観したうえで、レーガン大統領暗殺未遂事件の被告人ヒンクリーに対する心神喪失評決を契機として生じた1980年代の議論に分析を加える。後半部分では、弁識・制御能力要件に関する現在までの学説状況を考察する。この過程では、両要件を並置する旧来的枠組みの限界を指摘し、「合理性の欠如」という視角から両要件の統一的把握を試みる近時有力な見解に着目し、分析を加える。

さらに第3章では、アメリカの議論蓄積をわが国の責任能力論へ応用する素地を整えるため、他行為可能性原理をめぐる法哲学領域の議論に検討を加えたうえで、これが刑法学の責任本質論に与える影響を明らかにする。この過程では、他行為の可能性ではなく、むしろ実際に行われた行為の理由に着目すべきだと主張する、法哲学者の瀧川裕英に代表されるアプローチに検討を加えたうえで、わが国の刑法学において自由意思と決定論の両立可能論を前提としながらも他行為可能性原理を承認する、平野龍一と所一彦の見解を分析する。平野と所の見解が他行為可能性原理を維持する理由を明らかにすることにより、法哲学領域の議論と刑法理論の接合可能性を提示し、他行為可能性といった形而上学的原理に依拠しない責任能力論構築への示唆が得られると考える。

最後に第4章では、前章までの分析を踏まえたうえで、わが国における弁識・

制御能力要件のあるべき姿を提示する。具体的には、弁識・制御という枠組みが他の責任要素（違法性の意識の可能性・適法行為の期待可能性）との平行理解に起因するとの問題意識から、責任能力の体系的地位の問題として、いわゆる責任前提説と責任要素説の対立として従来論じられてきた問題領域に総論的見地から分析を加え、一定の立場決定を試みる。

これに続く各論的考察としては、主として弁識能力要件の検討を行う。この過程では、弁識能力と違法性の意識の可能性とを原理的に同一視するドイツの議論を参照し、こうした理解の限界を指摘したうえで、両者が原理的に異なるものであること、また、弁識能力要件において問題とされるべきは行為者の弁識内容ではなく、弁識プロセスの異常性であり、こうした理解に基づく実質的弁識能力の枠組みにおいて、従来的意味における弁識・制御能力要件は統一的視点から再構成されることを明らかにする。

第１章　弁識･制御能力の重なり合い問題についての議論状況

第１節　法曹実務家･精神医学者による問題提起

責任能力の判断場面で弁識・制御能力を分けて検討することの困難性は、裁判員制度の導入前後に法曹実務家や精神医学者らの問題提起によって明らかになったものである。

たとえば、精神医学者の岡田幸之は、「弁識能力と制御能力を個別分析によって考えることは思考作業や整理としては確かに有用であるが、その具体的方法は確立されているとは言えず[(1)]」、両者を区分して判断することの困難性を指摘する。また、刑事裁判官による共同研究においても、両者を分けて判断した事例が少ない理由につき、「実際の問題解決場面においては、是非弁識能力と行動制御能力に関する両者の判断要素は、多くの事件では、重なり合っていたり、密接に関係していることが大半であることから、特段の必要性を認めない限り、両者の認定判断に関わる諸要素をあえて区別してまで判断を示していないことが多かった[(2)]」とされている。

これらの指摘は、弁識・制御能力の実体論的な枠組みに対する批判というよりはむしろ、弁識・制御能力をあえて区別してまで判断することの実益が乏しいとする、認定論的な問題提起にとどまっている。しかし、以下に見るように、弁識・制御能力の重なり合いを思考経済上の単なる認定論的な問題としてではなく、実体論的な問題として再考を迫る立場も存在する。

たとえば、精神医学者の吉岡隆一は、経験的な事情を考慮せずに演繹的・分析的に導出された弁識・制御の枠組みにおいては、具体的な事案をその枠組みに当てはめる基準が先験的には存在せず、「一方の概念が豊富になれば他方は形式化するという関係が生じたり、あてはめを明示的に行わないで済ませる」事態にな

(1)　岡田［2009］86頁。
(2)　大阪刑事実務研究会［2012b］90頁。同様の指摘として、三好［2010］262頁、前田「判解」最判解刑事篇平成20年度370頁以下、稗田［2014］175頁、高嶋［2017］64頁。

ることから、「弁識と統御という演繹的な二分法への過度のとらわれは、そのどちらかに被疑者被告人の言動の何を当てはめるという原理がない以上、推奨できない[(3)]」と指摘する。

また、刑事裁判官である山口雅高も、実際の事案で両者を区別し、それぞれについて減弱の程度を判断することが、果たしてことの本質を捉えているのか疑問を呈し、「責任能力が減退した状態を、自分の置かれた状況から犯罪行為を行うことが許されないと判断できず、犯罪行為を行うことを思いとどまることができないという、是非弁別能力と行動制御能力が一体として減退している状態と捉える方が、責任要素の本質が他行為可能性にあることと整合的に理解できる[(4)]」と述べている。

これらの指摘の根底にあるのは、幻覚や妄想に支配され、通常と異なる価値体系の中にいる行為者に対し、通常人と同じ弁識・制御という尺度を形式的に用いることへの疑問であろう。この点については、岡田幸之による以下の指摘が示唆に富む。

> 「例えば統合失調症の人で、この定規［一般論としての善悪の判断］が歪んでいる人というのはほとんどいないのです。人を殺すのは悪いことだという定規は、ちゃんと持っているのです。ですが、自分が今行おうとしている行為、つまり定規で測られる対象、その意味が彼にとっては人殺しではなくて、例えば悪魔殺しだったりするわけです。言ってみれば行為について被告人が主観的に認定した事実が現実の客観的事実とは異なっている。そうしたら、もうこの定規は当てようがないわけです[(5)]。」

この指摘から明らかになるのは、自らの犯罪行為が一般に許されないことを理解しつつ、病的な精神状態の影響によって当該状況下では許されると考えているという事態（弁識能力の喪失・減弱）は、別の観点から見れば、病的な精神状態から犯罪行為に出る意思を抑制できないことに近づき、制御能力の喪失・減弱という判断とも重なり合うという事実である[(6)]。

こうした法曹実務家・精神医学者らによる指摘に対し、刑法学説はどのような

(3)　吉岡［2010］30頁。
(4)　山口（雅）［2011］402頁。
(5)　山口ほか［2006］101頁［岡田］。
(6)　山口（雅）［2011］401頁。

回答を与えるべきだろうか。

第２節　重なり合い問題に対する刑法学説の立場

この問題について安田拓人は、精神障害が認識面に及ぼす影響について、認定上は弁識・制御能力いずれの問題としても捉えられると認めながらも、「理論的には、被告人なりの違法性の認識が正常な意味での動機付け力を持ち得たかの問題として制御能力の枠内で判断する方が妥当[7]」と指摘する。同様に、橋爪隆も、制御能力要件においては文字通りのコントロール能力ではなく、どのように行為するかを意思決定する能力が問題になることから、「実際には弁識能力と切り離して判断することができるのだろうか」と疑問を呈しつつも、「自己の行為を違法だとわかっていたけれども、それに従って衝動を抑制することができなかったわけで、弁識能力の問題というよりも、制御能力の問題とした方が適切[8]」との立場を採用する。

これに対して井田良は、違法性の意識それ自体に意味があるのではなく、「違法性を認識して、それに従って衝動を制御するというところに意味がある」ことから、形式的な違法性の認識は、「ブレーキとして規範意識による衝動の統制、動機付けのコントロールに役立たないようなものであり、違法性の意識の名に値しない[9]」と指摘する。井田によれば、「病的な精神状態において、言葉の上では違法行為だと知っていたとしても、普通の人が違法行為としてイメージする行為、そういう社会的意味と含蓄を持った行為として理解できていたのかが問題であり、そうでないとすれば、やはり弁識能力がない[10]」と判断せざるを得ないことになる。

この問題について筆者は、上記の理解がいずれも妥当な帰結を導き得ないと考える。

まず、制御能力の枠内で考慮する立場については、序論で述べたように、被告人の責任能力が問題となる典型的場面では、精神障害の影響を受けつつも、行為

(7)　安田［2012］267頁以下。
(8)　山口ほか［2006］99頁［橋爪］。
(9)　山口ほか［2006］108頁［井田］。
(10)　山口ほか［2006］100頁［井田］。

者の歪んだ価値体系内部において十分に動機づけが制御されているのではないかとの疑問が生じる。情動の影響下など思考プロセスを経ない場合を別にして、行為者の歪んだ価値体系を前提とすれば一見理知的と評しうる行為に対し、制御能力を欠くとの評価が本質を捉えているのか疑問である。

他方で、弁識能力の枠内で考慮する立場については、弁識能力における弁識内容に「動機付けのコントロールに役立つようなもの」まで含ませることが、論者の立場から正当化できるのかが問題となる。井田は、責任の上位概念が「違法性の認識とそれに従った意思決定の制御という2つの要素に求められ、それぞれが能力面と状況面に振り分けられる[11]」とし、弁識・制御能力と他の責任要素（違法性の意識の可能性・狭義の期待可能性）の平行理解を前提とする。

しかし、弁識能力の判断場面においてのみ、その内容を「動機付けのコントロールに役立つようなもの」として実質化を認めるのであれば、井田が前提とする平行理解と矛盾をきたし、「能力面」と「状況面」とで取り扱いを異にする理由が求められる。他方で、上記の平行理解を前提に、弁識能力要件の実質化とともに違法性の意識の可能性の意味内容に変化を認める場合には、弁識・制御能力間のみならず、違法性の意識の可能性と狭義の期待可能性の間の差異が曖昧になるという帰結に至りうる。

井田は、「制御能力がない事態というのが、『わかっているけれども、それでもやめられない』という場合だとすると、やはり弁識能力とは違う[12]」と指摘しつつ、餓死寸前の行為者が違法性を認識しながら、目の前のパンを我慢できずに盗んでしまった場合には制御能力が欠けると理解する[13]。しかし、「殴ったら違法であるとわかっているのだけれども、それを犯罪に対するブレーキとすることができない状況と、［餓死寸前の行為者が］パンを盗むのは犯罪だとわかっているけれども我慢できない場合というのは、基本的に同じ方向の観点[14]」ではないだろうか。

筆者は、責任能力が問題となる場面では形式的な違法性の認識が意味をなさないとし、弁識能力の枠内で解決を図ろうとする井田説の方向性は、基本的に正しいと考える。しかし、責任能力が問題となる場面において、違法性の認識とそれ

(11)　山口ほか［2006］95頁［井田］。
(12)　山口ほか［2006］108頁［井田］。
(13)　山口ほか［2006］109頁［井田］参照。
(14)　山口ほか［2006］109頁［橋爪］。

に基づく制御という二分法を持ち込む点で、やはり妥当な帰結を導き得ないのではないだろうか。

上記の論者のうち、少なくとも安田と井田の見解については、弁識・制御能力と他の責任要素の平行理解を前提とし[(15)]、弁識能力要件において求められる内実を違法性の認識とする点[(16)]で一致が認められる。それにもかかわらず、この問題に一義的な回答を与えることができないとすれば、①弁識・制御という枠組み自体、あるいは、その根底に存すると思われる、②責任能力と他の責任要素の平行理解が不適切ではないかとの疑問に繋がりうる。

従来の学説の問題性は、弁識・制御能力要件の構築に際して体系的整合性を優先し、それぞれの要件内部で論じられるべき問題の実体に関心を向けてこなかった点にある。このことは、序論で用いた神の命令事例に対して、従来の学説が説得力ある回答を提示できていないことからも明らかであろう。

次章では、この問題解決の示唆を得るため、責任能力に関するアメリカの議論動向に分析を加える。わが国と犯罪論の体系を異にすることから、責任能力と他の責任要素の関係性といった個別の問題（上記②の問題）についてヒントを得ることは困難だが、弁識・制御能力それぞれの要件内部で論じられるべき問題の実質（上記①の問題）について有益な手掛かりを得ることを目標としたい。

(15)　井田説について、井田［2005］232頁以下、井田［2008］363頁以下、山口ほか［2006］95頁［井田］参照。安田説について、安田［2008］12頁参照。もっとも、安田の見解（主体・可能性論）について、完全な意味での平行理解ではないと指摘するものとして、箭野［2011b］181頁以下。

(16)　井田説について、井田［2005］234頁、井田［2008］366頁、山口ほか［2006］95頁［井田］参照。安田説について、安田［2002a］36頁参照。

第2章　アメリカにおける議論状況

第1節　責任能力論略史

本節のうち第1項では、マクノートン基準の定立前後から1970年代までの代表的な責任能力基準の変遷過程を概観する。続く第2項では、ヒンクリー事件を契機として生じた1980年代の議論につき、弁識・制御能力要件に何らかの形で変更を加えようとする学術団体の見解を中心に検討を加える。

第1項　ヒンクリー事件までの動向

ア　マクノートン基準成立前後の議論

英米法領域で責任能力基準の原型とされるマクノートン基準が定立される以前にも、精神障害によって精神状態が幼児や動物に等しいような者は、刑事責任能力を有さないとする考えが学者や裁判官の間で共有されていた。たとえば、刑事責任の前提としての意思の作用について、Mathew Hale 卿は以下のように述べている。

> 「人は生まれながらに理解力と意思の自由という2つの重要な能力を持つ。……人の行為を称賛されるべきものとし、また、非難されるべきものとするのは、この意思の内容であり、……意思の自由や選択は、その意思によって選択される物事や行動を認識するという理解力の作用を前提とするから、こうした理解力が完全に欠ける場合には、物事や行動の選択において意思の自由な作用は存在しない[(17)]。」

もっとも、免責されるべき精神異常の射程については、必ずしも一致を見ていなかった。たとえば、17世紀の初頭には Edward Coke 卿が、「白痴（idiot）」や「狂人（lunatic）」、「記憶力や理解力を完全に失った者」は、精神異常（insanity）と見なされなければならないと理解していた一方で[(18)]、Hale 卿は、「14歳の子供が通

(17)　Hale［1736］vol. 1, at 14-5.

常有するような理解力」を被告人が有するか否かが、精神異常を判断する最もよい方法だと結論づけていた。[19] 裁判例においても、1723年のアーノルド事件では、「理解力と記憶力を完全に欠き、幼児や野獣と同様に自分が何をしているか認識できなかった者」は責任無能力とされるとの陪審説示が行われた一方で、[20] 1800年のハッドフィールド事件では、記憶力と理解力の完全な欠如は想定できず、むしろ妄想の存否に目を向けるべきとの弁護人 Erskine の主張が受け入れられた。[21]

以上の判断手法は、その内容に統一的な基準が見出せない一方で、「人間の理性を中心に据え、知的要素（認識的要素）＝弁別能力に責任能力の基準を求めようとする基本的態度において一貫している」[22] と評することができる。こうした歴史的背景の中で、最初の現代的な責任能力基準であるマクノートン基準は誕生した。1843年に貴族院が勧告的意見として提示した同基準は、以下のようなものであった。

> 「行為の時点において、被告人が精神の疾患（disease of the mind）により、自分が行っている行為の性質を知らなかったほど（not to know the nature and quality of the act）、または、それを知っていたとしても、自分が悪い（wrong）ことをしていると知らなかったほど、理性を欠いた（defect of reason）状態にあったことが明確に証明されなければならない。[23]」

マクノートン基準は、英国のみならず、アメリカにおける多くの裁判所によっ

---

(18)　Coke［1628］vol. 2, at 247.a.

(19)　Hale［1736］vol. 1, at 30.

(20)　R v. Arnold, 16 How. St. Tr. 695, 766（1724）.

(21)　R v. Hadfield, 27 How. St. Tr. 1281（1800）. もっとも、このアプローチは1812年のベリンガム事件（Belingham's case）によって否定され、再び、アーノルド事件（Arnold's case）によって定立された厳格な精神異常テストに戻ったとされる。墨谷［1980］15頁以下、ムスラーキス［2001a］81頁参照。

(22)　墨谷［1980］18頁。これに異を唱える見解として、English［1989］at 11-8.

(23)　M'Naghten's Case, 10 Cl. & Fin. 200, 210（1843）. 本基準における「行為の性質の認識」が欠ける場合とは、犯罪の構成要素たるメンズ・レア（主観的成立要件）を形成できない場合を指すとの理解が主流である（Ormerod & Laird［2015］at 341-2; Simester et al［2016］at 737）。このことから、「幻聴によって被害者の殺害を命令された」場合（神の命令事例）において、被害者が人間であることを認識している限りで、この要件による免責の可能性は否定される。このことから、マクノートン基準における「行為の性質」を認識していない場合とは、抽象的事実の錯誤として当該犯罪が成立しない場合と重なり合うことになる。被告人の精神状態が「精神の障害」に起因するか否かによって、心神喪失抗弁とメンズ・レア欠缺の主張が振り分けられることになる。なお、「行為の性質」と「行為の罪悪性」の関係について、Mackay［2009］at 80.

て直ちに採用され、瞬く間に責任能力についての標準的な基準となった[24]。もっとも、同基準に対しては、当初からその妥当性が疑問視され、問題を回避するため特にアメリカでは数多くの実験的な試みがなされることになる。

イ　マクノートン基準への批判と抗拒不能の衝動テスト

マクノートン基準への批判は、主として以下の2点に集約される。すなわち、①同基準が認知的な能力のみに着目し、制御能力要件を含まない点の問題性と、②基準の厳格性に起因する、実際の判断場面での適用困難性である。①の点につき、アメリカにおける精神医学の祖とされるIsaac Rayは、精神障害者の心理状態の多くが「完全に理性的であり、健全かつバランスの取れた」ものであることから[25]、善悪の識別能力のみに着目するマクノートン基準は不十分かつ「誤り（fallacious）」であり[26]、行為をコントロールする能力にも着目する必要性を指摘した[27]。また、②の点につき、たとえ認知的な側面のみに主眼を置いた基準を認めるにせよ、マクノートン基準の文言を忠実に解釈した場合には、免責の余地がほとんど失われてしまうと指摘される。この基準の文言を字義どおりに解釈した場合には、「ひどく悪化して見込みのない状態が長く続いている、よだれを垂らしているような精神障害者や、先天的に白痴の者に対してのみ免責が認められる[28]」にすぎないという、直感に反した帰結に至るのである[29]。

---

(24)　American Bar Association [1986] at 7-295 [hereinafter ABA].

(25)　Ray [1838] at 32.

(26)　*Id.* at 42-9. Rayの批判はマクノートン基準定立の5年前になされたものであったが、同基準への批判としても有効なものであった。Slobogin et al [2014] at 630.

(27)　もっとも、Rayの主張は、行為が精神疾患の影響下で行われたか否かに着目すべきだとする点で、制御能力要件を付加的に採用するアプローチよりも、ダラム・ルールなどに見られる所産テストとの親和性を有していた。Ray [1838] at 21.

(28)　Zilboorg [1943] at 273.

(29)　こうした批判にもかかわらず、英国（イングランド・ウェールズ）では現在に至るまでマクノートン基準が維持されている（これに対し、法律委員会による責任能力基準改正の提言として、Law Commission [2012]; Law Commission [2013]）。英国では、責任能力基準の狭隘性に加え、①死刑制度の廃止、②謀殺罪における限定責任能力による部分的抗弁の存在、③挙証責任の被告人側への分配、④心神喪失による無罪評決後の必要的な病院収容（不定期）により、心神喪失抗弁の実務上の意義は限定的なものとなっている。現在では、1991年刑事手続法（Criminal Procedure (Insanity and Unfitness to Plead) Act 1991）により心神喪失評決後の処遇に裁量の余地が加えられたが、多くの触法精神障害者は心神喪失による無罪評決ではなく、量刑段階での特別な扱いを求める傾向があるとされる（Ashworth [2015], at 413.）。英国法において責任阻却の抗弁が限定的にしか認められない理由として、量刑段階で様々なバリエーションの有責性を考慮することにより、抗弁の要件から多少外れた場合であっても相当程度の減軽を裁判所が許容す

これらの問題点を回避するため、アメリカの一部の法域では、マクノートン基準の補足的な肢として抗拒不能の衝動テスト（irresistible impulse test）が採用された。この基準の文言は各法域でやや異なるもの[(30)]の、当時影響力のあった1887年のParsons判決は、「自由な意思作用が当該行為時点で損なわれていたために、善悪を選択する能力を失い、問題の行為を実行しないようにする能力を失っていた場合[(31)]」には責任を負わない旨を判示した。

抗拒不能の衝動テストは、制御能力を失った行為者に対しては刑事罰による抑止が不可能であり、こうした者への有罪判決が正当な道徳的・政策的目的に何ら資さないことを根拠と[(32)]し、この基準の導入により、意思作用能力（制御能力）に影響を及ぼす精神障害を責任能力基準の射程に含ませることが可能になった[(33)]。

上記の過程を経て、19世紀末から20世紀前半にかけてのアメリカでは、３分の１の州でマクノートン基準と抗拒不能の衝動テストを組み合わせた基準が、残りの州ではマクノートン基準が単体で用いられており、こうした形勢は1950年代に至るまで基本的には変化しなかったとされる[(34)]。

ウ　医学モデルの普及――ダラム・ルールとALI基準

（1954）年にコロンビア特別区の連邦控訴裁判所は、いわゆるダラム・ルール（Durham rule）を採用した[(35)]。この基準によれば、「不法な行為が精神の疾患ないし欠陥の所産（product）である場合には、刑事責任を負わない」とされる。

違法行為が精神疾患の所産である場合に免責を認める同様の基準は、19世紀末からニューハンプシャー州において採用されていたものの、ダラム事件では著名なBazelon裁判官が意見を執筆したこともあり、同基準は全米的に注目を集めた。

る余地が残されている点が挙げられる（*Id.* at 158, 177.）。

(30)　See, Commonwealth v. Rogers, 48 Mass. 500, 502 (1844); Davis v. United States, 165 U.S. 373, 378 (1897).

(31)　Parsons v. State, 2 So. 854, 866 (Ala. 1887).

(32)　Slobogin et al [2014] at 631.

(33)　もっとも、同基準に対しては、以下のように２方向からの批判が想起される。すなわち、①抗拒不能の衝動を文字通り解した場合には、その範囲が過度に限定され、他方で、②特定の抗拒不能の衝動のみを精神障害として免責を認めることは妥当でない。また、実際上の問題として、③抗拒不能の判断困難性も指摘される。Dressler [2015] at 349-50.

(34)　ABA [1986] at 7-296. もっとも、1870年前後にニューハンプシャー州の最高裁判所は、いわゆる「ニューハンプシャー・ルール（New Hampshire Rule）」を確立し、違法行為が精神疾患の結果や所産である場合に免責を認める立場を採用している。State v. Jones, 50 N.H. 369 (1871).

(35)　Durham v. United States, 214 F.2d 862 (D.C.C. 1954).

Bazelon 裁判官によれば、この基準の特徴は、責任能力基準から法的な制約を取り除くことで、被告人の精神疾患に関する全ての情報が精神医学の専門家から事実認定者に提示され、「我々の間で継承されてきた道徳的責任の思想」[(36)]を、陪審が個々の事例に適用することを可能とする点に認められる。

同基準は、①行為時に精神の疾患ないし欠陥が存在していたか、②当該犯行はその精神の疾患ないし欠陥の所産といえるか、の二点を問うものであった。しかし、これまでの責任能力基準と異なり、弁識・制御能力といった機能的な基準が併置されず、また、「精神の疾患ないし欠陥」にそれ以上の定義が与えられなかったために困難な問題が生じることになる[(37)]。

特に、1957年にコロンビア特別区の St. Elizabeth 病院における政策決定の結果、反社会的人格を含む人格障害が精神障害の概念に含まれるという事態を経て[(38)]、「精神の疾患ないし欠陥」概念には、「精神または感情のプロセスに著しく影響を及ぼし、行為制御能力を著しく損なわせるあらゆる異常な精神状態が含まれる」[(39)]との実践的定義が裁判所によって付与された。

この新たに付加された精神障害の定義により、マクノートン基準と抗拒不能の衝動テストを組み合わせた基準とダラム・ルールの差異は、著しく減少したとされるものの[(40)]、ダラム・ルールには他にも多くの批判が提起され[(41)]、最終的には否定されるに至った[(42)]。

他方で、マクノートン基準が有する問題点にダラム・ルールとは異なる形で答えようと試みたのが、アメリカ法律協会（American Law Institute、以下、「ALI」という。）による模範刑法典（Model Penal Code, 1962）の責任能力基準である[(43)]。同基準は、以下のように規定されている。

---

(36)　*Id.* at 876 (quoting Holloway v. United States, 148 F.2d 665, 667 (D.C.C. 1945)).

(37)　ダラム・ルールの問題性については、第3部第1章において詳論する。

(38)　Blocker v. United States, 288 F.2d 853 (D.C.C. 1961). 反社会性人格を有していた被告人の精神状態につき、「人格障害は精神の疾患に該当しない」との証言を金曜日に行った精神科医が、所属する病院の政策変更により、翌週月曜にその証言を翻したもの。「週末の逆転劇（weekend change）」などと皮肉を込めて称される。

(39)　McDonald v. United States, 312 F.2d 847, 851 (D.C.C. 1962).

(40)　Slobogin et al [2014] at 632.

(41)　Dressler [2015] at 351-2.

(42)　United States v. Brawner, 471 F.2d 969 (D.C.C. 1972). なお、所産テストは、ニューハンプシャー州においてのみ現在でも維持されている。

(43)　American Law Institute [1985] at 163 [hereinafter ALI].〔訳出に際しては、藤木［1964］を参照したが、完全に同一ではない。〕

第4.01条　責任阻却事由としての精神の疾患ないし欠陥

（1）犯罪行為時に、精神の疾患ないし欠陥（mental disease or defect）の結果として、自己の行為の犯罪性（criminality）〔罪悪性（wrongfulness）〕を弁識（appreciate）し、または自己の行為を法の要求に従わせる実質的能力を欠いた者（lack of substantial capacity）は、その行為について責任を負わない。

（2）本章で用いる「精神の疾患ないし欠陥」という用語は、反復された犯罪的その他の反社会的行為によってのみ徴表される異常性（abnormality）を含まない。

ダラム・ルール成立の翌年（1955年）に初めて公表されたこの基準は、マクノートン基準と抗拒不能の衝動テストを現代的に修正した上で、これらを組み合わせた立場だと評される(44)。同基準の特徴としては、マクノートン基準における認知要件への狭義の解釈を避けるために、①従来の「認識（know）」という語に代えて「弁識（appreciate）」という語を用いるとともに(45)、②その弁識内容については、犯罪性と（道徳的）罪悪性を選択的要件として各法域の立法者に委ねる点が挙げられる。他方で、③制御能力を独立の要件として定立しつつ、④「衝動（impulse）」という語の使用を避けることで、制御能力判断の狭い解釈を回避しようと試みる点でも、従前の諸基準とは異なっている。さらに、⑤弁識・制御能力要件ともに、能力の完全な喪失ではなく、著しい減退で足りるとすることにより、上記①および④の修正をより実質的なものとして実現しようとする点は特筆に値する。

これに対し、「精神の疾患ないし欠陥」という語については、何ら定義が与えられていない。これには、精神障害の概念は医学的知見の進展に依るところが大きく、個々の事例で提示された証拠に基づき、裁判所や陪審が同概念を事実問題の一つとして判断すればよいとする価値判断があったことによる(46)。もっとも、いわゆる精神病質（psychopathy）や社会病質（sociopathy）を「精神の疾患ないし欠陥」概念から明示的に排除している点については、事実問題や医学用語の問題として解決できない、法政策的な理由によることが示唆されている(47)。

---

(44)　LaFave［2017］at 524.

(45)　この「弁識（appreciate）」の語義については、「物事に意味を設定し、それを正しく評価すること、また、物事の意味を完全に理解し、そこから得られる印象や差異の微妙さに対して感受性を有すること」（Mossman［1988］at 55）とされ、対象の単なる事実的認識のみならず、価値的・情緒的な意味をも含むものとして、責任能力基準の認知能力要件を広げる意図があったと推察される。この点につき、墨谷［1994］247頁参照。

(46)　ALI［1985］at 174-5.

模範刑法典による責任能力基準（ALI基準）は、1960年代後半にはアメリカで支配的な基準となり[48]、1982年までには多くの州裁判所と全ての連邦控訴裁判所において採用されることになる[49]。こうした状況を背景とし、心神喪失抗弁をめぐる議論も、精神異常の基準に関する論争から、その運用面や無罪評決後の病院収容についての議論へとその焦点が移っていったのである[50]。

エ　医学モデル退潮の兆し

ALI基準に対する本格的な批判は、後述のように、1981年に生じたレーガン大統領暗殺未遂事件の被告人ヒンクリーに対し、コロンビア地区連邦地方裁判所の陪審が無罪評決を下して以降、心神喪失抗弁の要件を狭めようとする傾向の中で生じたものである。

しかし、従来の責任能力基準に比して広範に免責を認めるALI基準が医学モデル、すなわち、「精神医学などの関連科学への過度の依存・信頼[51]」の下に成立しているとの批判は、1970年代にはすでに存在していた[52]。

たとえば、Durham判決を執筆したBazelon裁判官は、ダラム・ルール放棄の内容を含むBrawner判決の同意意見の中で、心神喪失と判断されるのは、「不法な行為時に、精神・感情のプロセスや行動コントロールが、彼自身の行為に責任があると正当に評価できない程度にまで損なわれていた場合[53]」だと述べた。この提案は、機能障害の要件とともに「精神の疾患ないし欠陥」要件の排除をも試みるものであり、事実認定者に事実上無制限の裁量を与えるものであった[54]。

この基準を実際に採用した法域は存しないものの、ロードアイランド州の最高裁判所は、精神の疾患ないし欠陥の結果、行為の不法を弁識し、自己の行為を法の要求に従わせる能力が、「責任を正当に帰し得ないほどに損なわれていた[55]」場合に免責を認めるという基準を提示した。精神障害の要件を前面に出すことな

---

(47)　*Id.* at 174.
(48)　ALI基準に対する肯定的評価として、Goldstein［1967］at 93.
(49)　第1管区連邦控訴裁判所はALI基準を明示的には採用していなかったものの、1962年のBeltran判決においてALI基準の承認を示唆していた。Beltran v. United States, 302 F.2d 48, 52 (1st Cir. 1962).
(50)　ゴールドスティーン［1983］45頁参照。
(51)　青木［1990］218頁。
(52)　Slobogin et al［2014］at 632-3. 本項における以下の記述は、この文献に依るところが大きい。
(53)　United States v. Brawner, 471 F.2d 969 (D.C.C. 1972), 1032 (concurring opinion).
(54)　Slobogin et al［2014］at 633.
(55)　State v. Johnson, 121 R.I. 254, 267, 399 A.2d 469, 476 (1979).

く、被告人の精神状態への着目を事実認定者に対して明示的に要求する同様の立場は、一部の学説によっても支持されることになる。

たとえば、Michael Moore は、責任能力判断において重要なのは、被告人が「責任無能力とされるほどに非合理的であったか」についての検討だとして、以下のように述べる。

> 「ある者が道徳的行為者となるのは、その者が合理的行為者である場合に限られる。私たちが日常生活で自身や仲間を理解（understand）するのと同様の基本的な方法によって、合理的な目標を達成するために合理的信念を踏まえた上で行為に出ていると他者を見なす場合にのみ、その者を理解することができる。この方法によって私たちが理解できる者のみが、道徳的行為者とみなされるのである[(56)]。」

Moore によれば、被告人が合理的であるか否かの判断に際しては、犯行へと動機づけた欲求や信念の了解可能性（intelligibility）、無矛盾性（consistency）、一貫性（coherency）に検討が加えられなければならない[(57)]。行為者の合理性に着目して責任能力を判断すべきとの立場について、当時の段階では必ずしも評価が定まっていなかったものの、こうした思考方法はその後の学説からも一定の支持を集めることになる[(58)]。

さらに、成立には至らなかったものの、70年代以降、連邦議会においても責任能力基準に変更を加えようとする種々の法案が審議された[(59)]。こうした責任能力規定の修正（ないし廃止）の動きは、ヒンクリー事件によってさらに活発となり、「20年来くすぶり続けてきた批判がヒンクリー事件を契機として一気に顕在化・具体化した[(60)]」と評されるのである。

第２項　ヒンクリー事件以降の動向

レーガン大統領暗殺未遂など13の訴因で起訴されたジョン・ヒンクリーに対し、1982年にコロンビア特別区の陪審によって心神喪失の評決が下されると、精

(56)　Moore［1985］at 244-5.
(57)　*Id.* at 207.
(58)　この点については、後述本章第２節。
(59)　この点については、林［1991］236頁以下の分析が詳細である。
(60)　墨谷［1991］484頁以下。

神異常の抗弁に対する不満がアメリカ国民の間に生じ、「立法者や法律および精神保健専門家に対して、精神異常の抗弁全般にわたって再検討を迫る契機を与え」[(61)]ることになった[(62)]。

同事件後の改革の方向性は多岐にわたるが、責任能力の実体要件に関するものとしては、①心神喪失抗弁を維持すべきか否か、そして、②同抗弁を維持するとして、特に制御能力要件を存置すべきか否かをめぐる議論であったと概括できる。

もっとも、連邦を含む多くの法域は心神喪失抗弁を維持しており、後述のように、学説の多数も刑法の道徳的基礎にとって重要だとしてこの考えを支持している[(63)]。本書の問題関心からも、以下では同抗弁維持の是非に関する議論には深く立ち入らず、責任能力の具体的要件についての議論を中心に取り上げる。

ア　1984年連邦法制定前後の議論状況

第1部でも触れたように、連邦法域における責任能力基準は、1984年に包括的犯罪規制法として初めて立法化されたものであり、以下のように規定されている（18 U.S.C. §17）。

(a) 被告人が犯罪行為時に、重大な精神の疾患ないし欠陥（severe mental disease or defect）の結果、行為の性質または罪悪性を弁識（appreciate the nature and quality or the wrongfulness）できなかったことは、連邦法の下での起訴に対する抗弁となる。その他の場合には、精神の疾患ないし欠陥は抗弁とならない。

---

(61)　青木［1990］216頁。

(62)　この無罪評決から3年以内に、アメリカにおいて約半分の法域が心神喪失抗弁に何らかの制限を課したことからも、ヒンクリー事件のインパクトの大きさが推し量れる。See, SIMON & AARONSON［1988］at 22.

(63)　これに対し、心神喪失抗弁廃止論としては、①精神障害による免責を、犯罪成立に必要なメンズ・レアが欠けていたとの主張にのみ用いることを許容する、いわゆるメンズ・レア・アプローチと、②精神障害か否かを問わず、行為者の主観をもとに法に規定された抗弁（メンズ・レア欠缺の主張、自己・他人防衛の抗弁、強要の抗弁など）を適用可能にすべきとする、「差別廃止論的（integrationist）アプローチ」と呼ばれる、Christopher Slobogin によって近時主張されている考えを挙げることができる。前者のアプローチは、現在ではアイダホ州、カンザス州、モンタナ州、およびユタ州法において採用されており（See, IDAHO CODE §18-207; KAN. STAT. ANN. §23-3220; MONT. CODE ANN. §46-14-102; UTAH CODE ANN. §76-2-305）、同説をめぐる議論については、林［1991］233頁以下、横藤田［2009］242頁以下参照。また、差別廃止論的アプローチの概要については、Slobogin［2000］at 1202; Slobogin［2003b］at 332-8.

連邦を含む多くの法域で採用されていたALI基準との相違としては、①精神の疾患ないし欠陥に「重大な」という限定が付され、②制御能力要件が削除されている点が挙げられる。青木紀博が指摘するように、この基準は、法律家や精神医学者を代表する全国的組織——アメリカ法曹協会（ABA）とアメリカ精神医学会（APA）——によってなされた提案[(64)]と軌を同じくするものであり[(65)]、以下では、両見解の理論的背景に分析を加えることにより、当時の議論の到達点を明らかにする。

イ　心神喪失抗弁に対して提起された諸提案とその理由づけ

（1）アメリカ法曹協会（ABA）とアメリカ精神医学会（APA）による提案

前提として、ABAとAPAはともに心神喪失抗弁の廃止論に対しては否定的な立場を採用する。ABAは、前項で取り上げたHale卿の言葉を引きつつ、「責任無能力の抗弁の道徳的基礎は否定できず、このことは西洋文明の歴史を通じて繰り返し確認されている[(66)]」と述べ、APAも、「精神異常の抗弁を維持することは、刑法の道徳的廉潔性（moral integrity）にとって欠かせない[(67)]」と指摘する。

こうした前提のもと、ABAが1984年8月に制定した「刑事司法精神保健基準（Criminal Justice Mental Health Standards）」は、その7-6.1条において、責任無能力の抗弁を以下のように規定する[(68)]。

(a) 被告人が犯罪行為時に、精神の疾患ないし欠陥（mental disease or defect）の結果、行為の罪悪性を弁識できなかった（unable to appreciate the wrongfulness）場合には、その行為について責任を負わない。
(b) 本基準において法律用語として用いられる場合には、精神の疾患ないし欠陥とは、犯罪時に被告人の精神的ないし情緒的作用に著しく影響を与えた（substantially affected）ものであって、（i）持続的なものと一時的なものとを問わず、精神の障害（impairment of mind）、または、（ii）精神遅滞（mental retardation）のいずれかを意味する。

他方で、APAもその立場表明において、Bonnieによって提案された以下の基

(64)　ABA [1986]; American Psychiatric Association [1983] [hereinafter APA].
(65)　青木 [1990] 217頁参照。
(66)　ABA [1986] at 7-300.
(67)　APA [1983] at 683.
(68)　ABA [1986] at 7-6.1.

準を採用し、責任能力が問題となるほぼ全ての事例において、この基準のもとで関連性ある精神医学上の証言を与えることが可能になると主張する。(69)

> 「精神の疾患ないし精神遅滞の結果、犯罪行為時に、自身の行為の罪悪性を弁識できなかった（unable to appreciate the wrongfulness）ことが証明された場合には、精神異常のために罪に問われない。本基準で用いられる際には、精神の疾患ないし精神遅滞には、事実の知覚ないし理解（perception or understanding of reality）を重大かつ明白に損なわせ、かつ、アルコールその他の精神に影響を及ぼしうる物質を任意に摂取したことに主な原因を求めることができないような、重大な精神の異常状態のみが含まれる。(70)」

既述のように、上記の提言はいずれも、1984年改正法の立法過程（上・下院の司法委員会）で参照され、連邦法の基準にほぼそのまま受け入れられた。すなわち、心神喪失抗弁を存置した上で、精神障害を限定的に再定義し、制御能力要件を排除するとともに弁識能力要件のみに依拠する点で、APA と ABA の提言は1984年改正法と基本的に同一の見解と評することができる。(71) 以下では、連邦法の基準において制御能力要件が排除された理由を明らかにするために、この点に関する上記諸提案の理由づけを概観する。

（2）諸提案において制御能力要件（volitional prong）が排除された理由

ABA と APA の提案において制御能力要件（volitional prong）が排除された理由としては、①行為時における被告人の制御能力は科学的に認定できず、②同概念の曖昧さゆえに「精神の疾患ないし欠陥」要件の広範な解釈に結びつき、さらに、③弁識能力要件を実質的に解釈することで制御能力要件が事実上不要になるという、３つの点が指摘されていた。

まず、①制御能力の認識不可能性については、「自らの行為を思いとどまらせ

---

(69)　APA［1983］at 685.

(70)　Bonnie［1983］at 197.

(71)　青木［1990］217頁参照。なお、1984年の統一州法委員会全国会議（National Conference of Commissioners on Uniform State Laws）によって承認された責任無能力規定も、弁識能力のみを要件として認めている。See, Uniform Law Commissioners' Model Insanity Defense and Post-Trial Disposition Act, §201. もっとも、全国精神保健協会（National Mental Health Association）は、挙証責任が被告人側に転換されることによって制御能力の認定上の困難性が回避されるとして、制御能力要件を維持すべきとの立場を採用している。The National Mental Health Association［1983］at 36.

ることができなかった行為者と、単に思いとどまらなかったにすぎない行為者……を区別するための客観的な根拠は存在しない」[72]。意思概念をめぐっては精神医学の専門家の間でも未だに意見の一致を見ておらず、「制御不能の衝動と単に制御されなかった衝動の間の限界は、夕暮れ（twilight）とたそがれ（dusk）の限界以上に明確でない」[73]と評される[74]。

ABAによれば、ALI基準に制御能力要件が含まれていたのは、精神病理学を中心とする科学的知識の発展により、異常行動の原因について情報に基づいた判断が可能になるとする医学的オプティミズムの高まりを反映したものであったものの、この立場はそれ以降の経験によって否定されるに至ったのである[75]。

また、②「精神の疾患ないし欠陥」要件との関係については、統合失調症に代表される伝統的な精神病（psychosis）に加え、人格障害や衝動障害などが疾病概念や心理作用への影響に関する医学的コンセンサスがないままに法廷に持ち込まれ、これらがもっぱら制御能力を奪うものとして主張されたことが指摘される[76]。

制御能力要件が精神障害の広い解釈と結びつけられた形で主張される結果として、「人格障害や衝動障害、その他の診断可能で異常性が窺われるあらゆる事例において、犯罪行為の『原因（causes）』についての素朴な臨床的推定」[77]が行われることになる。精神障害に関するこうした理解は、一般公衆にとって信じがたくその道徳感情を害することから、この抗弁で用いることのできる精神障害に一定の制限を設ける必要が生じ、帰結として制御能力要件は事実上不要とされることになる[78]。

さらに、③弁識能力要件に包摂される可能性についてABAは、ALI基準と同じく「罪悪性の弁識」テストを採用し、「認識（know）」ではなく「弁識（appreciate）」という語を用いるとともに、その弁識内容については、「犯罪性（criminality）」ではなく「罪悪性（wrongfulness）」という文言を採用する。この理解によ

---

(72)　ABA［1986］at 7-305.

(73)　APA［1983］at 685.

(74)　APAは、「被告人が自身の行為の性質を理解し、その罪悪性を弁識していたか否かについての精神医学的知識は、被告人が当該行為を制御できたかどうかについての知識よりも信頼でき、より確かな科学的基盤に依拠している」と述べ、制御能力に比して弁識能力の判断が容易との立場を採用する。*Id.*

(75)　ABA［1986］at 7-304.

(76)　*Id.*

(77)　Bonnie［1983］at 196.

(78)　ABA［1986］at 7-304.

り、法や道徳の表面的な認識のみならず、自己の行為の意味についての精神的・情緒的な機能の全てを認知能力要件内部で考慮することが可能となり[(79)]、妄想や幻覚の中で当該行為の犯罪性を認識していた場合に弁識能力を認めるという不当な帰結が回避可能となる[(80)]。

APAによれば、「罪悪性の弁識」公式は、重大な精神障害の影響を道徳的見地から考慮するに際して十分に広いものであり、「意思テスト〔制御能力要件〕を通過しないほとんどの精神病者は、同時に弁識テストも通過せず」、その結果として制御能力要件は不要なものと位置づけられる[(81)]。

これらの見解は、制御能力要件を廃止する一方で罪悪性の弁識能力に着目することで、非難可能性という道徳的要請と臨床上の専門知識の関連づけを可能とする点で、注目に値する[(82)]。ABAは、この修正の目的につき、「刑事罰の根拠としての非難可能性という道徳的要請を維持する一方で、専門家による推測の余地を狭め、被告人の免責に対して精神鑑定人の証言がもつ重要性を〔事実認定者が〕評価するための、より現実的な基盤の提供[(83)]」を挙げており、きわめて実践的な理由に方向づけられた修正案であることが窺えよう[(84)]。

しかし、上記の修正案に対しては、道徳的非難の見地から心神喪失抗弁を維持することと制御能力要件の廃止を提唱することの整合性が問われることになる。すなわち、道徳的非難を刑罰賦課の前提に据え、自らの行為を実際に制御できなかった者に対しては非難可能性の欠如を認める以上[(85)]、制御能力要件を含まない基準を支持することは矛盾ではないかとの疑問が生じるのである[(86)]。青木の分析によれば、他行為可能性のない行為者を処罰することが応報の観点から問題ではないかという疑問に対し、当時の段階では以下の2通りの回答が用意されていた[(87)]。

---

(79)　*Id.* at 7-307.
(80)　*Id.* at 7-308. この問題については、後述本章第2節。
(81)　APA［1983］at 685.
(82)　*Id.*
(83)　*Id.*
(84)　もっとも、ヒンクリーへの無罪評決が社会問題となる以前のABA特別委員会による提案では、制御能力要件を含む基準が採用されていた。心神喪失抗弁に対して批判的な世論によって、実証的な根拠のないままに心神喪失抗弁の保守的な側面が強調されたことは否めない。Wexler［1985］at 538-9.
(85)　Bonnie［1983］at 196.
(86)　Brooks［1985］at 133-4; Wexler［1985］at 541-2.
(87)　青木［1990］228頁以下参照。

第一のアプローチは、APAに代表される見解である。既述のようにAPAは、心神喪失抗弁を維持する根拠として、「自身の行為を合理的に制御する能力を欠く者は自由意思を有さない[88]」ことを挙げる一方で、弁識能力と制御能力とが実際上、相当程度に重なり合っている（considerable overlap）実情を指摘しつつ、制御能力要件は余分なものになると指摘する[89]。このAPAの立場は、責任能力制度の根拠を自由意思に基づく道徳的非難に求めながらも、制御能力の判断困難性という認識論的限界による妥協点として、弁識能力のみに依拠する見解と評することができる。

しかし、APAは、弁識能力と制御能力とが完全に重なり合うとはしていない[90]。制御能力要件のもとで無罪とされる多くの者が、弁識能力要件のもとでは免責が認められなくなるとする精神医学者間の実証実験結果[91]を考慮すれば、制御能力要件を併置する基準との間に間隙が生じることは避けられない。そうだとすれば、「このような事実認識を無視して弁識テストを採用し、他行為可能性がないために非難可能性を欠く者から防御の手段を奪うことは、理論的にも、実際的にも重大な疑問を残している[92]」との批判が妥当する。

第二のアプローチは、制御能力判断に伴う「道徳的な誤り」がしばしば生じることを同要件廃止の主たる根拠とする、Bonnieに代表される見解である。弁識能力を有しながらも行為を制御できなかった者に対する免責の余地が断たれることについて、Bonnieは以下のように述べる。

> 「もちろん、制御能力要件が道徳的に要請されるために誤用のおそれは大目に見られるべきだ、との議論もありうるだろうが……私はそうは思わない。意思機能障害が臨床的に最も切実となるケースには、窃盗癖や放火癖のような衝動障害と呼ばれるものが含まれる。これらの障害は、量刑段階で考慮されるべき重大で異常な衝動であるが、放火癖の者に対する免責は、一般に共有された道徳的直感とかけ離れたものになるだろう[93]。」

---

(88)　APA［1983］at 683.
(89)　*Id.* at 685.
(90)　青木［1990］239頁参照。
(91)　Silver & Spodak［1983］at 388-90.
(92)　青木［1990］239頁。
(93)　Bonnie［1983］at 197.

Bonnieのこうした主張には、刑法に対するコミュニティの信頼を維持し、責任能力の判断を共同体の価値観が妥当する場面として取り戻そうとする政策的意図が感じられる。しかし、誤用のおそれから制御能力要件を排除しようとする試みは、「非難可能性を明らかに欠く行為者に対する有罪判決を生じさせ」[94]ることになる。この見解に従った場合には、コミュニティの道徳的直感を重視し、「他行為可能性がないという意味での非難可能性を欠く者を犠牲にする」[95]ことが、いかにして正当化されるかが問われるであろう。

上記の2つのアプローチはいずれも、制御能力を欠く者への免責を認めないという形で、従来とは別の意味で「道徳的誤り」を犯すことにより[96]、心神喪失抗弁を維持するために用いた自身の出発点――同抗弁を刑法の道徳的基礎として堅持すること――に背理してしまうという問題を抱えていた。

弁識能力に比して制御能力の判断が困難であるとする前提に疑問を投げかけるような実証的研究や[97]、精神医学者が心神喪失を示唆する場合には制御能力よりも弁識能力に依拠する場合が多いとする分析結果[98]が正しいとすれば、制御能力要件の誤用や濫用のおそれから責任能力基準を修正する実践的な意義も薄らいでしまうであろう。

以上、本項では、ヒンクリー事件後に弁識・制御能力要件に修正を試みた学術団体の立場とその問題点を概観した。責任の本質を非難可能性に求め、非難可能性を認めるためには実際に行った違法行為を避けることが可能であったことを要求する以上、制御能力の認定上の困難性や制御無能力による免責の余地を狭める政策上の必要性を認めたとしても、実体論として制御能力を不要と解することは原理的に不可能である[99]。既述のように、ヒンクリー事件を契機としたアメリカの議論動向が広く紹介されながら、わが国の刑法学説が同様の立場の採用を躊躇してきた理由はここにある。

---

(94)　Brooks［1985］at 134.
(95)　青木［1990］240頁。
(96)　Wexler［1985］at 541-2.
(97)　たとえば、精神医学の熟練した専門家らに対して行われたRogersの実証的研究は、弁識能力判断に比して制御能力判断の信頼性が劣るとする前提に疑問を呈している。Rogers［1987］at 841-2. なお、この研究への方法論的批判として、Morse［1994b］at 1658.
(98)　Slobogin et al［2014］at 668 (citing Rogers & Clark, Diogenes Revisited: Another Search for the Ultimate NGRI Standard, Paper presented at American Academy of Psychiatry and Law meeting, Albuquerque (October, 1985)).
(99)　安田［1998］103頁参照。

もっとも、以上の議論は、弁識・制御能力要件のいずれ（あるいは両方）を採用するべきかという形式的な議論にとどまっており、両要件の内部で問題とされるべき実体は何かという実質的な議論を欠いている。次節では、弁識・制御能力要件に関する学説のうち、その実体要件の内実に着目するものを中心に取り上げて検討を加える。

第２節　認知･制御能力要件に関する議論

ヒンクリー事件を発端として生じた責任能力の実体要件に関する議論は、その後30年を経て、新たな段階に移行している。

心神喪失抗弁を維持すべきとの立場にも、①弁識能力要件のみに依拠するアプローチ(100)、②制御能力要件のみに依拠するアプローチ(101)、③弁識・制御能力の両者を一体として再構成するアプローチ(102)がそれぞれ展開され、百家争鳴の感がある。

既述のように、1984年改正法の制定時には、弁識能力要件のみに着目する①説が学説の支持を集めた。同説は、制御能力を欠き非難可能性のない者への免責を認めないという問題を抱えていたが、その後も刑法学説の多くは、制御能力要件を含む基準に対しては懐疑的な見方を示している。もっとも、近時の制御能力批判については、認定上の困難性を指摘するのみならず、実体論的な疑問をも提起する点で、80年代の議論とはその様相を異にする。

以下では、制御能力要件に対して提起された実体論的批判を概観した上で、認知能力の意味内容をめぐる議論につき、その程度・内容の両側面から分析する。さらに、弁識・制御という枠組みの問題性を回避するために、行為者の「合理性」に着目した責任能力基準を構築しようと試みる諸説を検討する。

第１項　制御能力要件に対する実体論的批判

既述のように、80年代の通説的見解は、①制御能力の判断困難性、②精神障害の広い解釈に繋がることへの懸念、③弁識テストの十分性を制御能力要件廃止の

(100)　E.g., ABA [1986] at 7-6.1; APA [1983] at 684-5; Bonnie [1983] at 197.
(101)　E.g., Corrado [2010].
(102)　本節第３項で取り上げる、行為者の「合理性」という見地から責任能力基準を再構成する立場は、このカテゴリーに属する。

論拠としていた。これらの論拠は、制御能力の判断困難性を軸とした、いわば認定論上の問題提起にとどまるものといえる。

しかし、近時では、責任能力の判断場面における「制御能力を欠く」という評価が、むしろ本質を見誤っているとする見解が現れるに至っている。たとえば、制御能力要件の問題性について、哲学者の Herbert Fingarette は以下のように述べる。

「精神異常者に対しては、恐怖や不安、激情や幻覚などによって突き動かされ、駆り立てられ、取りつかれた者というイメージが一般的に用いられる。しかし、犯罪行為を開始して実行に移したのは他ならぬその者自身なのであり、問題となるのは彼の欲求や気分、激情や信念であり、その欲求を満たし、気分や激情、信念を表現するのは他ならぬ彼自身なのだという事実を見誤るべきではない[(103)]。」

この Fingarette の指摘には、「自分自身をコントロールできなかった（he couldn't control himself)」という慣用表現において実際に問題となるのは、「その者が自身の行為を実際にコントロールしていたにもかかわらず、彼が平素の場面で見せる通常の傾向性や目標（inclinations and objectives）の大部分から著しく逸脱した態様で行為に出た[(104)]」事態なのだという洞察が含まれている。

同様に、法と精神医学（law and psychiatry）を専門とする Stephen Morse も、制御能力要件の概念上の問題を以下のように整理する。まず、①ある者の認識や信念の内容が非理性的であることは他者からも理解可能な一方で、「その者が自身の行為をコントロールできなかった」という判断が何を意味するのか明らかでなく[(105)]、②意思概念についての共通認識が存在しないことから、コントロールテストを意思的（volitional）なものと位置づける従来の学説は、問題を必要以上に複雑にしてしまう[(106)]。また、③精神障害の影響下にある者であっても、歪められた思考や認識、欲求によって動機づけられた意図を十分に遂行可能であり、制御能力の要としての意思概念を、何らかの遂行能力（executive capacity）と捉えることもできない[(107)]。さらに、④制御能力欠如の例として挙げられる、間欠性爆発性障害

(103)　Fingarette［1972］at 162.
(104)　*Id.* at 166.
(105)　Morse & Hoffman［2007］at 1093.
(106)　*Id.* at 1094.
(107)　*Id.*

(intermittent explosive disorder) のような衝動犯の場合であれ、(合) 理性を欠いたものとして弁識能力の枠内での処理が可能な一方、小児性愛 (pedophilia) のような「欲求障害 (disorders of desire)」の場合には、現実世界との接点を保っており、法律や道徳規範を認識・是認しているのが通常であるから心神喪失抗弁による免責は妥当でない[(108)]。

こうした制御能力批判のうちの一部については、同要件の擁護論者からの反批判も見られるものの[(109)]、近時の議論においては、廃止論者と擁護論者の間で議論が噛み合っていないと感じられる場面が多い。というのも、同要件の擁護論者は、従来的な意味における弁識能力要件のみでは不十分であるがゆえに制御能力要件を存置すべきと主張する一方で、近時の制御能力要件廃止論者は、制御能力に関する上記の問題性のみならず、従来の認知能力概念の妥当性にも疑問を呈した上で、両者を統一的視点から再構成しようと試みる点に、その特徴が認められるからである[(110)]。

すなわち、擁護論者の指摘は、APA や Bonnie の見解に対して向けられた、責任主義違反に基づく批判と同じ流れを汲むものである一方、近時の廃止論の主流は、前節第1項 (エ) で概観した、責任能力を被告人の「合理性」に基づいて判断しようと試みる、医学モデル退潮の兆しの中から萌芽的に主張された見解に端を発した議論なのである。

以下では、認知能力要件に関する議論を敷衍したうえで、合理性概念から責任能力の判断基準を定立しようと試みる、Fingarette、Morse、Schopp の各見解に検討を加える。

第2項　認知能力に関する議論状況——旧来的枠組みの限界

認知能力要件 (cognitive prong) の程度・対象に関しては、わが国のように責任能力基準に制御能力が含まれる法域においては、厳格な認知要件のもとで違法性の認識があった場合に認知能力を認めると解しても、制御能力の枠内での解決が可能なことから、その妥当性は別論として特段の問題は生じない[(111)]。

---

(108) *Id.* at 1094-5.
(109) *E.g.*, Corrado [2010] at 498-502.
(110) Schopp [1991] at 203.
(111) もっとも、こうした実情により、弁識能力要件で問題とされるべき実体についての自覚的な議論が展開されてこなかったことは否めない。この意味で、実際に犯罪に出てしまった以上、結

しかし、既述のような制御能力に対する実体論的・認定論的批判を前提に、認知能力要件の枠内での問題解決を試みる場合には、その規定の仕方をめぐって困難な問題が生じることになる。

既述のように、マクノートン基準に対しては、「認識（know）」という要件の狭隘性が指摘され、ALI 基準や1984年改正法による連邦基準は「弁識（appreciate）」という語を用いることで、この問題を回避しようと試みた。他方で、認知能力の対象については、マクノートン基準の下では違法性（contrary to the law）と解されていたものの、ALI 基準は犯罪性（criminality）と罪悪性（wrongfulness）を並置し、連邦法や先に紹介した学術団体の立場は、認知能力の内容を罪悪性（道徳違反性）と理解する。

認知能力の程度・対象の相互関係については、「弁識」を要求することと「罪悪性」を要求することの間の差異が曖昧なことからも明らかなように、同要件の程度と内容については相互の関連性が推察される。本書もこの関連性を否定するものではないが、以下では分析的な検討に重点を置き、認知能力要件の程度・内容の順にしたがい、この要件の内実に関する議論を概観する。

ア　認知能力要件の程度をめぐる議論――「認識」か、「弁識」か

マクノートン基準における認知能力要件の射程が狭すぎるとして提案された第一の肢は、ALI 基準や連邦基準において採用されたように、従来の「認識」という語を「弁識」に置き換えることで、心神喪失が認められるための認識の程度を緩やかにするというものであった。

もっとも、価値的・情緒的な観点をも含む概念として認知能力要件を構成した場合には、精神病質（psychopath）や軽度の知的障害者（mildly retarded person）に対しても免責が認められるという問題が生じうる[(112)]。というのも、精神病質者に対しては一般に、「真に事実的な意味（truly intellectual sense）を超えて他人のことを『完全に理解』し、『同じ立場になって考える』ことができないように見え[(113)]」、軽薄かつ表面的で、自責の念や罪悪感に苛まれることもなく、感情移入をすること

果的には行動を制御できなかったのであり、弁識能力の内容を詰めることが実務的にも求められているとの指摘（山口ほか［2006］109頁［今井］）は示唆に富む。

(112)　Slobogin［2003b］at 323-5. さらに、弁識基準の下では、自身の犯罪行為に対する自責の念を欠いたことを理由として、規範意識の鈍磨した常習犯罪者に対しても心神喪失抗弁の適用が認められる余地が生じる。Slobogin et al［2014］at 650.

(113)　Hare［1993］at 44.

のできない彼らは、浅薄な感情を有し、責任感に欠けている[114]との評価がなされ、また軽度の知的障害者（知能指数が50から70程度の者）に対しては、「抽象的な意味において善悪を区別することはできるものの、抽象的概念を現実にある特定の状況に適用することに困難を覚え、自らの行為の罪悪性を弁識できない[115]」と評されるからである。

これらの例は、認知能力要件の狭い解釈のもとでは責任無能力として（適切にも）認められなかった類型であり、認知能力要件の広い解釈を維持しつつ、いかにして妥当な帰結を導出するかが課題となる。

この問題に対するポピュラーな解決策は、精神病質や知的障害など一定の類型を「精神の障害」概念から排除することにより、心神喪失抗弁の適用を認めないというものである。たとえば、ALI基準は、「『精神の疾患ないし欠陥』という用語は、反復された犯罪的その他の反社会的行為によってのみ徴表される異常性を含まない」との条項を併置し、連邦基準も精神障害の要件に「重大な（severe）」という形容詞を付すことで、同要件に限定を課そうと試みている。学説においても、弁識アプローチの代表的論者であるBonnieは、法的精神異常の前提たる「重大な」障害とは、「通常のものとは質的に異なった精神体験に繋がるような、本人のコントロールが及ばない脳内の病的過程（pathological process）[116]」だと位置づける。

しかし、アメリカ精神医学会によるDSMなどの代表的疾患分類において、上記の類型が病的なものとして位置づけられ、先天的かつ神経学的な異常もこれらの類型に含まれうることを考慮すれば、精神病質や知的障害を他の精神疾患と区別して取り扱う理論的根拠は明らかでない[117]。また、身体的な基礎をもつ精神病が精神病質や知的障害に比して人間行動に強い影響を与えるとする科学的根拠が存しないことを考慮すれば、（最終的な結論の当否は別にせよ）こうした刑事政策的考慮が精神障害の概念内部でなされることの妥当性が問われることになる[118]。

また、「弁識（appreciate）」の語義に忠実に従った場合には、制御能力に実質的

---

(114)　*Id.* at 34.

(115)　Slobogin［2003b］at 324 (citing Crisman & Chikinell, The Mentally Retarded Offender in Omaha-Douglas County, 8 Creighton L. Rev. 622, 1975, at 646).

(116)　Bonnie［2003］at 54.

(117)　Slobogin［2003b］at 326.

(118)　安田［2006］30頁以下参照。

な問題のある場合の多くが、認知能力要件内部で捕捉されるという問題が生じうる。[119] たとえば、ギャンブル依存症の被告人による金員の横領が問題となったCompanaro事件では、「善悪の認識（know）は認められるものの……犯行時に過度のストレス下にあり、善悪を考慮（consider）できなかった」との専門家証言に依拠しつつ、弁識テストの下で心神喪失が認められた。[120]

こうした帰結は、弁識・制御能力が多くの部分で重なり合うがゆえに、後者の要件を排したAPAの立場を前提にした場合には特段問題にならないものの、制御能力要件を排することによって心神喪失抗弁の適用範囲を狭めるという明確な意図を有するBonnieの立場を前提とした場合には、深刻な問題になるだろう。制御能力要件の廃止と認知能力要件の拡充という2つの変数は、互いに完全に独立しているわけではないのである。

もっとも、「認識」と「弁識」という用語の違いが上記事例において結論に相違をもたらすとしても、こうした程度概念が実際の判断場面でどこまで厳密に適用されてきたかについては疑問が残る。マクノートン基準の狭い認知能力要件が用いられる法域においても、「認識」概念が文字通りの厳密な意味で解釈されていたわけではないとの指摘[121]を加味すれば、この程度概念によって心神喪失の意味内容を明らかにすることには、おのずと限界が伴うことになる。[122]

こうした指摘の背景には、マクノートン基準における困難性はむしろ、行為の罪悪性（wrongfulness）を認知する被告人の能力に由来するものであり[123]、程度の差異に固執したところで生産性がなく、むしろ罪悪性要件の意味内容を解明することに労力が割かれるべきとの理解があるように思われるのである。

イ　認知能力要件の内容をめぐる議論――「違法性」か、「道徳違反性」か

マクノートン基準が誕生した英国では、認知能力要件における罪悪性とは法に違反すること（contrary to the law）と理解される。こうした理解のもとでは、幻覚妄想の影響により、他者から攻撃を受けていると信じた者が正当防衛の意図でその者を殺害した場合には刑罰から免れるのに対し、「被害者が行為者の名声や運命を傷つけた」との幻覚の影響により、それに対する復讐で殺害行為に出た場

(119)　Slobogin [2003b] at 325.
(120)　*Id.*
(121)　Goldstein [1967] at 49-53.
(122)　Fingarette [1972] at 152; Schopp [1991] at 43.
(123)　Schopp [1991] at 43.

合には刑事責任を免れない[(124)]。後者の認識内容は通常、正当化や免責の抗弁を構成しないからである。

これに対し、20世紀の初頭以降、アメリカにおける裁判例の中には、こうした狭い考え方を排斥するものが見られる。口火を切ったのは、1915年のSchmidt判決[(125)]におけるCardozo裁判官の意見である。同裁判官は、以下のような例を挙げて、罪悪性要件を違法性ではなく、道徳違反性と解するべきだと主張した。

> 「ある母親が、溺愛していた幼い子供を殺害したとする。その行為の性質や、法によって非難されることを彼女は知っていたものの、彼女の目の前に神が現れ、生贄を命じたとする病的な妄想によって動機づけられていた。この場合に、……その行為が悪い（wrong）ことだと彼女が知っていたと考えるのは、ばかげているように思われる[(126)]。」

Cardozo裁判官による上記の理解は、罪悪性要件を違法性の認識に限定せず、道徳違反性にまで拡張することでマクノートン基準を再構成するものと評価できる[(127)]。しかし、当該行為が法的に禁止されていることを知りつつも、精神障害の影響により道徳的に正当化されうると信じる者に対して免責の余地を認めるこうした広い理解は、確信犯の場合に深刻な問題を生じさせる。

実際にも、Cardozo裁判官は、道徳違反性を認識できないことを理由に確信犯に対する免責を認めることの問題性を意識してか、「全ての政府が悪だと考える

---

(124)　M'Naghten's Case (1843) 10 Cl & Fin 200, [1843-60] All ER 229. 貴族院から最高法院の裁判官らに提出された5つの質問のうち、4番目の質問に対するTindal首席裁判官による回答である。この事例では、部分的妄想（当該妄想以外の点で異常性が認められない）場合を問題としているが、妄想が行為の性質や罪悪性の理解を妨げるに足りるものでなければならないことを示すにとどまり、マクノートン基準の本体部分に何ら付け加えるものではないとの理解が一般である（Ormerod & Laird [2015] at 345; Simester et al [2016] at 739）。他方で、英国において罪悪性（wrongfulness）の内実が違法性だと強調されるのは20世紀中盤以降の傾向（Windle [1952] 2 QB 826; Johnson [2007] EWCA Crim 1978）であり、それ以前は、「理性的な者が採用する通常の基準（the ordinary standards adopted by reasonable men）」が問題とされていた点に留意が必要である（Codère (1916) 12 Cr App R 21）。もっとも、現在でも実務上は、違法性を認識している場合に心神喪失による無罪評決の可能性が完全に排除されているわけではない（Mackay & Kearns [1999] at 722）。さらに、オーストラリアやニュージーランドなど他のコモン・ロー領域では、道徳違反性を意味するとする広い解釈が支持されている（ムスラーキス [2001b] 214頁以下参照）。

(125)　People v. Schmidt, 216 N.Y. 324, 110 N.E. 945 (1915).

(126)　*Id.* at 949.

(127)　Morris & Haroun [2001] at 1007.

無政府主義者によって法が犯されることを許容するわけではない。また、熱狂的な宗教信者が一夫多妻や人身御供を務めとして行う場合にも、刑事責任を免れない」と述べる[128]。こうした帰結を導出するために同裁判官は、これらが精神障害の産物とはいえないとの理由づけを行っていた[129]。

もっとも、精神障害該当性の見地から道徳違反性アプローチに限定を試みようとしても、先述のように、「精神の障害」の有無によって免責すべき事例とそうでない事例を截然と区別できるかは疑わしい。また、「精神の障害」要件が事例を適切に区別することが仮に可能であったとしても、責任能力が問題となる典型事例では、自身の行為が法に反し、社会道徳的見地からも非難されうる点についての明確な認識を有することが多いとされる[130]。こうした理解を前提とした場合には、事実審で問題となるほぼ全ての事例において、認知能力の概念を適用することが不可能となる。

さらに、罪悪性概念を、当該行為者の良心に反すること（主観的道徳違反性）と解したとしても[131]、行為者の良心を手がかりとして免責の可否を判断することに対しては、刑法の基礎を掘り崩すことになるとの批判や[132]、「妄想により、ある行為が合法であり、社会道徳にも一致すると誤って信じていた者が、良心の呵責を感じつつも法や道徳によって正当化されると考えて行為に出た場合[133]」が反例として挙げられ、こうした解釈は否定されるに至っている。

かようにして、罪悪性要件の内実をめぐる違法性アプローチと道徳違反性アプローチは、深刻なジレンマに陥ることになる。すなわち、罪悪性を違法性と解する立場に対しては、Schmidt 判決[134]における Cardozo 裁判官の意見からも明らかなように、責任能力の判断場面ではあまりに狭隘との批判が妥当する[135]。他方で、罪悪性を社会的道徳違反性として捉えた場合には、その広い解釈ゆえに確信犯人

（128）*Schmidt*, 110 N.E., at 950.
（129）*Id.*
（130）Fingarette［1972］at 153.
（131）アメリカにおいて罪悪性要件を道徳違反性と解する法域においても、被告人が社会的な道徳基準を認識しながら違反したかが問題とされ、自身の行為が道徳的に妥当だと個人的に確信したか否かは問題ではないとされている。Dressler［2015］at 347. もっとも、社会的道徳違反性と主観的道徳違反性に関しては、その線引きの困難性が指摘される。*Id.* at 347（note 76）.
（132）Fingarette［1972］at 154.
（133）Schopp［1991］at 47-8.
（134）*Schmidt*, 110 N.E., at 949.
（135）Schopp［1991］at 46.

や熱狂的な宗教信者の場合に適切な帰結を導き得ず、また、誤った価値体系の中で社会的道徳違反性を認識しながら行為に出た場合に一律に免責を認めないことの妥当性が問題となる。

ある行為の違法性・社会的道徳違反性を認識しつつも、精神障害により、こうした基準自体が誤っていると信じていた場合には、罪悪性の解釈を変化させることによって妥当な帰結を導くことは困難であり[136]、上記の理解はいずれも、心神喪失抗弁で問題とされるべき実体とはその内実を異にするのである[137]。

ウ　検　討

本節では、認知能力の意味内容をめぐるアメリカの議論を概観した。制御能力や「精神の障害」要件が安全弁として機能する場合には、認知能力の内実に関心を払わずとも帰結において特段の問題は生じないが、こうした理解は妥当でない。

しかし、他方で、「精神病院の入院患者は一般に、真の意味で道徳的区別の能力を有し、その能力は刑務所の受刑者に比して著しく高い[138]」と指摘されるように、認知能力要件のもとでの線引きには困難が伴う。

既述のように、認知能力の程度をめぐる議論は、免責されるべき者とそれ以外の者を区別する有効な基準を何ら提供できず、認知能力の内容をめぐる議論は、罪悪性の内容を違法性と解するにせよ、道徳違反性と解するにせよ、心神喪失抗弁において問題とされる内実を正確に捕捉できていない。

筆者は、従来の見解の問題性は、正常人と共通の尺度によって責任能力基準の認知要素の定義づけを試みていたことに起因すると考える。すなわち、「精神異常者は、道徳的および法的責任能力の通常の基準がもはや適用されないという理由で免責される[139]」という視点への転換が求められているのである。

心神喪失抗弁に関して「多くの法域が社会的ないし主観的道徳性による『罪悪性』解釈を採用しているにもかかわらず、これに対応する『無責な道徳の不知(nonculpable ignorance of immorality)』による一般的な免責カテゴリーは存在しない[140]」。このことからも明らかなように、心神喪失抗弁の認知要素を正常人のそれ

(136)　*Id.* at 47.
(137)　*Id.* at 43-51.
(138)　Fingarette［1972］at 148.
(139)　ムスラーキス［2001a］78頁（傍点筆者）。
(140)　SCHOPP［1991］at 60-1.

と同列に位置づけようとする試みは、その帰結において妥当な結論を導きえないのである。

この問題を考えるに際しては、マクノートン基準の文言が示唆的である。同基準のもとで心神喪失とされるのは、自らの行為の性質や罪悪性を認識できなかったほどに、「理性を欠いた（defect of reason）」場合であった。同基準の解釈に際しては、「行為の性質や罪悪性の認識」に主眼が置かれ、「理性の欠如」という観点は歴史を通じて抜け落ちてしまったが[141]、上述のような視座の転換に際しては、有効な指導原理となるように思われる。

以下では、「（合）理性の欠如」という観点を軸に責任能力基準を再構築しようと試みる諸説を概観し、わが国の弁識・制御能力要件解釈のための示唆を得る。

第3項　議論枠組みの変化――「合理性の欠如」という観点から説明を試みる諸説

ア　Fingaretteによる問題提起

合理性（rationality）概念を軸に責任能力基準の再構成を試みるHerbert Fingarette[142]は、法的精神異常を構成するのは、「行為者が実際に思考し、行為に出ることを決心するに至る過程における何らかの障害[143]」だと指摘する。

そして、前項で見たような難点から認知能力要件の困難性を指摘しつつ、制御能力要件に対しても、「法に従う能力を欠くこと」と、「通常の者と同じ態様で制御できないこと」の間には決定的な違いがあり[144]、責任無能力とされうる全ての精神異常者は、自身の行為を法に従わせる形でコントロールすることが可能なことから、正常な者と心神喪失者を分かつのは、ある一連の行動を選択する方法が通常の者と異なること――行為の選択に至る過程があまりに非合理的であること――に求められると主張する[145]。

この文脈における合理性についてFingaretteは、健全で理に適い、賢明で思慮分別があるといった強い意味における合理性概念は責任判断の場面では不適当だとして、弱い意味の合理性概念の必要性を指摘する[146]。しかし、合理性概念を最

(141)　Fingarette [1972] at 178.
(142)　本書では主として、Fingarette [1972] に基づいてFingarette説を紹介する。同説については、Fingarette & Hasse [1979] at 218も参照のこと。
(143)　Fingarette [1972] at 156.
(144)　*Id.* at 171-2.
(145)　*Id.* at 172.
(146)　*Id.* at 185. 合理性概念の「強さ」「弱さ」については、後述第3章第1節。

も弱くなるように解し、「行為の理由を全く欠いていた」と定義づけたとしても、無意味で思慮を欠いた行為に対して「理性を欠く」との評価は妥当でないとして、合理性概念の程度を変化させるのみでは意味をなさず、何に対して合理性を発揮するのかが重要だと論を展開するのである(147)。

論者によれば、責任能力概念の基礎を構成するのは、当該行為が有する危険性などの客観的事情や、それによって相手に生じる害悪や苦痛、あるいは罪悪性や犯罪性などの道徳的・法的帰結等が生じうることなど、当該行為に必然的（本質的）に関連している事情（*essential* relevancies）を踏まえ、それらの事情に反応しながら当該行為に及んでいることであり(148)、刑事責任能力の判断場面においては、自らの行為の違法性に対する反応性を示すか否かが問題となる(149)。

もっとも、行為の違法性に対して反応性を示すことが刑事責任能力の基礎だとしても、罪悪性理解の主観説に回帰するわけではない。彼によれば、精神異常の文脈における「行為の性質ないし罪悪性を認識する」とは、「特定の行為を、関連する公的な罪悪性基準の見地から合理的に評価し、定義づけ、検討する能力」を意味し(150)、「合理的だと見なされるのに必要な形で」認識していたかという、従来の罪悪性要件の解釈に欠けていた観点が問題となるのである(151)。

イ　Morseによるアプローチの継承

Stephen Morseによれば、法律概念としてのコントロール能力は、反因果的自由や行為者起因性（agent origination）として理解される自由意思とは何ら関係がなく(152)、欲求や信念、意図や理性などの精神状態を純因果的に理解し、人を理性に導かれうる行為者として扱う、素朴心理学的（folk psychological）な行為説明理論によって定義づけられなければならない(153)。

このことから彼は、刑法における責任論は決定論的な思考方法と親和性を有しており、免責に関する理論が法律内部に属することから、自由意思を問題にする形而上学的な議論とは独立した形で問題解決が図られなければならないと指摘す

---

(147)　*Id.* at 185-6.
(148)　*Id.* at 186-7.
(149)　*Id.* at 207.
(150)　*Id.* at 200.
(151)　*Id.* at 199.
(152)　Morse [2009] at 450.
(153)　*Id.* at 451.

る。[154]

論者によれば、自由や自律の基礎としての責任帰属の根本基準は、合理的に行動する一般的な能力（general capacity for rationality）であり[155]、制御不可能性に関するほぼ全ての事例は「合理性の欠如（lack of rationality）」という観点から適切に説明されることになる[156]。すなわち、「非理性的であるがゆえに法に従うことが困難であるのならば、『非理性的であること』が潜在的な免責事由として作用し、独立の制御能力要件は不要[157]」となる。「理性の欠如」は、深刻な精神障害を有する者が法に従うことのできなかった事例のほぼすべてを解決し、免責が妥当となるような場合にあっては、制御能力要件は認知能力要件に吸収されうると論を展開するのである[158]。

もっとも、責任能力欠缺の一般要件を、合理的な行為者能力という見地から理解するこのシンプルな考えに対しては、「合理性概念が定義されずに留まっている限りで表面上もっともらしく見えるにすぎない[159]」との批判がある。

この批判に対して Morse は、「合理性についての一般常識的なイメージとは、

(154)　*Id.* at 450. なお、Morse は、第2部第3章で展開する理由応答性論に親和的な説明を加えている。*Id.* at 453-4.

(155)　Morse［2001］at 267.

(156)　Morse［1994a］at 179. もっとも、制御能力要件について、Morse 説に変遷がみられる点には注意が必要である。前提として Morse は、応報が刑罰の前提であることは疑いの余地がなく、責任能力を害する状況や事情は応報を否定することになることから、こうした観点が公正な刑事免責理論に組み込まれる必要があると指摘した上で、心神喪失抗弁の維持を主張する（Morse［1985a］at 138)。この点に現在の見解との違いは見られないものの、1985年当時の段階では、制御能力要件に対し懐疑的な立場を示す一方で、責任能力基準に同要件が存置されるべきかについては明言を避けており（*Id.* at 142-5)、実際にも、同じ年の論文では、「欲求や願望があまりに強烈なために、それを満たさないことによる苦痛に対する恐怖が犯行の真の動機である」場合に限り、制御不可能性を免責の根拠として認めていた（Morse［1985b］at 815)。しかし、1994年の論文では、強要（duress）による免責に示唆を得た基準を提示しつつ（Morse［1994b］at 1613-4)、制御不可能性による免責は、非合理性（irrationality）ないし内的強制（internal coercion）の観点から理解されるものの、後者は多くの場合に前者に吸収されると指摘するに至った（*Id.* at 1656)。さらに、近時の論文では、こうした外的強要による免責の範囲が実際上、相当程度に限られていること、また、外的強制・強要の場合には非合理性やコントロール不能という観点が無関係なことから、精神異常に基づくコントロール不能と外的強制・強要の平行理解に疑問を呈し（Morse［2009］at 456)、本文中で示すように、責任能力基準を合理性という見地から一元的に理解するに至っている。

(157)　Morse & Hoffman［2007］at 1093.

(158)　Morse［2002］at 1064-75.

(159)　Tadros［2005］at 341. もっとも、Tadros は、マクノートン基準における「理性の欠如」という観点の重要性を認めており、Morse 説との差異は、制御能力を独立の要件として併置すべきか否かという点に収斂される。*Id.* at 328.

能力の集積なのであり、ある程度正確に物事を認識し、目的合理的に思考すること、また、理性の下で行為を評価し、適切な事項を比較考慮することなどが含まれ[160]」、「合理性に関する能力について専門的な定義が一致していないことを理由として、私たちが日常的に問題なく用いている理解を放棄することにはならない[161]」との反批判を行っている。

Morseにとっては、合理的に行為する能力について正確な定義を定立できない点への批判は妥当性を欠き、認知・制御能力要件に対する先述の問題が回避できない以上、責任能力の実際の判断過程を合理性という見地から謙虚に記述することが肝要なのである。

ウ　Schoppによる精緻化

実践的推論プロセス（process of practical reasoning）という観点から法的精神異常の内実を解明しようと試みるRobert Schoppは、道徳原理から演繹的に導出された認知・制御能力要件の弊害を回避するためには、反照的均衡（reflective equilibrium）の手法により、ある理論が実際の判断で用いられる場面を想定しつつ、理論と実践の視線往復的な分析の必要性を強調する[162]。

この分析手法に基づいてSchoppは、認知能力要件を正確かつ予測可能なものにし、「道徳的誤り」を避けるために罪悪性要件に加えられた改良の試みはいずれも適切な基準を提示できておらず[163]、こうした不適切な基準から妥当な帰結を導出するために裁判所は基準を捻じ曲げて適用する必要があるものの、このように簡単に捻じ曲げられてしまう基準はむしろ「道徳的誤り」を誘発するものであって妥当でないと指摘する[164]。

他方で、現行の制御能力要件は、直感的には説得力があるものの、裁判所が同要件の充足を認定・判断するための指針を何ら提示できておらず、責任無能力という結論を言い直しているにすぎないと批判する[165]。Schoppによれば、制御能力要件は「不必要で関連性を欠き、空虚なものにすぎず[166]」、「弁識に作用する重大な精神障害のみが免責の唯一の基礎とされるべき[167]」であり、既存の責任能力基準が

(160)　Morse〔2009〕at 456.
(161)　*Id.*
(162)　Schopp〔1991〕at 45.
(163)　*Id.* at 49.
(164)　*Id.*
(165)　*Id.* at 173.
(166)　*Id.* at 174.

被告人の弁識内容のみを問題とし、弁識プロセスに着目してこなかった点に問題の核心が存すると論を展開する[168]。

彼によれば、統合失調症などの重大精神病に伴う認知障害は、認識内容の誤りというよりはむしろ、主として認知プロセスの歪みに現れる。たとえば、思考内容に関する障害として分類されることの多い妄想についても、その根底にある認知プロセスの歪みによって定義づけられる[169]。

こうした理解を採用する理由として、妄想の内容と現実世界の齟齬が求められるとすれば、妄想内容が現実に偶然一致してしまった場合に弁識能力要件を充足するという、直感に反する帰結に至る点が挙げられる[170]。ほぼすべての場合に妄想は誤った信念を伴うが、妄想が異常だと評価されるのは、それが単に誤った信念であるからではなく、誤った信念が歪んだ認知プロセスによって生成・維持されるからなのである[171]。

この認知プロセスについて、具体的には、認識の焦点化（cognitive focus）や論理的推論（reasoning）、概念形成（concept formation）や現実との連関（reality relatedness）などに代表される実践的推論プロセスが問題となり[172]、Schopp によれば、ある行為者の実践的推論プロセスが有効と見なされるためには、以下に挙げる少なくとも3つの要素を充足する必要がある[173]。

すなわち、①関連する欲求や状況についての正確な思考形成が可能であり、②有効な連想プロセスを経ることにより、現在生じている欲求や思考から、現に存在している他の関連性ある欲求や思考を自覚することができ、かつ、③様々な欲求や行為、結果の間に生じうる関係性について、妥当な結論を導出するための推論プロセスを正確に行使すること、である[174]。

Schopp は、重大な精神障害によってこれらの要素はいずれも損なわれうるが、重大な思考障害は、欲求や予測される結果を勘案し、具体的な行為を選択するために用いられる推論プロセス（③の観点）と特に関連性が認められると指摘

(167)　*Id.*
(168)　*Id.* at 178-9.
(169)　*Id.* at 181.
(170)　*Id.* at 182.
(171)　*Id.*
(172)　*Id.* at 185-7.
(173)　*Id.* at 189.
(174)　*Id.*

する。[175]

彼は、認知的要素（認知能力）と意思的要素（制御能力）という、独立した2つの観点がそれぞれ免責の根拠たりうるとする従来の責任能力基準に対し、こうした理解が果たしてどこまで正しいのかと疑問を呈する。[176] そして、行為者の推論プロセスの歪みという観点から法的精神異常を統一的に把握するこの新しい定式が、弁識内容の誤りそれ自体ではなく、弁識プロセスの歪みを臨床的に取り扱う、精神医学の専門家による判断とも親和的だと主張するのである。[177]

エ　検　討

以上、責任能力基準を行為者の合理性に関する能力から再構成しようと試みる、Fingarette、Morse、Schopp の見解を概観した。彼らが「合理性」概念に与える意味内容は必ずしも一様でないものの、以下のような共通点を見出すことができる。

すなわち、①制御能力要件に関しては実体論的な見地から批判を加え、②認知能力要件に対しても従来の理解の限界を指摘する。③この限界は、既存の責任能力基準が行為者の弁識内容のみを問題とし、弁識プロセスに着目してこなかったことに起因し、行為者の責任能力が問題となる場面ではむしろ、行為を選択するに至った過程が通常の者と異なること——（合）理性を欠いていること——が問題となっている。こうした事実認識のもと、④「理性の欠如」という観点は、責任能力が問題となる場面の全てに妥当し、従来的意味における制御能力要件は、（プロセスに着目することで意味内容が変化させられた）認知能力要件に吸収される。

この思考方法は、認知・制御能力要件に関するアメリカの議論の現在までの到達点と評することができ、わが国における「両要件の重なり合い問題」解決に際しても、一定の示唆を与えるものと考えられる。もっとも、こうした議論をわが国の責任能力論に応用するためには、以下に挙げる検討課題をクリアする必要があるだろう。

まず、Fingarette 説における、「責任能力概念の基礎を構成するのは、……当該行為に必然的（本質的）に関連している事情（*essential* relevancies）を踏まえ、それらの事情に反応しながら当該行為に及んでいること」という主張の意味内容が

(175)　*Id.*
(176)　*Id.* at 201-2.
(177)　*Id.* at 201.

明らかでない。実際に犯罪行為に出てしまった以上、道徳規範や刑法規範に対して反応性を示すことは不可能だったのであり、特に（Morseのような）決定論的世界把握を前提とした場合には、「反応性を示すこと」という要件の位置づけが困難な問題となる。

また、上記の見解がいずれも、合理性概念を通常人からの乖離という観点から説明している点について、さらに検討を要する。弁識内容の正否ではなく弁識プロセスの異常性に着目するこれらの見解は、他者視点を含むものとして合理性要件を構成することを当然の前提としており[178]、これが従来の責任本質論と整合性を有するかが検討されなければならない。

したがって次章では、これらの検討課題を念頭に置きつつ、わが国の刑法学が非難可能性の前提に据える他行為可能性原理の意味内容について分析を加え、上記のアメリカの議論をわが国の責任能力論へ応用するための素地を整える。

(178)　たとえば、合理性アプローチの立場からSendorは、「合理性［要件］は、それ単独ではなく、むしろ他者が解釈することのできる行為に出るための一条件として重要性を発揮する。精神障害に罹患した者が非合理的な行為を通じて保護法益を侵害した場合には、これらの法益への軽視を示すものとして当該行為を解釈できないという理由から、その者を免責する」と指摘する。Sendor［1986］at 1415.

第3章　他行為可能性原理の検討

刑法学では、意思の自由の存否が科学的にも哲学的にも未だ完全には証明されていないことを前提とし、決定論と非決定論のいずれに立脚しようとも、それは「推定」に基づく仮説との理解が大勢となっている(179)。すなわち、どちらの仮説を採用した方が刑事責任や刑罰の正当化を合理的に説明できるのかという点が重要であり、この意味で、この仮説は刑法理論構築のための「作業仮説」にすぎないものとして理解される(180)。

わが国の刑法学の通説は、自由意思に関して相対的非決定論と呼ばれる見解を採用する。これによれば、人の意思は素質や環境によって決定されている部分と決定されていない部分があり、決定されていない部分における自由な意思決定に対して責任非難が向けられる。

この見解に対しては、性格の傾向性から犯罪行為を説明できる程度に応じて責任が否定されるという疑問がある。たとえば、出来心で生まれて初めて窃盗をした犯人と、犯行を重ねて規範意識が鈍磨した常習窃盗犯人とでは、前者の方が自由で責任も重く、後者の行為の方が選択の余地が狭まっていることから責任も軽いことになる(181)。人間の意思が因果法則に服さない部分について責任を問おうとすれば、「責任非難の程度と犯罪予防の必要性の程度とは相反関係に立つ(182)」ことにもなるだろう。

これに対して近時では、自由意思を「仮設」ないし「規範的要請」として措定しつつ、社会の一般人を基準として行為者を非難することができるとする見解が有力である(183)。たとえば井田良は、「責任の有無と程度を決めるための基準としての自由と可能性は、経験的事実ではなく、規範的要請ないし仮設として前提に置かれるものでなければならない」とし、「刑法は、行為者に対し、この社会をと

(179)　大山［1992］122頁参照。
(180)　平野［1966］80頁参照。
(181)　井田［2005］221頁以下参照。
(182)　松原［2017］198頁。
(183)　たとえば、井田［2008］358頁以下。

もに構成する者としての平均的な要請に応じることを期待し、その要請に反する以上、責任を肯定すべきである[184]」とする。

この立場に対しては、行為者の他行為可能性を責任の基礎に置きながら、社会の一般人・平均人を基準に行為者を非難することが十分に説得性を有するのかという疑問が生じうる[185]。この立場からは、行為者自身についての主観的・個人的非難が問題となるのではなく、行為者に向けられた社会の客観的非難が問題となることから、非難概念が無限定・無内容となることが避けられないように思われる。

自由意思に関する上記の二説とは異なり、行為が決定されていたことと責任非難は両立しうると解する立場（両立可能論）がある。人間の意思が自由であるかどうかは、その意思が何によって決定されているかによるのであり、生理的な衝動や傾向によって決定されている場合は自由であるとはいえないが、意味の層あるいは規範意識の層によって決定されている場合には自由であり、その行為に対して非難を向けることが可能となる[186]。

この見解のすぐれた点は、証明することが不可能な形而上学的前提に立脚する必要がないところにある。というのも、同説によれば、他行為可能性や意思の自由の存否とは無関係に、行為の決定要因が規範意識に基づいている限りで非難の賦課が可能となるからである[187]。さらにいえば、「行為者の規範意識が、意思決定ないし行為選択の１つの要因となっている」という経験的に証明可能な命題のみを前提とすれば足りることから、両立可能論の立場からは決定論の正しさが証明される必要もない[188]。

たしかに、非決定論者の主張に見られるように、われわれは自由の意識、他行為可能性の意識を持っている。しかし、「『貧困からの自由』、『圧政からの自由』というように、われわれは自由としては『何かからの自由』を考えるのであり、何事にも関係しない、抽象的な自由・不自由を考えることはしない[189]」。そうだとすれば、刑事責任の判断場面においてもこの種の無限定な自由を措定する必要は

(184)　井田［2008］358頁。
(185)　佐伯［2013］318頁以下参照。
(186)　平野［1966］19頁参照。
(187)　佐伯［2009］32頁参照。
(188)　井田［2005］224頁参照。
(189)　町野［2011］６頁。

ないことになる。

フィクションであっても自由意思を基礎にした刑罰制度を構築すべきとの立場からは、現行憲法が前提とする自由が非決定論的な自由であり、「強制されていない自由」の概念が従来の自由意思論で論じられてきたものとは異なるとの批判が向けられる[(190)]。しかし、憲法が保障する個人の自由や自律が上記の無限定な自由意思の存在を不可欠な要素として前提にしているとは考えられず、一般人・平均人を基準とする自由や自律の尊重が、本当に個人の自由や自律の尊重に繋がるのかは不明である[(191)]。

これらの点から筆者は、責任主義の基礎づけとしては両立可能論の説明に魅力を感じている。この立場を前提とした場合には、「われわれの非難や称賛は、行為が決定されていたかどうか、他行為可能性があったかどうかと、直結していない[(192)]」ことになり、他行為可能性の有無は責任の基礎づけとは無関係なものとして位置づけられる。

しかし、わが国の刑法学説においては、非決定論のみならず決定論（両立可能論）の立場からも、程度の差こそあれ、他行為可能性が責任の必要条件であることは自明のこととして扱われているように見受けられる（後述本章第2節）。

これに対して（法）哲学の分野では、両立可能論の立場から、他行為可能性を責任の判断場面から排除する傾向が見られる[(193)]。こうした議論進展が刑法学における責任本質論に影響を与えうるとすれば、両立可能論の立場からも維持されてきた他行為可能性原理――および、その帰結として、責任能力基準の中で制御能力に重点を置く思考方法――に再考を迫る契機として位置づけられる。

たしかに、実用法学としての法解釈学においては、理論的・認識的要素と実践的・評価的要素とが複雑微妙な交錯を示すことから[(194)]、「自由意思」の存在を根拠に周辺諸科学と法（解釈）学との境界を絶対化し、少なくともフィクションとして意思自由を認める傾向があることは否定できない。意思自由問題をめぐる議論を「作業仮説」に位置づけ、議論を円滑に進めるための道具としてのみ価値を認

(190)　たとえば、安田［2006］5頁、内藤［1991］783頁参照。
(191)　佐伯［2013］320頁参照。
(192)　佐伯［2009］31頁。
(193)　他行為可能性と責任の関係について論じたものとして、成田［2004］64頁以下、瀧川［2008］31頁以下。
(194)　碧海［2000］176頁参照。

める見解の根底には、こうした思考方法があるのだろう。

しかし、周辺諸科学と社会科学の対話は、ア・プリオリに不可能なわけではない[(195)]。周辺諸領域との議論を通じて、刑事責任論において必要とされるものの実体やその外延が明らかにされるとともに、議論の深化が期待できることに積極的な有益性を見出すことは可能である。換言すれば、周辺諸科学の知見を活かすことにより、「社会科学の理論面での進化と応用面での有効化とをもたらす[(196)]」ことが可能となるのである。

本章では、他行為可能性原理をめぐる（法）哲学分野の議論状況に検討を加える。哲学領域では、決定論の真偽や自由意思の存否それ自体が古典的に論じられてきたが、現在では、決定論と自由意思の両立問題へと中心的な論点が移りつつある。以下では、これらの議論を整理・分析することにより、刑事責任論を精緻化するための示唆を得る。

第1節　(法)哲学分野における議論状況

第1項　Frankfurt による問題提起

哲学分野における他行為可能性と責任の関係をめぐる議論において最も重要な文献のひとつとされるのが、アメリカの哲学者H・フランクファート（Harry Frankfurt）による「他行為可能性と道徳的責任[(197)]」である。彼はこの論文の中である反例を用い、道徳的責任の必要条件としての他行為可能性原理に疑問を呈した。

フランクファートは、他行為可能性原理を、「ある人格について、その人が自分の為したことに関して道徳的責任があるのは、彼が別のことも為しえた場合のみである」とする原理として定義づけたうえで、以下の反例を用いて、他行為可能性原理が偽であると主張する。

(195)　たとえば、刑法学が「作業仮説」として看過できないような脳神経生理学分野の議論進展に対しては、責任刑法の危機という形で刑法学者からの注目を集め、数多くの反駁がなされた。刑法学の立場から、脳神経生理学における議論展開と刑事責任の関係を論じたものとして、増田［2009］448頁以下、神田［2008］、島田（美）［2009］、松村［2012］、フリッシュ［2012］130頁など。

(196)　碧海［2000］195頁。

(197)　Frankfurt [1969].〔邦訳として、フランクファート［2010］。〕

> ジョーンズはＸを殺したいと以前から考えていた。ある時点ｔで、ジョーンズはＸを殺そうと自ら決意してＸを殺した。しかし実は、ほかの誰か（仮にブラックとしよう）もＸに死んでほしいと以前から考えていたが、ブラックは自らの手でＸを殺そうとまでは考えていなかった。そこでブラックは、ある方法（特殊な催眠術）を用いて、ある時点ｔでもしジョーンズがＸを殺そうとしなければ、Ｘを殺そうとする意思がジョーンズに生じるようにしておいた。[198]

フランクファートによれば、この事例においては次のことが同時に成立している。第一に、ジョーンズはＸを殺したことについて責任がある。なぜならば、ジョーンズはＸを殺そうと自ら決意してＸを殺したからである。第二に、ジョーンズはＸを殺す以外の行為に出ることはできなかった。というのも、仮にｔの時点でジョーンズが自らＸを殺そうと決意しなかったとしても、ブラックの催眠術によって、Ｘを殺していたからである。

こうしてフランクファートは、他行為可能性が存在しなくても責任を問いうる場面を提示し、他行為可能性原理を責任の必要条件に位置づけることに対して疑問を呈する。

> 「ある人格の行為の理由を説明するという問題に、このように意味ある関連性をもたない事実［他行為可能性の有無］を彼の道徳的責任の評価において重視することは、まったく不適当なことであるように思われる。彼をそのように行為させた事情を理解するのにも、別の事情であったら彼がしたかもしれないことを理解するのにも、まったく役に立たないというのに、どうして、その人格について道徳的な判断を下すときに、この事実を考慮すべきなのだろうか。[199]」

フランクファートが1969年の論文でこの問題を提起して以降、この反例をめぐり、彼のように自由意思と決定論が両立可能だとする立場と、そうではないと主張する両立不可能論[200]との間で、現在でも議論が続いている。[201]

---

(198)　*Id.* at 834.〔訳書89頁以下。〕事例を殺人の場合に改変して引用した。

(199)　*Id.* at 837.〔訳書94頁以下。〕

(200)　代表的な論者として、Inwangen［1978］. フランクファート以降の改良型の事例については、成田［2004］102頁以降参照。

(201)　瀧川［2008］34頁以下参照。

第2項　瀧川裕英による「理由応答性」概念

法哲学者の瀧川裕英は、フランクファートと同じく両立可能論の立場から、道徳的責任の必要条件それ自体が解明されるべきだと主張する。瀧川は、「責任にとって重要なのは、他行為系列が存在したか否かではなく、行為の現実系列がどのようなものであったか、行為が現実にどのように実行されたか[202]」だと指摘したうえで、実際に行われた行為になんら作用していない他行為系列の存在が、どうして責任を基礎づけることになるのかと疑問を呈し、「他行為可能性原理の説得力は、期待可能性原理の説得力に寄生している[203]」と問題の核心を明らかにする。すなわち、他行為可能性原理が期待可能性原理と混同されることによって、期待可能性原理の妥当性に反射して、他行為可能性原理が妥当という錯覚が生じると指摘するのである[204]。

そして、責任にとって決定的に重要なのは、その行為が現実になぜ行われたかだと論を展開し、責任判断において重視されるべきは他行為可能性の有無ではなく、行為の理由だと主張する[205]。瀧川は、この理由に関する能力を、行為に関する規範が提示する行為理由を理解し、その理由に基づいて自らの行為の妥当性について推論して行為を決定し、その決定に従って行為する能力[206]と定義づける。そして、「理由応答性（reasons-responsiveness）」という観点から責任の本質を分析する、フィッシャー（John M. Fischer）とラヴィッツァ（Mark Ravizza）による研究[207]をもとにして、理由能力概念の内実を明らかにしようと試みるのである。以下では、瀧川の責任概念の中核を構成する「理由応答性」概念を、瀧川が参照したフィッシャーとラヴィッツァの見解にも沿った形で概観する。

瀧川は、上記の理由応答性概念を分析する過程で、この概念がさらに「強い理由応答性（strong reasons-responsiveness）」、「弱い理由応答性（weak reasons-responsiveness）」、「穏当な理由応答性（moderate reasons-responsiveness）」へ分けられると指摘する。

---

(202)　瀧川［2008］45頁。
(203)　瀧川［2008］48頁。
(204)　瀧川［2008］48頁。
(205)　前章第2節第3項で検討したMorseやSchoppの見解においては、この種の理由応答性に類似した説明を援用していると思しき箇所が存在する。E.g., Morse［2009］at 451; Schopp［1991］at 201.
(206)　瀧川［2003］108頁。
(207)　Fischer & Ravizza［1998］.

まず、「強い理由応答性」については、行為者が実際に出た行為を他者視点から回顧的に見つめ直した際に、「ある『心理過程（mechanism）』が作動し、別様に行為する十分な理由が存在するならば、行為者は別様に行為する十分な理由を認識し、別様に行為することを選択し、実際に別様に行為すると言える場合[208]」に成立する[209]。

もっとも、こうした意味で理解される強い理由応答性は、行為者に思慮弁別があることを念頭に置いている。つまり、思慮弁別のある麻薬使用者が、「もし麻薬の使用が破滅的結果をもたらすことを認識していたならば麻薬を使用しなかったであろう、と言える場合[210]」には強い理由応答性が成立する一方で、「麻薬を使用しない十分な理由が存在したとしても、意思が弱いために、なんとなく麻薬を吸う」といった無思慮な者に対して強い理由応答性は成立しない。後者の場合には、麻薬を使用しない十分な理由が存在したとしても、必ずしもそれを自らの行為の理由として用いるとは限らないからである。無思慮な者に対しても一般に責任が問われることからすれば、強い理由応答性は責任の必要条件として実用に耐えないことになる。

そこで、フィッシャーとラヴィッツァは、「弱い理由応答性」概念を提示する[211]。弱い理由応答性については、「別様に行為する十分な理由が存在し、行為者がこの理由を認識し実行するような可能世界が存在すれば弱い理由応答性が成立する[212]」。弱い理由応答性においては、強い理由応答性とは異なり、別の行為に出る十分な理由を提示された場合に、その別の行為に出ることが常に要求されるわけではない。換言すれば、強い理由応答性では、別の行為に出る十分な理由が提示された場合には、「実際にその行為に出たであろう」という現実的な可能性が要求されるのに対し、弱い理由応答性では、別の行為に出る理由を提示された場合にその別の行為に出る可能性が「全くないわけではない」ということが言えれば足りるのである。強い理由応答性では、現実の責任判断にとってハードルが高すぎるため、理由能力とはさしあたり、この弱い理由応答性だと言うことができる[213]。

---

(208)　瀧川［2003］109頁。
(209)　Fischer & Ravizza［1998］at 41.
(210)　瀧川［2003］109頁。
(211)　Fischer & Ravizza［1998］at 63.
(212)　瀧川［2003］110頁参照。

しかし、この弱い理由応答性にも欠点がある。瀧川によれば、「その日が新月である場合にのみ麻薬を使用しなかったであろうと言えるような事例」[(214)]において弱い理由応答性は成立しているものの、「新月でなければいかなる条件下であろうと麻薬を使用したのであるから、責任を問うために必要な理由能力が存在するということは躊躇される」[(215)]のである。このことから、「別の行為をする理由を提示されたときにその別の行為に出る」かを問題とする際の「別の行為をする理由」は、内容に関して一定の制約を受けることになる[(216)]。

かようにしてフィッシャーとラヴィッツァは、新たに「穏当な理由応答性」概念を導入する。これによれば、責任を問うために必要な理由応答性が成立するためには、弱い理由応答性に加えて「穏当さ」、すなわち他者からの視点（第三者の了解可能性）が不可欠となる[(217)]。この修正を経て、理由応答性の定義は以下のように規定される。

> 行為者の「心理過程」を所与として、別様に行為する理由が提示されると、その心理過程が理由に反応して別様に行為に出ることがありうる場合には、弱い理由応答性が成り立つ。弱い理由応答性が成り立つ場合で、特に心理過程に提示される理由が第三者にとっても了解可能な場合に、穏当な理由応答性が成り立つ。

行為者の心理プロセスを出発点とし、別の行為に出る理由が提示されたときに、その別の行為に出ることがありえたと（思考実験上）評価することが可能な場合のうち、別の行為に出うる理由が第三者からも了解可能なものに対し、穏当な理由応答性が成立することになる。簡潔に言えば、「『あなたがすべきなのはむしろ別の行為ではないのか？』という第三者からの問いかけに対して、行為者がそれに応えて別様に行為することがありうる場合に、穏当な理由反応性は成立する」[(218)]のである。

瀧川は、ミシェル・フーコー（Michel Foucault）の言葉を引きつつ、狂気と理性の区別は社会的に構成され、因果関係において見られるような「原因－結果」関

(213)　Fischer & Ravizza［1998］at 45.
(214)　瀧川［2003］110頁。
(215)　瀧川［2003］110頁。
(216)　瀧川［2003］111頁参照。
(217)　Fischer & Ravizza［1998］at 70-2.
(218)　瀧川［2008］53頁。

係として捉えられるか、行為者に責任を問いうる「理由－帰結」関係として捉えられるかは、その社会に依存すると指摘する。「狂気は普遍的・前社会的に狂気なのではなく、ある動機を最低限の理解可能性も存在しないと社会が認定した場合に狂気となるのである[(219)]」。

以上が、瀧川の提示する理由能力概念の概要である。具体的な検討に入る前に、決定論と自由意思の両立不可能論者（他行為可能性原理の擁護者）からフランクファートや瀧川に向けられた２つの批判と、それに対する瀧川の回答に触れておこう。

まず、両立不可能論者のウィダカー（David Widerker）は、フランクファート事例において、「ジェームズはXを殺す以外の行為をなしえなかった」、つまり、Xの殺害が不可避であった点を取り上げ、ジェームズに対してXを殺さないようにすべきだったと言うことはできないと批判する[(220)]。すなわち、いずれにせよジェームズはXを殺してしまうのだから、この事例においては「そうすべきでなかった」と言う理由を欠いている、というのである。

これに対する瀧川の回答は以下の通りである。まず、①過去を変えることができないこと（過去の不可変性）を前提に、規範が事実に反しうること（規範の抗事実性）を認めるとすれば、この事例においてもジェームズを非難することが可能であり、また、②当為は他行為可能性を含意しない[(221)]。

①の点については、次の二つの問題を分けて考えなければならない。すなわち、〈ジェームズはXを殺す以外の行為をなしえなかった〉と〈ジェームズはXを殺すべきではなかった〉である。瀧川は、前者が事実に関する文であり、後者が規範に関する文であることを指摘しながら、過去の不可変性を前提に、規範とはむしろ事実に抗う性質を伴うと主張する。すなわち、ジェームズがXを殺す以外の行為をなしえなかったか否かにかかわらず、Xを殺すべきではなかった、と言いうるのである。

②の点についても、瀧川によれば、「当為は可能を含意する」というテーゼにおける「可能」とは、「他行為系列」の意味における事実的他行為可能性の存在ではなく、「理由能力」が存在していたことだと解される[(222)]。したがって、他行為

(219)　瀧川［2003］112頁。
(220)　Widerker［2006］at 60.
(221)　瀧川［2003］50頁参照。

の可能性が存在しなかったとしても、当為は存在するのである。[223]

また、フランクファート事例に対して浅田和茂は、「[催眠術をかけられた] Bが [被害者である] Xを殺さない兆候を示したとすれば、その点に（事実的）他行為可能性は認められる。この場合、それを阻止する催眠術は意思の自由を奪うものであって、Bの責任は否定される[224]」と指摘する。浅田は、フランクファート事例において、現実の他行為可能性を有していなくとも、他決意の可能性は存すると主張するのである。この種の批判に対し瀧川は、赤面や痙攣など、意図的行為ではないものも〈Xを殺さない兆候〉に含まれることから、〈Xを殺さない兆候〉と〈他決意〉を同一視することはできないとの反批判を加える。[225]すなわち、決意とは程遠い〈Xを殺さない兆候〉が、なぜ責任を基礎づけることができるのか、疑問を呈するのである。

第3項　検　討

以上、フランクファートと瀧川の見解を中心に、哲学領域における他行為可能性原理に関する議論を概観した。非難可能性の基礎として位置づけられてきた他行為可能性原理に疑問を呈し、理由への問いと応答という図式から責任判断の過程を描写しようと試みる点で、これらの見解は興味深い。

筆者は、刑法学においても、責任の必要条件としての役割を果たさない他行為可能性原理に非難可能性の根拠を求めるべきではないと考える。現実に行われた行為の意味を確定するための対象項として観念されるにすぎない他行為の可能性に、非難可能性の根拠を求めるべきではない。実践的にも、他行為可能性判断の困難性から、「非難できる場合に他行為可能性がある」と言っているにすぎない逆説的な事態に陥ってまでも他行為可能性原理を堅持すべきではない。この意味で、「実際に行われた行為の意味」を確定することに主眼が置かれるべきとの瀧川の指摘は示唆に富む。

---

(222)　瀧川［2003］51頁参照。

(223)　なお、瀧川は、「責任実践において非難はどのようにして根拠づけられるか」という問題と「その責任実践を法的に保障しようとするとき、責任非難に相応する負担として、害悪たる刑罰が必要であるのか、必要であればどのような刑罰が正当化できるのか」という問題を分けた上で分析を加え、後者については「応答責任論」という独自の責任論を提示する。本書が援用するのは、主として前者の部分（理由能力論）のみである点に留意されたい。

(224)　浅田［2008］35頁。

(225)　瀧川［2003］40頁以下参照。

刑法学は、フランクファート事例に対し、どのような回答を与えるべきだろうか。刑法上の責任（非難）とは、規範意識をはたらかせることにより違法行為に出ることを思いとどまるべきであったのに、そうしなかったことについての否定的価値判断を意味するとされる(226)。刑法における他行為可能性は、制裁として刑罰が予定される以上、道徳律におけるような高度の基準による必要はないとの指摘(227)からも見て取れるように、その価値判断は刑罰と関連づけて考えられなければならない(228)。

しかし、フランクファートや瀧川が提起した問題には、刑法学においても以下のような意味で、なお意義が認められるように思われる。すなわち、①ある行為Aの性質を見極めるために、〈Aではないこと〉に目を向けることを当然の前提としてきた従来の思考方法に疑問を投げかけ、②責任判断に「他者の視点」を導入する点である。

①の点については、刑事責任論の領域にあっても、他行為系列が存在したか否かではなく、行為が現実にどのように実行されたかの検討を欠いたままでは、非難可能性概念は空虚なまま残されてしまうように思われる(229)。こうした空虚な本質論の下で導出される責任能力基準は、いわば砂上の楼閣であり、本書が目指すところの、責任能力の実践的な理論枠組みを析出するための本質論としては致命的である。フランクファート事例において他行為可能性の欠如ゆえに責任を問えないとする見解は、〈催眠術が作用して意思が捻じ曲げられた結果Xを殺す〉という仮定的因果経過を、暗黙裡に付け加えているのではないだろうか。

②の点については、規範的責任論への疑問から実質的責任論が展開された過程に引き付けて考えることができる。この展開過程については本書の射程外だが、

(226)　井田［2005］219頁参照。
(227)　曽根［1997］388頁参照。
(228)　平野龍一が定義するところの「刑罰適応性」も、この意味で理解できる。平野［1967］20頁。なお、瀧川によれば、理由能力は、①理由を理解しそれを適用する能力（理由過程能力）と、②そのような理由に照らして行動をコントロールする能力（理由遂行能力）に区分でき、これらが刑法学の責任能力（弁識・制御能力）に相当する（瀧川［2003］108頁、瀧川［2008］54頁参照）。瀧川説において、この区分が分析上のものにとどまる（それゆえ、弁識能力と制御能力の不可分性を前提とする）か否かは明らかでない。
(229)　この問題は、かつて規範的責任論に向けられた批判を想起させる。規範的責任論は、責任が評価であることを明らかにした点でその功績が認められる一方、責任の内実を何ら明らかにするものではなかったとされる。規範的責任論の主張に対しては、その成立以降、多くの批判が提起されている（Engisch［1964］S. 22ff.〔エンギッシュ［1989］23頁以下〕、渡邊［2006］22頁以下参照）。

予防目的から責任概念を構成する見解が登場してきた背景は、以下のようなものであったと概括できる。

規範的責任概念のもとで、責任の本質は「非難」ないし「非難可能性」として理解される。この非難は、当該行為に際して行為者に「他行為可能性」があった場合に認められる。この点、行為者が当該具体的事情の下で適法行為を選択できたという具体的他行為可能性は問題とされるべきではない。というのも、責任の決定に際し、この意味の他行為可能性が訴訟において証明・認定されなければならなくなるからである。他行為可能性が非難を、ひいては責任を基礎づける以上、この点の証明なしに責任の有無は判断できないはずである[230]。

そこで、こうした問題を回避するため、行為者の具体的な他行為可能性を要求せず、一般抽象的な他行為可能性を問題とすることになる。この意味で理解される他行為可能性は、行為者自身についての主観的・個人的非難は問題とならず、行為者に向けられた社会の客観的非難が問題となることから、非難概念自体が無限定・無内容となり、非難が責任を基礎づけるのではなく、責任を肯定すべき場合に非難が認められるという帰結に至ることになる[231]。こうした責任概念の空洞化に対し、責任概念を新たに実質化するために予防の観点が導入されたと評価できる。

刑法学においては、規範的責任論のもとで責任判断に際して他者視点の評価が不可欠であることが確認されたにもかかわらず、他行為可能性の基準に平均人の代入を正面から認めることには、なお躊躇を覚える傾向があるように見受けられる[232]。責任能力論においても、可能な限り仮定的判断を排した判断枠組みを目指すとしても、責任判断において純事実的な行為者能力のみを問題とすることはできないように思われる。むしろ採られるべき方向性は、第三者の尺度（スケール）を、いかに適切な形で責任論へ持ち込むべきかを考えることではないだろうか。

第２節　刑法学における他行為可能性――両立可能論の系譜を中心に

既述のように、刑法学においては決定論・非決定論を問わず、他行為可能性原

(230)　堀内［1988］185頁参照。
(231)　井上（大）［1988］183頁参照。
(232)　この点については、伊東［1991］82頁以下参照。

理は責任判断に際して当然の前提と解されている。しかし、前節で概観した通り、両立可能論を前提とした責任論においては、他行為可能性原理を正面から認める必然性は存しない。そこで本節では、刑法学における責任論のうち、両立可能論を前提としながらも他行為可能性原理を維持した責任論を構築する、平野龍一と所一彦の見解に検討を加える[233]。両者が他行為可能性原理を用いる理由を探ることによって、（法）哲学分野の議論蓄積を刑事責任論に援用するための素地を整えることが本節の目標である。

第1項　平野龍一説

抑止刑論の代表的論者である平野龍一は、自由意思問題について両立可能論を採用する。平野は、その意思が何によって決定されているかが問題であり、生理的な衝動や傾向によって決定されている場合は自由であるとはいえないが、意味の層あるいは規範意識の層によって決定されている場合には自由であると理解する[234]。

そして、刑法で問題とされるべき自由とは、社会的な非難によって行為者が決定されうること（刑罰適応性）を意味し、この場合に刑事責任が認められることになる。平野によれば、刑罰とは、「人間の意思のもつ法則性を利用して、将来行為者および一般人が同じような事態のもとで犯罪を行わないように新たな『条件づけ』を行おうとするもの[235]」なのである。

他行為可能性原理について平野は、「人間の行為が決定されているのだとすると、『他の行為をすることも可能であった』とはいえないのではないか」と自問した上で、「たしかに、まったく同じ事態のもとでは、『他行為をすることも可能であった』とはいえないであろう。ただ、もし『条件がちがっていたならば』他の行為をすることも可能であった、とはいえる[236]」と指摘する。すなわち、因果的決定論を前提としつつも、「条件がちがっていたならば」他の行為をすることも可能であったとして、反事実条件文の代入を認める立場を採用するのである。平野によれば、非難とは、「より強い合法的規範意識をもつ『べき』であったとい

(233)　以下に示す平野と所の他行為可能性原理の理解について、本庄［2002］115頁以下参照。
(234)　平野［1966］19頁参照。
(235)　平野［1966］40頁。
(236)　平野［1966］24頁。

う判断の告知」[237]であり、ここにおいて「他行為が可能であった」という命題は仮言的なものとして理解されるのである[238]。

第2項　所一彦説

平野と同様に両立可能論を支持する所一彦も、抑止刑論者の一人である。しかし、その内容が平野説と異なる点については留意しなければならない[239]。所の見解の特色としては、平野説の理論的不明確性を指摘しながら、①抑止刑をいかに歯止めするかという問題についてゲーム理論を用いながら説明し[240]、他方で、②条件づけの問題については抑止可能性を他行為可能性に置き替えて理解する点が挙げられる（本項では、主として後者の点を取り上げる）。

抑止刑論における条件づけの問題について、所は以下のように述べる。第一に、「抑止可能性がないという判断が即不処罰をもたらすとすれば、違法行為によって利を得ている者は、抑止可能性がないという判断をもたらすように画策するであろう[241]」。すなわち、事前に処罰されていればより強い合法的規範意識を有していたであろうという現実の可能性を処罰の前提とした場合、犯人の側は処罰を恐れず違法行為を重ねるという形で抵抗する懸念がある。第二に、「抑止可能性は、処罰が許されるための必要条件ではあっても、十分条件ではない[242]」。すなわち、抑止可能性という観点からのみでは、違法行為の抑止という全体の利益のために行為者を犠牲とすることの理由が説明できないのである。

以上の問題意識から、所の見解において他行為可能性原理は、抑止可能性に代替する基準として用いられることになる。所説における他行為可能性原理の内実は、以下のように理解される。

まず、第一の理由から、状況の実践的な意味づけとしての他行為可能性は、定言的なものでよいことになる。所は、「未来の予測に関する事実判断」と「状況の実践的な意味づけとしての事実判断」とを分けた上で、平野説における仮言的判断は前者の思考方法だと指摘する[243]。しかし、処罰が許されるための前提判断と

(237)　平野［1966］24頁。
(238)　同様の見解として、林［2009］38頁。
(239)　本庄［2002］119頁以下参照。
(240)　所［1994］55頁以下参照。
(241)　所［1994］79頁。
(242)　所［1994］80頁。
(243)　所［1994］76頁参照。

しての他行為可能性は、後者の「状況の実践的意味づけ」に属することから、他行為可能性判断に際して「あるべき規範意識を有していたならば」という形で仮定的判断を加えることは妥当でない。このことから、「『まったく同じ事態のもとで』『他の行為をすることも可能であった』といってよい」ことになる[(244)]。

また、第二の点については、「全体のための個人の犠牲は、その犠牲が平等に負担され、その犠牲による利益が平等に分配されるならば許される[(245)]」。すなわち、所説において他行為可能性は、抑止刑を科すための平等の観点から求められるのである[(246)]。

以上の二点から、所説における他行為可能性は、行為者自身による状況の意味づけとしての「他の行為も可能であった」という判断ではなく、抑止刑の平等な負担という観点から、「彼が置かれたような状況に仮にわれわれ自身が置かれたとして、われわれは通常、適法な他の行為を『可能』なものとして意味づける[(247)]」かどうかの判断であることが導かれるのである。

第３項　検　討

本節では、刑法学説のうち、両立可能論を前提としながら他行為可能性原理を維持する平野と所の見解を概観した。両者が前提におく抑止刑論の妥当性についてはなお留保するとしても、彼らが他行為可能性原理に付与する意味内容は興味深い。

まず、規範の抗事実性をめぐり、瀧川と所の思考方法の近似性が注目される。

---

(244)　所［1994］76頁参照。

(245)　所［1994］80頁。

(246)　所［1994］77頁参照。所によれば、抑止刑が実際に用いられるためには「単に処罰によって犯罪を抑止することが可能だというだけでなく、処罰による負担を公平にする配慮が加わらなければならない」（同・80頁）。この具体例として所は、「仮に、ある行為をしない選択がＡにとっては『不可能』であり、Ｂにとっては『可能』ではあるが『困難』であり、Ｃにとっては『容易』である」状況を想定する。抑止可能性の観点からは、「Ａは処罰しても無意味、Ｃは軽い処罰でよく、Ｂは重く処罰する必要」があるものの、「Ｃは大きな犠牲を払うことなく処罰を免れることができるのに、Ｂは大きな犠牲を払わなければ処罰を免れることができず、不公平」だと指摘する。こうした難点を回避するために所は、抑止可能性判断を他行為可能性判断に置き換える。これによれば、「Ｂは、Ｃより他行為可能性が小さい分だけ、Ｃより軽く処罰される」ことになり、「抑止刑はこの場合、処罰による負担の公平のために、いくらか禁欲しなければならない」とされる。抑止刑が大局的に見て円滑に運用されるためには、こうした平等の配慮がなされなければならない、とするのである。

(247)　所［1994］83頁。

瀧川は、両立可能論を前提とした責任実践においては、「事実としての文脈」(過去の不可変性)と「規範としての文脈」(規範の抗事実性)を分けて考える必要性を指摘したが、これは、所の言うところの「状況の実践的意味づけ」としての責任判断に対応するように思われる。

また、他者視点を導入する点についても、平野が一般的他行為可能性を前提としているかは明らかでないものの、所が抑止の対象を一般人であることを明確にし、行為者の現実の他行為可能性を「彼が置かれたような状況に仮にわれわれ自身が置かれたとして」という形で定義づける点は注目に値する。このような思考方法には、先に瀧川が提示した、穏当な理由応答性によるアプローチとの類似性が見て取れるように思われるのである。

以上をまとめると、平野と所の見解においては、他行為可能性原理それ自体は維持するものの、①両立可能論を前提とし(平野・所)、②規範の抗事実性を指摘しつつ(所)、③他行為可能性判断に際しては他者からの視点を導入する(所)。

筆者は、瀧川によって提示された理由能力論と平野・所によって提示された他行為可能性論が、ほぼ同一の帰結に至ると考える。まず、法哲学分野の議論蓄積からのアプローチにおいては、実際に行われた行為の意味を確定するために、理由能力論が展開される。これによれば、①規範の抗事実性を前提に、②「穏当さ」という形で責任判断に他者の視点を導入する。そして、この理論を刑法上の責任理論として用いるためには、③「別の行為をする理由」の内容で考慮されるべき第三者の了解可能性が、道徳規範ではなく、刑罰賦課を念頭に置いた刑法規範に基づいて判断される必要がある。

他方で、刑法理論からのアプローチにおいては、刑罰賦課の可否を判断するための基準としては、道徳的責任判断に求められるような高度の基準は不必要だとして従来通りの他行為可能性原理が維持されてきた。しかし、実質的責任論の展開により、従来の他行為可能性概念はそのままの形で維持できないことが次第に明らかとなる。

単純化すれば、従来の議論においては、「規範的責任(他行為可能性)+可罰的責任(予防的考慮)」という形で、他行為可能性原理が刑事責任の中核に置かれてきた。しかし、行為者の犯行当時における具体的他行為可能性は証明不可能なことから、この意味では一般的他行為可能性を基準とせざるを得ない(248)。そして、両立可能論を前提とした、状況の実践的な意味づけとしての他行為可能性判断に際しては、「あるべき規範意識を有していたら」という仮言的判断ではなく、「行為者が現実に有していた」意思内容を基にして、「『まったく同じ事態のもとで』『他の行為をすることも可能であった』といってよい」（定言的判断）という形で理解されることになる。

かようにして、刑法学からのアプローチによっても、他行為可能性判断へ流入する「他者視点」の考慮と規範の抗事実性という修正によって、刑事責任としての意味づけが付与された理由能力公式へと漸近する。現実の責任実践過程に適合させるため、その運用に際し必然的に修正を要する他行為可能性原理を堅持する従来の刑法学説は、不必要な遠回りをしているようにも思われるのである。

このことから、責任判断においては他行為可能性の有無ではなく、実際に行われた行為の理由が出発点とされるべきだと考える。実際に行われた行為の対象項として観念されるにすぎない他行為可能性に非難可能性の根拠を求めてきた従来の思考枠組みは、他行為可能性を期待可能性と同一視することによって、他行為可能性原理に意味を与えてきた。しかし、むしろ採用すべきは、「実際に行われた行為の意味」を確定することに主眼が置かれた責任判断の方法なのである[249]。

この立場からは、責任判断において他行為可能性は積極的な意義を有さない。「他行為可能性における行為は、現実の行為の意味を明らかにするために、そしてそのためだけに要請される[250]」のであり、こうした補助的な意味しか有さない他行為可能性は、責任判断における指導原理としての役割を果たし得ない。

両立可能論の立場を前提とした責任判断では、「責任の帰属」を確定する場面において、規範が時として、事実と異なることを前提としなければならない。平野説に見られたように、「あるべき規範意識を有したならば」という形で仮言的判断を取り込む必要性は存しない。過去の不可変性を前提とし、状況の実践的判断として、「『まったく同じ事態のもとで』『理由能力が存在した』といってよい」のである。

(248)　もっとも、他行為可能性判断において平均人を代入するといっても、期待可能性の判断基準に関する従来の議論で明らかとされているように、責任判断に際して個別の行為者を出発点とする点で変わりはない。

(249)　瀧川の理由能力論による説明に好意的な刑法学説として、佐伯［2013］320頁。佐伯は、フィクションとして自由意思を要請する見解との対比の中で、「一般人・平均人を基準として行為者の責任を判断するよりも、行為者の『その行為に関わる理由を理解して行為する能力』を精査して行為者の責任を判断する方が、より個人を重んじた判断になる可能性も大きい」とする。

(250)　瀧川［2003］80頁。

責任の判断過程を〈理由への問いと応答〉という図式から説明する上記の思考方法は、前章第2節第3項で取り上げた、行為者の合理性という見地から責任能力基準を再構成する立場と親和性を有している。これらの見解はいずれも、①他行為可能性原理を前提とせず、その帰結として、制御能力を軸に責任能力要件を構築する必然性が存しない。また、②弁識能力要件の判断に際しては、行為者の弁識内容ではなく、むしろ弁識プロセス（行為への意思決定過程）に着目し、③通常人からの乖離の程度が問題となるプロセスの判断においては、第三者視点を必然的に伴うことになる。

本章では、責任判断の出発点としての他行為可能性原理に疑問を呈し、その代替となる思考方法について提言を行った。(法) 哲学領域における議論の刑事責任論への応用についてはなお詳細な分析を要するが、少なくとも、他行為可能性原理を暗黙裡に前提とする思考枠組みへの問題提起として、その役割を果たせると考える。

次章では、これまでの比較法的・領域横断的分析をもとに、わが国における弁識・制御能力要件のあるべき姿を提示する。

第４章　わが国における弁識・制御能力要件

序論で述べたように、わが国の責任能力基準において弁識・制御の枠組みが採用されてきたのには、他の責任要素との整合性を図るという側面があったと考えられる。すなわち、わが国の通説は、責任の上位概念が「違法性の認識とそれに従った意思決定の制御という２つの要素に求められ、それぞれが能力面と状況面に振り分けられる[(251)]」とし、弁識・制御能力と他の責任要素（違法性の意識の可能性・適法行為の期待可能性）の平行理解を前提とする。このことから筆者は、弁識・制御能力の重なり合い問題に関する実体論レベルの分析では、「責任能力判断で問題とされるべき内実」の分析に加え、責任能力の体系的地位をめぐる議論にも踏み込んだ形での検討を要すると考える。

責任能力と他の責任要素の関係については、従来、責任能力が責任の前提であるのか、それとも責任の要素であるのかという議論の枠内で論じられてきた問題である。すなわち、責任能力の体系的地位をめぐる責任前提説・責任要素説の対立は、「両者が（ほとんど）オーバーラップするものなのか、つまり、責任能力は、期待可能性ないし違法性の意識の可能性の中に基本的に解消されてしまうものなのか、それともこれらとは明確な違いがあり、独自の立場を有しているとみて、これらを明確に区別し順序立てて判断すべきなのかという基本的な見方の相違[(252)]」を反映するものであった。

本章ではまず、弁識・制御能力を峻別する従来の枠組みが責任能力と他の責任要素の平行理解に起因しているとの問題意識から、責任能力の体系的地位の問題として、責任前提説と責任要素説の対立として論じられてきた問題につき、総論的見地から分析を加える。

続く各論的考察では、主として弁識能力要件の検討を行う。この過程では、弁識能力と違法性の意識の可能性を原理的に同一視するドイツの議論を参照しつつ、こうした理解が妥当でないことを提示する。違法性の意識の可能性について

(251)　山口ほか［2006］95頁［井田］。
(252)　大阪刑事実務研究会［2012a］84頁。

は、「行為者の主観的事情に関わるものであるから、期待可能性の問題よりも、責任能力における是非弁識能力と一層密接な関係にある[(253)]」と評され、他の責任要素との平行理解の問題性を提示するに際しては、鍵となるポイントになるだろう。

本書の立場からは、こうして析出された平行理解の不当性は、弁識能力要件において問題とされるべきは違法性の単なる事実的認識ではなく、行為の違法性を認識することで適法な行為へと動機（理由）づける弁識プロセスを有していたか——行為者の意思決定過程を第三者が合理的と評し得るか——の問題であることを示唆している。

最後に、他行為可能性原理の否定と弁識能力要件の上記実質化を経て、従来的意味における制御能力要件が上記の意味づけを付与された弁識能力要件に吸収される点を明らかにする。

第1節　責任能力の体系的地位をめぐる議論

責任能力が責任の前提なのか、それとも責任の要素なのかという問題については、①いずれの見解によっても責任能力がなければ責任が阻却されることに変わりがなく、②両説の内部においても論者間で種々のニュアンスを伴うことから画一的な類型化の困難性が指摘され[(254)]、この問題を論じることの実益に疑問を呈する向きがあることは否定できない。

しかし、両説の基本的な考え方の相違を把握することは、弁識・制御能力の重なり合い問題の検討に際して有益と考えられることから、本書でも、さしあたり従来の議論軸に沿った形で分析を加えることにする。

責任前提説と責任要素説をめぐっては、①責任能力を一般的な能力と捉えるか、個別具体的な行為に関する能力と位置づけるのかという原理的な問題にとどまらず、②部分的責任能力を認めるか否か、③生物学的要素と心理学的要素のどちらに比重を置くか、さらには、④故意と責任能力の判断順序の問題にも関連づけられた形で論じられる[(255)]。

(253)　大阪刑事実務研究会［2012a］84頁。
(254)　内藤［1991］798頁参照。
(255)　箭野［2008a］167頁以下参照。

もっとも、両説の立場を貫徹した場合には、いずれも妥当な帰結を導き得ないこともまた、認識されてきた。以下では、上記のように一連のセットで考えられてきた問題群を整理し、この種の議論で本質的に論じられるべき課題を明らかにしたうえで、責任能力のあるべき体系的地位を提示する。

第1項　責任前提説

まず、責任能力を責任の前提と解する立場(256)は、①責任能力を個々の行為から独立した行為者の一般的能力と捉えた上で、②責任能力の判断基準のうち生物学的要素を重視する。そして、③部分的責任能力を一般に否定するとともに、④故意・過失を持ちうる能力として責任能力を位置づけることから、責任能力の判断を故意・過失の判断に先行させ、⑤責任能力と他の責任要素の平行理解を認めない傾向がみられる。同説によれば、責任能力とは、行為者に対して非難を向けるための「人格的適性」であり、人格の統一性の観点から、個々の行為についての能力ではなく、その前提となる一般的な人格的能力として理解される。そして、責任能力を欠く場合には、違法性の意識の可能性、期待可能性の判断に入るまでもなく責任が阻却され、行為者の具体的行為について問題となる違法性の意識の可能性、および期待可能性とは区別して論じられることになる。

第2項　責任要素説

これに対し、責任能力を故意・過失、違法性の意識（可能性）、期待可能性と並ぶ責任要素と理解する立場(257)は、①責任能力は個別具体的な行為との関係で論じられるべきとし、②心理学的要素を重視する。そして、③部分的責任能力を一般に肯定し、④責任能力の判断を故意・過失の後に位置づける傾向がある。この見解によれば、責任能力は行為の属性として把握され、個別行為責任原則のもと、当該具体的行為について違法性を認識し、それに基づいて制御する能力と解される(258)。したがって、⑤弁識能力は違法性の意識の可能性と、制御能力は適法行為の

(256)　小野（清）［1967c］98頁以下、藤木［1975］203頁、浅田［2007a］282頁、大谷［2012］316頁、川端［2013］420頁など。
(257)　団藤［1990］276頁、団藤［1963］36頁以下、内田［1986］234頁、西原［1993］452頁、荘子［1996］308頁以下、野村［1998］282頁、内田［1999］231頁以下、井田［2005］234頁、曽根［2008］146頁以下、大塚［2008］451頁、林［2008］320頁、林（幹）［2009］43頁以下、福田［2011］191頁以下、山中［2015］643頁、高橋［2016］348頁以下など。
(258)　安田［2006］167頁は、責任阻却は、期待可能性によって統一的に理解されるとする。

期待可能性と内容上重なることになる。この立場から責任能力と他の責任要素の関係性は、責任無能力が生物学的原因などの内的要因に基づくのに対し、他の責任要素がそれ以外の事情に基づくという原因の相違があるにすぎないと理解される[259]。

第3項　検　討

以上が、責任前提説と責任要素説の概要である。もっとも、いずれの見解もその立場を徹底した場合には、以下のような問題が生じると指摘される。

まず、個別行為責任原則からの帰結として、責任能力についても、一般的な行為者の性質を問題とするのではなく、当該違法行為時の行為者人格と個々の違法行為の関連が問題にされなければならない[260]。責任能力を行為者の一般的人格として強調することは、性格責任論に繋がりうる。また、責任能力に程度の差が認められるべきとすれば、非難可能性の前提の存否判断が中心となる責任前提説の思考方法は貫徹できない[261]。以上は、責任前提説を徹底した場合に生じる問題である。

他方で、責任能力は、行為者人格にかかわる人格的能力の問題として、生物学的要素を内容とする点に特質が認められるべきとも指摘される[262]。こうした指摘を前提とすれば、故意・過失や違法性の意識の可能性、期待可能性に併置される単なる責任要素と解されるべきではないことになる。責任要素説を採用する多くの論者が、生物学的要素を「原理的に不要」とする一方で実際にこの要素を排除するに至っていないことは、この証左とも解される。また、責任要素説を徹底した場合には、行為当時の心理状態を重視する帰結として、多少とも了解可能な動機があれば責任能力を肯定することになりやすい[263]。この見地からは、生物学的要素を軽視し、責任を過度に規範化するものとの非難を免れえない[264]。

このようにして、責任能力は、それがなければ責任が阻却されるという意味に

(259)　林（幹）［2009］45頁以下参照。
(260)　平野［1975］289頁参照。
(261)　団藤［1990］276頁参照。
(262)　松原［2006］93頁参照。
(263)　平野［1975］289頁参照。なお、過度な了解可能性判断によって生じる問題については、吉岡［2010］40頁以下参照。
(264)　中山［1982］336頁以下参照。また、平野［1975］289頁は、「現にわが国の判例にはその傾向がないとはいえない」と指摘する。

おいて単に責任の要件とするか[265]、責任要素であるとしても、行為者人格にかかわる特別な要素と理解されなければならないとするのが、責任前提説と責任要素説をめぐる従来の議論の到達点であった[266]。

本書の立場から付言すれば、まず、責任要素説の論者が主張するように、個別行為責任の見地から、責任能力はあくまで当該行為との関わりにおいて問題とされるべきであり[267]、この帰結として、部分的責任能力の概念は当然に認められることになるだろう。また、過度の了解可能性判断が問題であるとしても、責任能力の判断要素の中で第一義的な重要性を有するのは弁識・制御能力の有無や程度であることは否めない。このことは、弁識・制御能力といった機能基準を包含しないダラム・ルールが、運用上の困難性から修正を迫られたことからも明らかである。これに対して、責任能力の判断順序については、他の実践的な考慮要素が多分に混入しうる問題であり、責任能力の本質に関わるものではないことから、この種の議論で同列に扱うべきではない。

かようにして筆者は、上記考慮要素のうち、④については態度を留保するものの、①ないし③の点で責任要素説的な思考方法が妥当であり、その限りで責任前提説は修正を迫られるものと考える。もっとも、そうだとしても、責任能力と他の責任要素の平行理解を認めるか否か（上記⑤の問題）は、なお別個の問題として残されている。換言すれば、①責任能力を個別具体的な行為に関する能力だと位置づけ、②部分的責任能力の概念を承認し、③心理学的要素に第一義的な意義を付与する立場を採用するとしても、⑤責任能力と他の責任要素の関係性については、さらに個別的な分析を要するのである。

以下では、議論の混乱を避けるため、上記①～④の議論軸でどちらの立場を採用するかを問わず、責任能力と他の責任要素の平行理解を認める立場を責任要素説とし、認めない立場を責任前提説と称する。弁識能力と違法性の意識の可能性が原理的に異なる内容を包含することを示し、責任前提説の立場を各論的視角から基礎づけることを目標とする。

---

(265)　平野［1975］282頁参照。責任能力がなければ責任が阻却されるという意味で、責任能力が責任の要件であることは、いずれの見解においても変わりない。この立場は、従来の見解を最大公約数的に抽出した見解だと評価できる。

(266)　内藤［1991］800頁参照。

(267)　マクノートン基準が維持されている英国においても、こうした理解が一般である（ORMEROD & LAIRD［2015］at 342)。なお、責任能力が一般的な能力なのか、それとも個別具体的な行為についての能力であるのかを取り上げた近時の論稿として、箭野［2011b］178頁以下。

第2節　弁識能力要件の検討

心理学的要素における弁識能力について、戦前の大審院判例は「事物の理非善悪を弁識する能力(268)」とし、改正刑法草案も、責任能力における弁識の対象を行為の「是非」と規定する。この「理非善悪」ないし「是非」という文言は、倫理的な色彩を帯びることを排除できず、現在では自らの行為の「違法性」を認識する能力を意味するとの理解が通説としての地位を占めるに至っている(269)。刑事責任が違法な行為についての法的責任であることを根拠とし、「責任能力においても、ひろく行為の『是非』を弁別できるかどうかではなく、行為が違法なものであることを弁識できるかどうかが問題になる(270)」とされる(271)。

他方で、責任要素としての違法性の意識の可能性は、自己の行為が刑法的に許されないことについての認識可能性を意味している。そうすると、責任能力と他の責任要素の平行理解を認める立場（責任要素説）において、一方は他方に解消されてしまうのではないかとの疑念が生じうる(272)。以下では、責任前提説と責任要素説をそれぞれ貫徹した場合における、弁識能力と違法性の意識の可能性の関係性やそれぞれの意味内容につき分析を加える。

第1項　責任前提説と責任要素説

責任前提説の立場からは、責任能力と他の責任要素は別個の責任要件と解され

---

(268)　前掲大判昭和6年12月3日。

(269)　安田［2013］16頁参照。

(270)　内藤［1991］791頁。違法性説を採用する見解として、安田［2008］36頁、林（幹）［2009］31頁以下、箭野［2008b］286頁など。最決昭和29年7月30日刑集8巻7号1231頁は、訴訟能力との区別を指摘する文脈において、弁識能力を「行為の違法性を意識する」能力とする。他方、前掲最判平成20年4月25日は、原判決が違法性の認識を問題としたのに対し、「事物の理非善悪を弁識する能力」を問題とした。

(271)　なお、この認識対象について、①刑法違反性、②可罰的刑法違反性、③全法秩序違反性のいずれを意味するのかという議論が存するが（安田［2006］76頁以下参照）、こうした議論に実益があるとは思えない。アメリカの議論からも明らかなように、責任能力論において弁識内容をそれ自体として精緻化することにはさほど意味がなく、「行為者の精神状態が、刑罰という非難によって動機づけるような性質のものであるか」（平野［1967］20頁）の問題として、端的に刑法違反性とすれば足りるだろう。

(272)　こうした問題意識から、責任要素説が支配的地位を有するドイツの学説を検討するものとして、松原［2006］91頁以下。本項における以下の記述は、この文献に依拠している。

る。既述のように、修正された責任前提説において、弁識能力と違法性の意識の可能性はともに個別具体的な行為について問題となる。しかし、それでもなお、弁識能力と違法性の意識の可能性に異なる意味を与えることが原理的に可能である。

これに対して責任要素説の立場からは、責任能力は行為の属性であり、具体的行為の違法性認識が問題となる点で、違法性の意識の可能性と弁識能力が内容上重なることになる。松原久利の分析によれば、こうした思考方法を前提とした場合、責任能力の体系的地位は故意と違法性の意識の理解に依存し、両者は以下の関係に立つことになる。(273)

まず、①責任の成立に違法性の意識を不要とする立場（判例の立場）からは、生物学的原因がある場合に限り、違法性の意識の可能性が弁識能力の場面で考慮される。

また、②故意の成立に違法性の意識を必要とする立場（厳格故意説）からは、㋐故意・過失の認定が責任能力判断に先行すると解すれば、責任無能力者の場合には、すでに故意・過失が欠けており、弁識能力は犯罪成立要件として不要となる。他方で、㋑構成要件的故意の概念を認め、責任能力判断を責任故意・過失より先に位置づけると、生物学的原因に基づく違法性の意識の可能性の欠如は責任無能力となり、それ以外の原因による違法性の意識の欠如は責任故意を、違法性の意識の可能性の欠如は責任過失をも否定するという帰結が導かれる。

さらに、③故意の成立には違法性の意識の可能性があれば足りるとする立場（制限故意説）からは、㋐故意・過失の認定を責任能力判断に先行させる場合には、上記②㋐説と同様の帰結に至るのに対し、㋑構成要件的故意の概念を認め、責任能力判断を責任故意・過失の判断に先行させる場合には、生物学的原因に基づく違法性の意識の可能性の欠如は責任無能力を、それ以外の原因による違法性の意識の欠如は責任故意を阻却し、違法性の意識の可能性が欠如した場合も責任故意が阻却されると解される。ここでは、違法性の意識の可能性を欠いた場合の帰結が、②㋑説と異なることになる。

最後に、④故意と違法性の意識の可能性は別個の責任要素とする立場（責任説）からは、責任無能力者の場合には責任が阻却され、生物学的原因以外で違法性の

(273)　松原［2006］93頁以下参照。

意識の可能性が欠ける場合には、別の責任阻却事由に基づくことになる。

責任要素説から導かれる上記の帰結に対しては、以下のような疑問が生じうる。

まず、①説においては、生物学的原因に基づく場面でのみ違法性の意識の可能性を考慮し、それ以外の場合で考慮されない理由が明らかでない。(274)

また、①～④説の全てにおいて、制御能力には問題がないものの弁識能力が著しく減少した場合（限定弁識能力）に違法性の意識の不存在を前提とせざるを得ない。というのも、生物学的原因か否かにかかわらず、違法性の意識が存在する場合には、その可能性を論じる余地がなくなってしまうからである。(275) このことから、特に②説に対しては、故意犯の場合に限定弁識能力を認める余地がなくなるとの疑念が生じ、それ以外の説に対しても、限定弁識能力に基づく心神耗弱を認めることが困難となる。既述のように、重度の統合失調症患者であっても違法性の認識が完全に失われることが稀との指摘(276)を考慮すれば、不当な帰結に至らざるを得ないだろう。

加えて、わが国においては、違法性の錯誤に対しては刑の任意的減軽が認められるにすぎないのに対し、限定責任能力の場合には能力の低減が著しい場合に必要的減軽が認められる。平行理解を念頭に、両者の違いを原因の相違にすぎないとする見解からは、生物学的原因の場合にのみ「著しい」という要件を加え、必要的減軽という形で法律効果に差異を設ける根拠が定かではない。(277)

上記の難点から、責任要素説の立場を貫徹し、弁識能力と違法性の意識の可能性の原理的一致を認める立場には理論的側面から疑問が残る。

この問題領域については、わが国では従来あまり論じられてこなかったように見受けられるが、違法性の錯誤と限定責任能力がともに刑の任意的減軽とされ、後者のみに「著しい」要件を課すドイツにおいては、この整合性をいかに図るかは重要な問題であり、議論の蓄積もみられる。よって、以下では、ドイツにおける違法性の錯誤と弁識能力の関係についての議論状況(278)を概観し、この問題を解決

(274)　生物学的要素の必要性について責任要素説の論者は、①同要件が法的安定性に資することや、②保安処分の契機としての有用性を挙げる（団藤［1963］45頁以下参照）。しかし、こうした法的安定性（証拠の明確化）や保安処分とのリンク論から、生物学的要素の必要性を導出できない点ついて、水留［2007b］196頁以下参照。

(275)　安田［2006］86頁以下参照。

(276)　この指摘の妥当性については、第4部第2章第8節において検証する。

(277)　松原［2006］94頁参照。

するための示唆を得ることを目指す。

第２項　ドイツにおける議論状況

まず、前提として、1975年より妥当しているドイツ刑法典は、その17条において責任説の採用を明示する(279)。そして、責任無能力を規定する20条は、「行為遂行時に、病的な精神障害、根深い意識障害、または精神遅滞もしくはその他の重大な精神的偏倚のため、行為の不法を認識し、またはその認識に従って行為する能力がない者は、責任なく行為したものである」とし、限定責任能力を規定する21条は、「行為の不法を認識し、またはその認識に従って行為する行為者の能力が、第20条に掲げられた理由の一により、行為遂行時に著しく減少していたときは、刑は、第49条第１項により、減軽することができる」と定める。責任能力規定については、生物学的要素が明文で列挙されている点や限定責任能力の場合に刑の任意的減軽となっていることなど、わが国の規定と若干の相違はあるものの、混合的方法を前提とし、心理学的要素内部の弁識能力が不法の認識を問題にすると解されており(280)、責任能力に関するわが国の通説的理解と軌を同じくするものと評しうる。

違法性の意識の可能性と弁識能力の関係については、かつての伝統的な見解は両者を分けて考えていたものの(281)、現在の通説は、20条で要求される弁識能力が回避不可能な禁止の錯誤の下位事例にすぎないとの立場を採用する(282)。すなわち、弁識能力欠如による責任無能力は、回避不可能な禁止の錯誤の特別な適用類型であり、違法性の意識を欠くに至った原因の相違は、責任阻却という法的効果に相違をもたらさないとするのである(283)。このような立場から、たとえばアルミン・カウフマン（Armin Kaufmann）は、「規範に従った動機づけの能力が、責任非難の決定的な構成メルクマール」であり、個々の非難可能性の要件は、義務の認識可能性

(278)　ドイツにおける禁止の錯誤論について、阿部［1971］参照。

(279)　ドイツ刑法典17条は、「行為遂行時に、不法を行う認識が行為者に欠けていたとき、行為者がこの錯誤を回避し得なかった場合には、責任なく行為したものである。行為者が錯誤を回避し得たときは、刑は、第49条第１項により、減軽することができる」と定める。法務省大臣官房司法法制部編［2007］24頁参照。

(280)　*Roxin*［2006］§20 Rn. 29.〔邦訳として、ロクシン［2009］390頁以下。〕

(281)　*Mezger*［1957］§51 Rn. 1; *Welzel*［1969］S. 157.

(282)　*Roxin*［2006］S. 222.〔ロクシン［2009］390頁以下〕; *Joeckes*［2017］Rn. 99; *Vogel*［2006］§17 Rn. 112; *Perron & Weißer*［2014］§20 Rn. 4; *Neumann*［2017］Rn. 97.

(283)　*Dreher*［1957］S. 98.〔紹介として、浅田［1983］241頁以下。〕

とそれに従って意思を形成する能力という両要素に統合され、刑法51条1項（現行刑法20条）と禁止の錯誤は同一の要件に解消されると主張する[284]。

そして、以上の理解によれば、弁識無能力の場合には、すでに17条により責任が阻却されていることから20条に独自の意義は認められず、関連する所見が弁識能力の検討を促すことによる証拠法上の意味[285]ないし、保安監置の要件としての意味を有する[286]にすぎないことになる[287]。ドイツにおいては、弁識無能力に関しては実際上、「精神の障害」要件による限定は機能しておらず、心理学的方法を採用したのと同様の帰結に至っているのである[288]。

もっとも、こうした統一的な理解は、限定責任能力の場合に深刻な問題を生じさせる。すなわち、回避可能な禁止の錯誤について定める17条2文が「錯誤が回避しえたとき」と規定する一方、21条が弁識能力の「著しい減少」を要求していることから、任意的減軽という法的効果において同一であるはずの両規定において、後者のみに「著しさ」を要求するのは矛盾ではないかとの疑問が生じるのである[289]。この問題を解決するために、①行為者に有利な17条を優先的に適用する見解[290]、②21条の「著しい」という要件を17条においても読み込む見解[291]、③21条を刑の必要的減軽事由とする見解[292]が提示されている。

このようにして、21条の「著しい」要件をめぐる問題が解決されることにより、限定責任能力の場面においても、弁識能力に関して精神障害に基づく能力の低下が有する意味は完全に失われ、禁止の錯誤論に解消されてしまっているのである[293]。

---

(284)　*Kaufmann*［1961］S. 321ff.
(285)　*Roxin*［2006］§20 Rn. 29.
(286)　*Vogel*［2006］§17 Rn. 112.
(287)　以上の見解に対し、ドイツにおいて認識能力要件と禁止の錯誤の原理的一致を認めない見解として、*Schröder*［1957］S. 297; *Rudolphi*［2000］§17 Rn. 15ff., 26ff.; *Frister*［1993］S. 199ff.
(288)　安田［2006］79頁参照。
(289)　*Roxin*［2006］§20 Rn. 36.
(290)　*Dreher*［1957］S. 99.
(291)　*Jakobs*［1991］§18, Rn. 31.
(292)　*Perron & Weißer*［2014］§21 Rn. 6/7.
(293)　安田［2006］83頁参照。

第３項　検討――あるべき弁識能力要件をめぐって

ア　弁識能力要件の意味内容について

ドイツでは、「責任能力を責任要素と解し、心理学的要素を強調した姿[(294)]」が見て取れる。これに対してわが国では、限定責任能力が必要的減軽であるのに対し、違法性の錯誤の場合には任意的減軽にとどまるという事情から、弁識能力と違法性の意識の可能性を原理的に同一視するとしても、ドイツにおけるような深刻な問題は生じない[(295)]。

この問題について、わが国の伝統的見解は、責任前提説のみならず、責任要素説の立場からも、「責任能力においては生物学的要素が問題となり、行為者人格とかかわる人格的能力としての特質を有する[(296)]」ことを前提としているように見受けられる。すなわち、責任要素説が生物学的要素を「原理的に不要」としつつも、実際に心理学的要素一元論の採用に至っていないのは、責任能力が責任要素であるとしても、他の責任要素とは性質が異なることの証左であるとの指摘がなされてきた[(297)]。

これに対して近時の責任要素説の論者は、当該具体的事案において最終的に重要となるのは、当該行為の違法性を認識しえたかどうかだけであるから、およそ一般に違法性を認識する能力の有無は責任非難にとって意味がなく[(298)]、「過剰であり、必要なものとも思われない[(299)]」と批判を加える。

しかし、この立場は、個別行為責任の強調と（弁識能力と違法性の意識の可能性を原理的に同一視する）責任要素説の採用を一連のものとする点で、誤謬を犯しているように思われる。すなわち、先の伝統的思考方法において責任能力が「人格的能力」ないし「一般的能力」であると強調され、その帰結として個別具体的行為

---

(294)　松原［2006］99頁。

(295)　このことから、わが国における責任要素説には、限定責任能力の場合に違法性の意識の不存在を前提とすべきか否かは、もっぱら39条２項の解釈論として展開されるべきと主張するものがある（安田［2006］85頁参照）。この見解の背後には、①わが国の裁判実務を前提とすれば、認識無能力の場合には刑法39条がなければ行為者に責任阻却を認めることができず、②違法性の意識の可能性が存在した場合であっても、限定認識能力と回避可能な禁止の錯誤の不均衡が存在しないことから、39条２項の弁識能力に関する部分の適用を、違法性の錯誤の取扱いに合わせて緩和する必然性がないという考えがある（安田［2006］83頁以下参照）。

(296)　松原［2006］99頁。

(297)　たとえば、大塚［2008］451頁参照。

(298)　安田［2006］85頁参照。

(299)　箭野［2011b］182頁。

から離れた一般的能力を問題とすることは妥当でない。この意味で、すでに述べたように、(従来的意味における) 責任前提説は修正されなければならない。

他方で、このことを認めるとしても、弁識能力要件においては、当の行為について「行為時における行為者能力」が問題とされるのに対し、違法性の意識の可能性では、この能力が備わっていることを前提に、当の行為の「違法性を認識することができたか (可能性)」が問題とされるのであり、弁識能力と違法性の意識の可能性を同一視することは妥当でないように思われる。[300]

アメリカの議論からも明らかとなったように、責任能力の判断場面においては、形式的な意味における違法性の認識が認められたとしても、弁識無能力や限定弁識能力と解する余地が存するのではないだろうか。この問題について、平野龍一による以下の指摘は示唆に富む。

> 「同じく違法の意識の可能性がないという場合でも、違法かどうかまったく判断できない精神状態と、違法でないと判断して行なう心理状態との間にはちがいがあり、違法だと知ってもまったく反対動機の生じないような精神状態と、反対動機に苦しみながらも、これをおしきらざるをえなかった心理状態との間にはちがいがある。[301]」

ある者の弁識能力が認められるためには、違法性の認識を生の事実レベルで有しうるのみでは足りず、それを反対動機形成の契機として用いることが求められる。換言すれば、違法性についての単なる事実的認識ではなく、自己の行為の違法性を認識することで通常人ならば持ちうる〈インパクト〉を受けることができる者だと第三者が評価できるかが問題となるのである。[302]

この点、従来の見解においても、「[弁識・制御能力の]『欠如』といっても、厳密にいえば、これがまったく欠けている状態というものが果たしてあるのかどうかは疑問であり、少なくとも、ないに等しいような状態は、むしろ心神喪失とすべきである[303]」と指摘されてきた。[304] この指摘には正しい部分が含まれるものの、マク

(300)　小野［1967a］89頁が、「『能力』(Fähigkeit) とは単なる可能性 (Möglichkeit) ではない」と指摘するのも、同様の問題意識に根差すものであろう。

(301)　平野［1967］21頁。

(302)　理由能力論の説明に即して言えば、刑法規範が提示する行為理由を理解し、その理由に基づいて自らの行為の妥当性について推論して行為を決定し、その決定に従って行為する能力が一体として問題となる。

(303)　大塚ほか編［2015］431頁以下［島田＝馬場］。

ノートン基準における「認識（know）」から「弁識（appreciate）」への文言修正が真の問題解決とならなかったことからも明らかなように、弁識能力の実質化は、量的なものではなく、質的なものとして実現される必要がある。

行為の「是非」ではなく「違法性」に関するものとして弁識能力を位置づけるとしても、精神障害によって通常と異なる価値体系を有する者の、いわば「生の事実レベル」における「違法性の認識」を捉えて、その者の弁識能力を肯定することは妥当でない(305)。事実的意味における違法性の認識を有していたとしても、反対動機形成の契機として用いる能力を有さない（と第三者が評しうる）場合には、弁識能力判断の段階において直接に責任無能力・限定責任能力とされるべきである。責任能力の判断場面で問題とされるべき実体は、弁識内容それ自体ではなく弁識プロセスの異常性なのであり、体系的整合性を重視して問題を制御能力のカテゴリーへと先送りすべきではない。

上記の思考方法を支持する実際的な理由としては、以下で取り上げるように、制御能力判断の困難性が挙げられる。行為時における具体的行為者の他行為可能性の有無は原理的に証明不可能であり、制御能力の判断場面ではこの問題が直接に妥当する。「（実際に出てしまった）行為を思いとどまることができたか」の判断と、「精神障害が行為者の認識内容に働きかけた機序」の判断では、前者がより困難なことは想像に難くない。このように、責任能力の実際の判断過程を見据えた上でも、制御能力の段階へ問題を先送りし、このカテゴリーに過剰な負担を強いるべきではないだろう。

以下では、上記「実質的弁識能力(306)」――弁識プロセスの異常性に着目し、自己の認識内容を反対動機形成の契機として用いられるかを認知要件内部で考慮する思考方法――の展開によってその守備範囲が縮小されることが予想される、制御

(304)　たとえば、林幹人は、「責任能力の弁識能力の対象となるものと、いわゆる違法性の意識の可能性の対象となるものは同じもの」（林（幹）［2009］33頁）としながら、弁識能力が「完全には失われていなくても、『実質的に』失われていれば、心神喪失としなければならない」（同・34頁）とし、浅田［1999］90頁も、責任能力を「行為が違法であることを認識し、又はその認識に従って行動する実質的能力」と定義づける。

(305)　責任要素説を採用するドレーヤーも、精神病者でも有しうるような、倫理的意味の把握を含まない単なる禁止の認識では足らないとして、不法の認識が認められる場合を限定しようとする。*Dreher*［1957］S. 98ff.

(306)　なお、弁識能力がどの程度低下したときに「実質的」に低下したと評価されるのかについては、究極的には、「法が、あるいは一般の国民が、どの程度の要求をしているかによってきめるほかはない」（平野［1967］23頁）だろう。

能力要件の検討に移る。そこで中核的な問題となるのは、上述のように解した上で、なお制御能力を別個の実体要件として維持すべきか否か、である。

イ　制御能力要件の認定論的困難性

制御能力要件に向けられる第一の批判としては、既述のように、制御できなかったことと単に制御しなかったことの区別の困難性が挙げられる。現実に作用した制御能力の判断は精神医学には及び得ない問題であり(307)、少なくとも裁判上は認定できない。

こうした実情を反映し、実際の裁判において制御能力は重視されてこなかったとされる。すなわち、制御能力は定義として掲げられていたとしても、実際には活用されておらず、その適用が躊躇されてきたと指摘されるのである。たとえば、弁識能力に比して制御能力の判定が困難であることを念頭に、「判断の客観性を保持しようとするならば、認識能力の方を重視すべきであり」、この意味で判例の態度を肯定する見解や(308)、全ての犯罪者が「してはならないこと」と知りつつ制御力を失ったゆえに規範を犯したのであり、この原理の適用に消極的な現状を追認する立場(309)、さらに、制御能力要件が判断基準としてではなく、判断結果の表現として、心神喪失や心神耗弱と同義反復的に用いられているにすぎないとの指摘がなされるに至っている(310)。

ウ　制御能力要件不要論について

こうした指摘を受け、わが国の刑法学説においても、制御能力を責任能力の判断要素として不要とする立場がある(311)。たとえば、墨谷葵は、制御能力の判断が困難であり、制御能力欠如による責任無能力を認めると最も危険な精神病質の犯罪者を無罪とせざるを得なくなって刑事政策的に耐えがたい事態が生じることから、責任能力の基準として制御能力を考慮すべきではないと主張する。

他方で、墨谷は、アメリカにおける連邦の責任能力基準について、「弁別能力（識別能力）のみを責任能力の基準としているが、それは、単なる表面的な認識を超えた広い意味の理解を内容とする『識別する、ないし評価する（appreciate）』

---

(307)　シュナイダー［1957］93頁参照。
(308)　仙波＝榎本［1991］62頁参照。こうした考え方に肯定的なものとして、三好［2010］263頁。
(309)　植松［1962］43頁、植松［1967］30頁、植松［1965］19頁以下。鈴木［1966］79頁注4は、「わが国でも、実際の適用において、それ［是非の弁別に従って行動する能力］が是非の弁別能力と同じ程度に重視されているかどうかについては、疑問を容れる余地がかなりある」と指摘する。
(310)　小野田［1980］139頁以下参照。
(311)　墨谷［1980］223頁以下、墨谷［1994］238頁以下参照。

能力、つまり人間行動の意味を認知し理解する能力に関する精神的・情意的機能のあらゆる面を考慮しうる能力と解し[312]」ていると評価し、制御能力要件が排除されたとしても実質的に解された弁識能力要件の枠内で一定の解決が図られることを示唆していた。

しかし、墨谷の主張の前半部分に対しては、生の刑事政策的考慮を正面から導入する点で、責任主義に反するとの批判が妥当するだろう[313]。APA や Bonnie の見解に向けられた批判の中で示されたように、実際に行為を思いとどまる能力がなかった者に対して責任非難を加えることはできないからである。従来の議論枠組みを前提とした場合には、「責任を非難可能性と解する以上、他行為可能性の問題はその判断に際して回避しえないものである上、責任の本質と認定の問題は全く同一次元の問題ではない[314]」のである。

他方で、主張の後半部分に対しては、既述のように、認知能力要件の程度に関して「認識」から「弁識」へと量的な修正を加えたところで、問題の核心を除去できないとの批判が想起される。墨谷のように認知能力要件を「精神的・情意的機能のあらゆる面を考慮しうる能力」として解した場合には、精神病質者に対して弁識能力の存在を認めうるかは疑問であり[315]、刑事政策的考慮から制御能力要件を排除した当初の目的に反する帰結ともなるだろう。

既述のように、伝統的な責任論に従い、責任の本質たる非難可能性を「行為者が現実には行ってしまった違法行為を避ける（思いとどまる）ことが可能であったこと」（他行為可能性）に求める立場からは、責任能力の要件として制御能力は最も重要なものとして位置づけられることになる[316]。

しかし、本書の立場からは、他行為可能性原理は責任判断において意義を有さない。すなわち、刑事責任論の領域にあっても、他行為系列の存否ではなく、行為が現実にどのように実行されたかを直接に問題とすべきであり、その際には、行為者の認識過程を前提とした場合に行為の理由を理解していたと評しうるか、

---

(312)　墨谷［1994］247頁。
(313)　安田［1998］103頁参照。
(314)　大阪刑事実務研究会［2012b］77頁。
(315)　第2部第2章第2節第2項参照。
(316)　安田拓人による一連の制御能力研究も、こうした伝統的責任論を前提とするように見受けられる。たとえば、安田［2011b］19頁は、「本来的な意味での非難は、やはり他行為可能性を前提とし、それを活用しなかったことを咎め、反省を促す契機として位置づけられるべきもの」と述べる。

という観点に着目するのである。

こうした理解は、責任能力判断における問題の実体が、（違法性の意識の可能性と重なるような）事実的意味における違法性の認識可能性ではないという事実と親和性を有している。「神の命令事例」からも明らかなように、精神障害によって価値体系が歪められている場合には、「自己の行為の意味を認識して」という観点からは、そもそも正常な弁識能力があったと認めることはできない[317]。

制御能力要件の精緻化を図る安田は、司法実務が「制御能力の適用を躊躇する理由の一つとして、制御能力概念の不明確さ[318]」を指摘しながら、「制御能力の本質と構造を明らかにし、それにより実務における使用に耐えうるような実践的な判断方法を提示[319]」しようと試みる。しかし、他行為可能性を基軸とした責任本質論を背景に、制御能力要件を重視する旧来的枠組みを前提とした時点で、その試みは達成困難なものと評さざるを得ない。こうした判断枠組みが実務において消極的に用いられてきたのは、むしろ致し方がないのであり、本書は、制御能力を実体要件としても不要とする立場を採用するに至るのである。

「行為の不法を認識し、またはその認識に従って行為する能力がない者」として心理学的要素が明文により列挙されるドイツ刑法典とは異なり、わが国において制御能力を責任能力判断において不可欠な要件だと解する必然性はない。本書の主張の核心は、より正確には、責任能力論において弁識能力と制御能力を区別することには理論的・実践的な意義や根拠がないことを明らかにすることにある。

たしかに、他行為可能性を軸とした責任本質論から導出される責任能力論においては、必然的に制御能力へと重点が置かれることになるから、これを弁識能力要件へと解消することにはなお躊躇を覚えるかもしれない。しかし、前章で示した通り、筆者が前提とする理由能力を軸とした責任判断枠組みの下では、行為者の弁識内容それ自体ではなく、むしろ弁識プロセスに着目し、このプロセスが標準からいかに乖離していたかについての間主観的評価がなされることになる[320]。こ

(317)　この点につき、安田［2013］16頁以下は、「責任前提説、すなわち責任能力とは故意（・過失）をもちうるための前提となる能力だとする見解からは、……行為の性質に関する認識能力も認識能力の判断に含まれる」と指摘する。

(318)　安田［1998］104頁。

(319)　安田［2006］92頁。

(320)　既述のように、行為に関する規範が提示する行為理由を理解し、その理由に基づいて自らの行為の妥当性について推論して行為を決定し、その決定に従って行為する能力が一体として問題となる。

の理論のもとで展開される刑事責任能力論においては、行為者の心理過程を出発点とし、自己の行為の刑法違反性が提示された場合に通常人ならば抱く〈インパクト〉を受けることができる者だと第三者が評価できるか[(321)]が問題とされ、弁識能力の意味内容が質的な意味で充実化される。こうした責任本質論から析出される責任能力論内部の心理学的要素においては、弁識・制御という二分法はもはや妥当しないのである。

上記の理解によれば、弁識・制御能力の重なり合い問題は原理的に解決される。この問題に対しては従来、①制御能力判断の困難性や、②弁識能力の枠内で制御能力の問題の大部分が解決可能とする、認定論レベルの指摘がなされてきた。しかし、アメリカにおける合理性説や、わが国における精神医学者・法律実務家の一部に見られる主張からも明らかなように、この文脈において、制御能力の判断困難性といった認定論レベルの問題は本質を捉えていない。本書の立場からは、制御能力要件廃止論についても、「制御能力の判断困難性ゆえに同要件は不要」なのではなく、「弁識能力と制御能力はその本質において重なり合う」がゆえに、実体論レベルにおいて、実質化された弁識能力要件へと一元化されるのである[(322)]。

刑事責任能力論において、弁識能力と制御能力を区別することには理論的・実践的な意義や根拠がなく、弁識プロセスに着目することでその意味内容が充実化された実質的弁識能力に一元化される、というのが第2部の結論である。

(321)　従来の表現を用いれば、刑罰適応性の問題である。

(322)　もっとも、発問と応答のコミュニケーションプロセスから責任能力基準を再構成する以上、私見の立場から責任無能力や限定責任能力とされる領域は従来の学説と異なることになる。たとえば、従来的な意味で制御無能力・限定制御能力とされるはずの類型（反社会性パーソナリティ障害や窃盗癖・放火癖、ペドフィリアなど）のすべてが実質的弁識能力の枠内で補足されるわけではない。

小　括

以上、第2部では、平成19年度司法研究による提言を契機とし、刑事責任能力論について、責任の本質に立ち返った分析を試みた。

具体的には、裁判員制度の導入を契機として顕在化した、弁識・制御能力の重なり合い問題に着目し（第1章）、両要件の枠内で論じられるべき問題の実体を明らかにするために、アメリカの議論状況に検討を加えた（第2章）。現地の議論の到達点は、以下のように概括できる。

まず、制御能力要件に関しては、わが国で従来紹介されてきたような認定論的困難性や刑事政策的考慮に基づく同要件廃止論は影を潜め、実体論的な次元における批判が優勢である。他方で、弁識能力要件については、認識の程度・対象をめぐる従来の議論は、免責されるべき者とそれ以外の者を区別する有効な基準を提示できず、心神喪失の判断場面で問題とされる内実を正確に捕捉できないとして、その限界が認識されつつある。これを受けて、近時有力な見解は、正常人と共通の尺度によって責任能力基準を定立することの限界を指摘し、「合理性の欠如」という視角から両要件を統一的に把握しようと試みている。

第3章では、上記の知見をわが国の責任能力論へ応用するため、他行為可能性原理をめぐる（法）哲学領域の議論に検討を加え、この種の議論が刑事責任論に与える影響を明らかにした。この過程では、他行為可能性原理に疑問を呈し、むしろ実際に行われた行為の理由に着目すべきと主張する、法哲学者の瀧川裕英によるアプローチを概観し、瀧川による〈理由への問いと応答〉という責任判断の図式を刑事責任論へ応用する可能性を見出した。

この新しい枠組みが実践に耐えることを提示するために、わが国の刑法学において両立可能論を前提にしながらも他行為可能性原理を承認する、平野龍一と所一彦の見解を概観した。他行為可能性原理は、実際の判断場面を見据えた場合には必然的に修正を要し、結局は上述の〈理由への問いと応答〉の枠組みに近しいものとなることから、刑事責任論の領域にあっても、他行為可能性原理を維持する必然性はないとの帰結に至った。

わが国における弁識・制御能力要件の検討（第4章）に際しては、責任能力の体系的地位をめぐる議論を概観した上で、ドイツの議論を参考に弁識能力要件の分析を試みた。この過程を通じて、責任能力と他の責任要素の平行理解の限界を指摘し、従来の学説における問題性が、個別行為責任の強調と上記平行理解を一連のものと捉えてきたことに起因することを明らかにした。

違法性の意識の可能性と弁識能力は、個別具体的な行為について問題となる点で共通するが、後者については当の行為について「行為時における行為者能力」が問題とされるのに対し、違法性の意識の可能性では、この能力が備わっていることを前提に、当の行為の「違法性を認識することができたか（可能性）」が問題とされるのであって、両者を原理的に同一と見なすことはできない。

刑事責任の文脈における弁識能力要件で問題とされるべきは行為の違法性に関する能力であるものの、精神障害によって通常と異なる価値体系を有する者の「生の事実レベル」における「違法性の認識」を捉えて、その者の弁識能力を肯定することは妥当でない。事実的意味における違法性の認識を有していたとしても、反対動機形成の契機として用いる能力を有すると第三者が評価できない場合には行為の意味を理解しているとは評しがたく、弁識能力判断の段階において直接に責任無能力・限定責任能力とされるべきである。

この点、〈理由への問いと応答〉という図式の下では、行為者の心理過程を出発点に、刑法規範が提示する行為理由を理解し、その理由に基づいて自らの行為の妥当性について推論して行為を決定する能力が問題となる。

こうした責任本質論から導出される責任能力要件内部の弁識能力で問題とされるべきは、行為者の弁識内容の正否それ自体ではなく、弁識プロセスの標準からの乖離なのであり、こうした理解に基づく実質的弁識能力の枠組みにおいて、従来的意味における弁識・制御能力要件は統一的視点から再構成されることを明らかにした。

以上のように、第2部では、責任能力の実体要件のうち、弁識・制御能力に焦点をあてた。弁識・制御能力の内実について従来とは異なる上記の理解を前提とした場合には、責任能力基準のもう一つの肢である「精神の障害」要件についても、新たな角度からの分析が求められることになるだろう。

第3部では、これまでの手続論的分析（第1部）と実体論的分析（第2部）を踏まえ、「精神の障害」の意味内容と実体論上の地位を考察する。

第3部 「精神の障害」と刑事責任能力

第3部では、「精神の障害」の意味内容と刑法理論の地位を検討対象とする。

このうち第1章では、「精神の障害」に関するアメリカの議論動向を分析する。具体的には、1954年にコロンビア特別区の連邦控訴裁判所によって定立されたダラム・ルールをめぐる議論を考察する。特に、純粋な生物学的方法として定立された同基準に修正が加えられていく過程を精査することにより、責任能力基準における「精神の障害」が果たす役割について示唆を得る。

続く第2章では、「精神の障害」の判断基盤を分析する。この過程ではまず、精神医学における疾患概念に関する議論のうち、シュナイダー理論による伝統的疾患概念とDSMなどに代表される現代的疾患概念を対比的に取り上げ、それぞれの疾患概念が対象者の精神状態をいかなる視座から理解しようと試みているのか、その基本的スタンスの相違を明らかにする。そして、精神医学領域の議論分析を踏まえ、幻覚や妄想といった個別の症状を「精神の障害」として位置づける考え方（以下、「症状論」という。）と、診断によって精神医学的に評価・解釈された行為者の全体像を責任能力判断の基礎とする考え方（以下、「診断論」という。）をめぐる刑法学の議論動向を取り上げ、本書の立場から、第一段階要素としての「精神の障害」の意味内容を明らかにする。

第3章では、「精神の障害」の実体論上の地位に検討を加える。具体的には、わが国の刑法学説を、実体要件としての「精神の障害」の意義を強調する立場と、刑法理論上の意義を相対化しながらもその他の理由から同要件を維持する立場に分けた上で、それぞれの立場が「精神の障害」を実体要件として存置する論拠を比較検討する。これらの論拠がいずれも説得性に欠けることを示すことで、責任能力の実体基準として本来的に記述されるべきは心理学的要素のみであり、法的見地から構成された「精神の障害」は心理学的要素の認定資料として再定位されることを明らかにする。

最後に、上記の結論が、法的概念としての「精神の障害」をめぐる従前の学説の不整合性を回避するのみならず、第1部で分析した精神鑑定人と裁判所の役割をめぐる議論から得られた帰結や、第2部で分析した心理学的要素の内実に関する議論進展とも親和性を有することを提示する。

第１章　アメリカにおける議論状況

第１節　責任能力基準における「精神の障害」要件の位置づけ

アメリカの刑事手続においても、責任能力や訴訟能力、受刑能力など種々の場面で精神障害との関係が問題となる。一般的には、特別な法的取扱いを受けるためには医学的な意味での精神障害を有しているのみでは足らず、法的に関連性のある態度（legally relevant behavior）であることが要求される[(1)]。

責任無能力（心神喪失）の抗弁については、現在でも46の州と連邦によって維持されており、現在用いられている全ての責任能力基準において、精神の疾患（disease）や欠陥（defect）が実体要件として位置づけられている[(2)]。歴史的には、精神の疾患が統合失調症や双極性障害、精神病性のうつ病などを指すのに対し、精神の欠陥は知的障害（精神遅滞）や痴呆などを指すものとして区別されてきたものの、それ以上の定義は現在でも不明確なまま残されているとされる[(3)]。

この「精神の疾患ないし欠陥」という要件については、かつてはこれを精神医学における疾患概念と同視する考え方が有力であったものの[(4)]、現在では、これを法的概念と解したうえで陪審の判断事項とする見解が有力である[(5)]。もっとも、「精神の障害」に関するアメリカの近時の議論においては、精神病質など一定の

---

(1)　Morse［2011］at 895.
(2)　Slobogin et al［2014］at 646.
(3)　*Id.*
(4)　Fingarette［1972］at 25（note 9）.
(5)　*E.g.*, Robinson［2012］at 587. 他方で、以下に述べるように、「精神の障害」を法的概念として構成するとしても、その理解には幅がみられる。たとえば、LaFave の体系書では、「責任能力基準の後半部分［心理学的要素］で記述された結果を生じさせる場合には、精神病（psychosis）はもとより、神経症（neurosis）や器質性の脳障害（organic brain disorder）、さらには先天性の知的障害（congenital intellectual deficiency）など、いかなる精神異常であってもこの要件を充足しうる」（LaFave［2017］at 497）とされる。こうした理解を念頭に置けば、「精神の疾患ないし欠陥」という要素の重要性は相対的に減じられ、犯行時の弁識・制御能力が免責を要するほどに喪失していたかという点が決定的な基準として作用することになる（Slobogin et al［2014］at 647）。
　これに対して、アメリカの諸法域では上記のアプローチとは異なり、「精神の疾患ないし欠陥」

精神疾患類型を「精神の障害」として認めるべきか否かを軸に展開され[6]、「精神の障害」の規定形式に関する（刑事政策的関心に方向づけられた）表面的な議論に終始している印象を受ける。この種の議論は、責任能力の実際の判断過程を見据えながらも、その問題関心を「精神の障害」の実体論的な意味内容に向ける本書の立場とは異なるものと評しうるだろう。

そこで次節からは、アメリカにおける近時の議論とは距離を置き、1954年にコ

の重篤性を要求することで、同要件に限定を加えようとする試みも散見される。たとえば、連邦法における責任能力基準の「精神の疾患ないし欠陥」には、「重大な」という限定が付されており（18 U.S.C. §17）、連邦法と同時期に公表されたアメリカ精神医学会（APA）の責任能力基準においても、「精神の疾患ないし精神遅滞には、事実の知覚や理解を重大かつ明白に損なわせ、かつ、アルコールその他の精神に影響を及ぼしうる物質を任意に摂取したことに主な原因を求めることができないような、重大な精神の異常状態のみ」が含まれるとされていた（Insanity Defense Work Group［1983］）。連邦法の立法資料によれば、「重大性概念が付加されたのは、非精神病性の行動障害、あるいは『不適性人格』や『未熟人格』、『反社会的傾向のある』行動様式のような神経症によって、同抗弁が構成されないことを強調するため」（S. Rep. No. 225, 98th Cong., 1st Sess., 1984, at 229）であったとされる。これに対して、カリフォルニア州やオレゴン州の責任能力基準においては、全ての人格障害が「精神の障害」の定義から明示的に排除されている。CA. PENAL §29.8; OR. REV. STAT. §169.295（2013）.

もっとも、心神喪失抗弁から人格障害などの類型を無条件に締め出すことに対しては、学説からの反対が根強い（*E.g.*, Bonnie［2010］at 762-3; Morse［2011］at 931-2.）。また、心神喪失による無罪後の非刑事的収容が広範に認められているアメリカでは、治療可能性のない精神病質者（psychopath）が同抗弁を提起するのは例外的な場合にとどまると予想されることから、こうした議論の実益には疑問が呈されている（Morse［2011］at 932）。責任能力基準において決定的に重要なのは法的な機能基準（弁識・制御能力）の有無や程度であることからすれば、「精神の障害」の外延は弁識・制御能力要件のいずれ（あるいは両方）を採用するのかという点に依拠し（SLOBOGIN ET AL［2014］at 647）、「精神の障害」を実体論的に正面から論じる意義は存在しないことになるだろう。

(6)　この議論の概略については、第2部第2章参照。なお、英国（イングランド・ウェールズ）においても、責任能力基準における「精神の障害」は法的判断事項とされ、記憶や理性、理解力に影響を与えるあらゆる内的な障害（internal disorder）と位置づけられる（Kemp［1957］1 QB 399）。具体的には、動脈硬化（*Kemp*）や夢遊病（Burgess［1991］2 ALL ER 769）、てんかん（Sullivan［1984］AC 156）や糖尿病の被告人がインスリン投与を怠ったことによる高血糖状態（Hennessy［1989］1 WLR 287（CA））は、内的要因に基づくゆえに「精神の障害」とされる。また、外的な要因によって通常とは異なる反応が生じた場合にも、被告人の素質に主な原因が求められる限りで「精神の障害」に該当する（交際相手の被害者に拒絶されたことによる解離状態（Rabey（1980）114 DLR（3rd）193））。

こうした広い法的病気概念の背景には、オートマティズム（行為性の欠如）や犯罪成立に必要なメンズ・レアの欠如によって危険な行為に出た者を無条件に無罪とすることへの懸念があり（SIMESTER ET AL［2016］at 735）、心神喪失による無罪後の処遇の多様性が確保されていることも手伝い、この要件が拡張的に解釈されている（ORMEROD & LAIRD［2015］at 339）。被告人の精神状態が内的な異常に基づく場合には、オートマティズムの抗弁やメンズ・レア欠缺の主張へのアクセスは否定され、有罪を回避するためには心神喪失抗弁に依拠せざるを得ない（SIMESTER ET AL［2016］at 735）。

ロンビア特別区の連邦控訴裁判所によって採用されたダラム・ルール（Durham rule）をめぐる議論を取り上げる。純粋な生物学的方法による責任能力基準として知られるダラム・ルールは、そのラディカルな規定形式ゆえに、「責任能力の基準に関する諸問題が集約されており、刑法の目的、法と精神医学との関係、責任能力の意義……など多くの基本的・本質的な問題について反省をせまるものがある」[(7)]と評される。

既述のように、わが国においてダラム・ルールは、責任能力基準の失敗例として紹介されることが多い（後述のように、筆者もダラム・ルールのような純生物学的方法を支持するわけではない）。しかし、ダラム・ルールの定立から修正・廃止に至るまでの議論過程では、責任能力基準として「精神の障害」のみに依拠する純生物学的方法の是非にとどまらず、「精神の障害」の意味内容や、事実認定者と精神鑑定人の関係などについて多くの自覚的な議論が展開された。この種の議論は、責任能力の判断場面を見据えた形で「精神の障害」の意味内容を明らかにするという本書の目的にも合致すると考えられることから、以下では、ダラム・ルール成立の過程を敷衍したうえで、同基準の実体論上の諸問題に検討を加える。

第2節　ダラム·ルール成立の背景

ダラム・ルールは、「被告人の違法行為が精神の疾患ないし欠陥（mental disease or defect）の所産（product）であった場合には刑事責任を負わない」という、1954年のダラム判決によって定立され、コロンビア特別区の連邦控訴裁判所によって20年近く用いられた責任能力基準を指す[(8)]。

この基準が導入された目的としては、①責任能力に関する基準を医学的知識の進歩に一致させ、②刑罰の代わりに治療を施される人々の層を拡張させるとともに、③従来のテスト――マクノートン基準と抗拒不能の衝動テスト――によって阻害されていた、精神鑑定人と陪審・裁判所の間のコミュニケーションを容易にする点が挙げられる[(9)]。

このように、ダラム・ルール成立の背景には、当時支配的な責任能力基準に対

(7)　墨谷［1980］102頁。
(8)　LaFave［2017］at 517.
(9)　墨谷［1980］109頁参照。

する疑問があった。ダラム判決によれば、マクノートン基準は、①自然科学の実態や科学的な知識に十分な形で基づいておらず、②単一の症候（認識能力の欠如）に基づく基準ゆえに、あらゆる状況に有効な形で適用されうるものではなく、抗拒不能の衝動テスト（"irresistible impulse" test）は、考え込みや熟考（brooding and reflection）によって特徴づけられる精神疾患を考慮できず、これらの疾患から生じた行為を偏狭なマクノートン基準へと追いやる点で妥当でない[(10)]。アメリカにおける精神医学の祖とされ、ダラム・ルール形成に影響を与えた[(11)]Isaac Rayは、それまでの責任能力基準の問題性について、以下のように述べる。

> 「精神異常が存在するという事実は、診断上の一症状ではなく、諸症状が全体として理解されることによって確証され、全ての事例に見られる特定の症状は存在しない[(12)]。」

Rayによれば、認識能力のみを要件とするマクノートン基準や一定の衝動のみを要件とする抗拒不能の衝動テストは、精神障害がもたらす多くの諸症状の中の一つの症候を問題とするにすぎず、法的な機能要件を含む責任能力基準は必然的に狭隘なものとなってしまう。

これに対してダラム・ルールは、責任能力基準から法的な制約を排除することにより、被告人の精神疾患に関する全ての情報が精神鑑定人から事実認定者に提示され、「我々の間で継承されてきた道徳的責任の思想[(13)]」を、陪審が個々の事例に適用することが可能になると目されていた。

かようにしてダラム・ルールは、「マクノートン基準や抗拒不能の衝動テストの下で精神医学者と裁判所の間に生じていた、コミュニケーションの障壁を取り除くこと」を目的とし、「被告人の行為の性質を明らかにしうる証拠に陪審が接する機会を最大限のものとする」ことに主眼が置かれていた[(14)]。それまで一世紀以上も支配的地位にあったマクノートン基準と抗拒不能の衝動テストを拒絶し、「端的に、違法行為が『精神の疾患または欠陥の所産であったときは』責任能力

(10) Durham v. United States, 214 F.2d 862, 874 (D.C.C. 1954).
(11) *Durham*, 214 F.2d, at 870.
(12) Ray [1853] at 39.
(13) *Durham*, 214 F.2d, at 876 (quoting Holloway v. United States, 148 F.2d 665, 667 (D.C.C. 1945)).
(14) Krash [1961] at 928.

がないとして、統一的な生物学的方法による基準を宣言したダラム・ルールは、まさに、こうした趨勢におけるエポック・メーキングな出来事であった[(15)]」と評されるのである。

第3節　ダラム・ルールが内包していた諸問題

ダラム・ルールの下での責任能力判断は、①行為時に精神の疾患ないし欠陥が存在していたか、②当該犯行はその精神の疾患ないし欠陥の所産といえるかの二点を問うものであった[(16)]。しかし、それまでの責任能力基準とは異なり、（弁識・制御能力といった）機能的な基準が併置されず、また、「精神の疾患ないし欠陥」にそれ以上の定義が付与されなかった[(17)]ために、困難な問題が生じることになる。すなわち、この概念の医学的な見かけとは裏腹に、ダラム・ルールにおける同概念の内容は不明確なまま残されたために[(18)]、「ダラム・テストが何らかの指針を提示することを意図していたとすれば、たとえそれが裁判所の専門家らに対するものだったとしても、その目的は決して達成されなかった[(19)]」と評される事態に至ったのである。

ダラム・ルールの困難性は、同基準が責任非難に関する従来の理解を堅持する一方で、事実認定者と精神鑑定人のコミュニケーションを円滑にする目的から純粋な生物学的方法を採用した点に求められる。

既述のように、アメリカにおける近時の学説は、「精神の障害」を法的見地から構成する必要性を認めるものの、ダラム・ルールが形成された当時のアメリカでは、訴訟能力や責任能力の基準に適用されうる「精神の障害」は、強度の精神病（psychosis）——すなわち、精神医学的に疾患とみなされるもの——を意味するとの理解が支配的であった[(20)]。

(15)　墨谷［1980］101頁。
(16)　ダラム判決の中で想定されていた陪審説示の内容について、*Durham*, 214 F.2d, at 875.
(17)　ダラム判決では、疾患と欠陥の区別——前者には治癒や悪化が見込まれるものが、後者には先天的な障害や外科的な傷害の結果、あるいは精神疾患の後遺症など、治癒や悪化が見込まれないものが含まれるとの指針（*Durham*, 214 F.2d, at 875）——のみが提示され、その結果として「精神の疾患ないし欠陥」という決定的に重要な概念が定義されないまま残された。Dressler［2015］at 351-2.
(18)　Fingarette［1972］at 30.
(19)　*Id.*

精神医学領域における疾患と「精神の障害」を同一視する当時の議論状況の下で純粋な生物学的方法を採用した場合には、たとえば、「精神の障害」を医学的な治療必要性の観点から理解し、刑罰よりも治療が適切な場合には心神喪失とされる責任能力制度が成立しているような印象を与えかねないものの、こうした理解はダラム判決の意図するところではない。ダラム・ルールにおいては、「責任能力を伝統的な意味の責任非難を負いうる能力＝有責行為能力として把握しつつ、それに対応するものとして、……『生物学的方法』を提唱している点に、その特徴と複雑性が存する[(21)]」のである。

既述のように、ダラム判決の中では、(弁識・制御能力の欠如といった) 特定の症状に依拠して責任能力を判断する従来の諸基準の問題性が指摘された。しかし、ダラム・ルールに批判的な論者によれば、精神障害の有無という単純な問題に着目することで、刑事上の抗弁という特定の法的帰結がいかなる場合に認められるのかという問題を看過してしまう点に、この基準の根本的な誤りがある[(22)]。

ダラム・ルールがコロンビア特別区で採用されて以降、他の法域で類似の基準が採用されることはなく[(23)]、多くの事例で弁護人がマクノートン基準や抗拒不能の衝動テストに代えて所産テストの採用を求めたものの、控訴裁判所は常にこれを否定してきた。ダラム判決が下されたコロンビア特別区においても、この基準は後述のように修正を余儀なくされ、責任能力に関する当時の代表的な著書の中でGoldsteinは、ダラム・ルールの定立から修正・廃止に至る過程を以下のように概括する。

> 「ダラム・ルールは、非常に遠回りをしながらも、陪審は何らかの手引きを必要とし、『精神の疾患』や『所産』といった言葉では不十分であり、刑法の遵守に関連する種類の疾患の影響について、責任能力基準が何らかの説明を包含する必要があるという結論に至った[(24)]。」

---

(20)　Swartz［1963］at 414.
(21)　墨谷［1980］108頁。
(22)　Wechsler［1955］at 373.
(23)　もっとも、ニューハンプシャー州では、同州の最高裁判所が1870年前後に定立した所産テストが現在でも維持されている。State v. Jones, 50 N.H. 369 (1871).
(24)　Goldstein［1967］at 86.

他方でこの基準は、わが国の責任能力論と同様に責任非難という基盤を堅持しており、「18年に及ぶダラム・ルールの経験は、心神喪失抗弁をどのように定義するべきかという基本的な問題を考えるに際して未だ得るところが大きい[(25)]」と考えられる。以下では、ダラム・ルールが内包する諸問題のうち、責任能力の実体要件に関する事項――「所産」の意義と「精神の疾患ないし欠陥」の意義――に検討を加える。

第１項　「所産」の意義について

ダラム判決で示された陪審説示の例では、被告人が「精神の疾患ないし欠陥」の状態にあったとしても、「その種の精神異常と当該行為の間に因果関係（causal connection）が認められない場合には、自らの違法行為についてなお責任を負う[(26)]」とされていた。「精神の疾患ないし欠陥」がその性質や程度の点で多様なことから、行為時にその状態にあったことが立証されるのみでは足りず、「精神の疾患ないし欠陥」と当該行為の間に一定の関係が認められなければならない[(27)]。

もっとも、因果関係が要求されるとしても、その意味内容は一義的には確定できない。たとえば、「因果関係」の意味を弱く解し、「その疾患が『なければ（"but for"）』当該犯罪に出ることはなかった」ことを意味すると解した場合には、精神疾患の存在が窺える全ての事例において、被告人の責任能力を認めることが困難となる[(28)]。これに対して「因果関係」の意味を強く解し、「疾患の影響により、被告人の意思作用（volition）が働く余地が全く存在しなかった」ことを意味すると解した場合には、ダラム・ルールは、能力の完全な喪失を要求する点でそれ以前の責任能力基準――マクノートン基準および抗拒不能の衝動テスト――と何ら変わるところがないという帰結に至りうる[(29)]。

コロンビア特別区においてこの問題は、1957年のCarter判決で一定の解決が図られることになる。同判決では、「因果関係」の意義を弱く解する考え方が採

---

(25)　LaFave［2017］at 521.
(26)　*Durham*, 214 F.2d, at 875.
(27)　ダラム判決は、「所産」要件の必要性を指摘する中で、英国の「死刑に関する王立委員会」の報告書を引用していた。*Durham*, 214 F.2d, at 875（quoting Royal Commission on Capital Punishment 1949-1953, Report, Cmd. No. 8932, at 99）.
(28)　Wechsler［1955］at 371.
(29)　*Id.* at 369-70.

用され、「心神喪失抗弁が疾患の『所産』を要件とする場合には、……被告人がその疾患の状態になかったとすれば当該行為に出ることはなかったと、［事実認定者が］合理的に推論できること」[(30)]を要するとの解釈が提示された。

しかし、所産要件における「因果関係」を弱く解し、「条件関係公式（"but-for" test）」と理解する立場が確認されたにもかかわらず、多くの精神医学者は、特定の行為が精神疾患の所産であったか否かについては解答不能な問題だと考えており、この争点について意見を述べないことが慣例化する[(31)]。精神医学者らのこうした態度は、コロンビア特別区における挙証責任分配の特殊性と相まって、以下に述べる困難な問題を生じさせた。

コロンビア特別区においても一般に、刑事被告人に対しては「正常の推定（presumption of sanity）」が働くとされ、心神喪失抗弁を提起するためには被告人の精神状態に関する「何らかの証拠（some evidence）」の提出が被告人側に求められていた。しかし、被告人側の争点形成責任は、「精神の疾患ないし欠陥」の存在を示す「何らかの証拠」で足りるとされ、所産要件についての証拠提出は不要とされていた[(32)]。

これに対して検察側は、「精神の疾患ないし欠陥」あるいは「所産」の不存在について、合理的な疑いを差し挟む余地のない程度の証明が求められる[(33)]。既述のように、「所産」については多くの精神医学者が解答不能な問題だとして明言を避けることから、被告人が「精神の疾患ないし欠陥」の状態にあったことがひとたび立証された場合には、そうした精神状態と当該行為の因果関係がほぼ自動的に推定されることになる[(34)]。

かようにして、責任能力が問題となる全ての事例において検察側は、「精神の疾患ないし欠陥」の不存在を争うか、心神喪失抗弁について全く争わない——すなわち、心神喪失の指示評決（directed verdict）を待つ——かのいずれかであり[(35)]、所産要件はダラム・ルールから削除されたのと変わらないと評される事態に至っ

---

(30)　Carter v. United States, 252 F. 2d 608, 617 (D.C.C. 1957).

(31)　Acheson [1963] at 582.

(32)　Frigillana v. United States, 307 F.2d 665 (D.C.C. 1962).

(33)　検察側に合理的な疑いを差し挟む余地のない程度の立証が求められる構図は、1970年の立法により、責任能力に関する挙証責任が被告人側に転換されるまで続くことになる。D.C. CODE ANN. §24-301(j) (1970).

(34)　Acheson [1963] at 583.

(35)　Krash [1961] at 932.

たのである。(36)

第2項　「精神の疾患ないし欠陥」の意義について

既述のように、ダラム・ルールの下で精神鑑定人は一般に、「精神の疾患ないし欠陥」を精神医学における疾患概念と同一視する傾向が見られた。(37)

たしかに、精神鑑定人による証言は証拠の一形式にすぎないことから、事実認定者が鑑定人の意見に常に従い、「精神の疾患ないし欠陥」を精神医学における疾患概念と一致させる必要性は存しない。しかし、実際問題としてダラム・ルールの下では、「責任能力判断が裁判所から、その見解が絶えず流動的な専門医へと放棄されてしまった(38)」と評されるように、裁判所にとって重要な事項に関する司法上の権限が医学の側に与えられた。(39)すなわち、多くの事例では、精神医学的な疾患概念への該当性に関する精神鑑定人の意見によって、心神喪失抗弁の成否が決せられていたのである。(40)

精神医学における疾患概念と「精神の疾患ないし欠陥」要件の関係性についての上記の理解のもとでは、重大精神病（psychosis）に加え、精神病質（psychopathy）や神経症（neurosis）がこの要件に含まれるかという点をめぐって困難な問題が生じることになる。(41)第2部で触れたように、1957年11月にコロンビア特別区のSt. Elizabeth病院において、反社会的人格を含む人格障害が医学的な精神疾患概念に含まれるとする政策変更がなされた結果、それ以前に第一級謀殺罪で有罪判決を受けていた、社会病質を有する被告人の再審理が認められる(42)などの混乱が生じ、その結果として、「精神の疾患ないし欠陥」について法的な定義を有さないダラム・ルールへの批判が強まったのである。

---

(36)　Acheson［1963］at 584. 他方で、「所産でないこと」の証明は、「所産であること」の証明に比して著しく困難なことから、ひとたび精神鑑定人が「所産である」と証言した場合には、被告人の側に著しく有利に働くという問題も存在した。*Id.* at 583. 後述のように、1967年のWashington判決以前は、「所産」が認められるかといった究極的な争点に関して、精神鑑定人の意見陳述が認められていたからである。

(37)　Fingarette［1972］at 31.

(38)　Krash［1961］at 933.

(39)　FINGARETTE［1972］at 32. コロンビア特別区においても、責任能力の最終的な判断は事実認定者に委ねられる一方で、「精神の疾患を定義づける権限は医学の側に存するのみならず、この権限を実際に行使している」との暗黙の前提が採られていた。*Id.* at 31.

(40)　Acheson［1963］at 587.

(41)　LAFAVE［2017］at 523.

(42)　Blocker v. United States, 274 F.2d 572（D.C.C. 1959）.

この問題についてコロンビア特別区の連邦控訴裁判所は、①「精神の疾患ないし欠陥」に司法上の定義を与え、②精神鑑定人の果たすべき役割を明確にするという2つの解決策を採用した[(43)]。

まず、①「精神の疾患ないし欠陥」要件に関する法律上の定義は、1962年のMcDonald判決で示された。同判決では、精神医学者が臨床上の治療目的から「精神の疾患ないし欠陥」に位置づけるものは、責任能力判断という陪審の目的にとっての「精神の疾患ないし欠陥」と常には一致しないとして、責任能力基準における「精神の疾患ないし欠陥」概念には、「精神または感情のプロセスに著しく影響を及ぼし、行為制御能力を著しく損なわせる、あらゆる異常な精神状態が含まれる[(44)]」との実践的定義が与えられた。

この新たに確立された「精神の疾患ないし欠陥」の定義により、同要件が医学的な疾患概念と区別され、行為制御能力という法的観点から構成されることが判例によって承認された。この定義によった場合、行為制御能力という機能基準が「精神の疾患ないし欠陥」要件内部で実質的に考慮されるため、当時の通説的な責任能力基準——マクノートン基準と抗拒不能の衝動テストを組み合わせた基準——とダラム・ルールの相違はほぼ解消されたと評される[(45)]。

他方で、②精神鑑定人が果たすべき役割の明確化について言えば、1967年のWashington判決において、「所産」および「精神の疾患ないし欠陥」に関する証言についての一定のガイドラインが示された。

このうち、「所産」要件については、当該行為が「精神の疾患ないし欠陥」の「所産」であるか否かについて、精神鑑定人の意見陳述が禁止された[(46)]。同判決は、以下のように述べる。

---

(43)　LaFave［2017］at 523.

(44)　McDonald v. United States, 312 F.2d 847, 851 (D.C.C. 1962).

(45)　Slobogin et al［2014］at 632. この点についてLaFave［2017］at 523-4は、アメリカ模範刑法典における責任能力基準との類似性を指摘する。また、McDonald判決は、行為制御能力の機能低下を要求する点で、所産要件の相対的な重要性を減じさせるものでもあった（Acheson［1963］at 587）。この点を捉え、同判決によってダラム・ルールは事実上撤回されたに等しいとも評される。*Id.*, at 581.

(46)　Washington v. United States, 390 F.2d 444, 456 (D.C.C. 1967). なお、墨谷［1980］126頁以下は、Washington判決によって「所産」のみならず、「精神の疾患ないし欠陥」の存在についても精神鑑定人の意見陳述が禁止されたとするが、この指摘は不正確である。本文中でも指摘するように、同判決では、「精神の疾患ないし欠陥」に関する証言の禁止について、慎重な態度が採られている。*Washington*, 390 F.2d, at 456.

「『所産』という語は、精神医学者にとって臨床上の意義を何ら有さないことから、この究極的争点（ultimate issue）についての証言は許容されない。精神医学者には、被告人の精神疾患や欠陥が当該犯罪とどのように関係しているのか、つまり、被告人の行動プロセスの発展・適応・作用から、当該行為がどのような影響を受けたかについての説明が求められる。しかし、精神医学者は、［当該行為が『精神の疾患ないし欠陥』の］『所産』であったか否かについて直接に意見を述べるべきではなく、『結果（result）』や『原因（cause）』といった表現を用いることさえ避けるべきだろう。」

これに対して「精神の疾患ないし欠陥」は、「所産」とは異なり、臨床上も重要な意義を有すること、また、「精神の疾患ないし欠陥」という語の使用を一律に禁じることで全ての問題が解決されるわけではないことを理由に、精神鑑定人がこの問題について言及することを禁じるのではなく、むしろ彼らに法廷での役割を理解させ、不適切な専門家証言を避ける方策が採用された(47)。

コロンビア特別区の連邦控訴裁判所における上記の姿勢は、ダラム・ルール初期の裁判例からも見て取れる。たとえば、1957年のCarter判決では、精神鑑定人に求められる意見は、「説明のない――統合失調症や偏執病、神経症や精神病質といった――医学上の診断名（medical label）を与えるのみでは不十分(48)」とされ、診断名の付与のみでは精神鑑定人の役割を果たしたことにはならない旨が判示された。同判決によれば、「この分野における専門家証言の主たる価値は、……その者の意見が形成されるに至った資料や、その資料から結論へと達する推論過程に依拠しており、疾患やそのダイナミクスについての説明――それがどのように発生し、症状を生じさせたのか、また、被告人の精神や感情のプロセスにどのようにして作用したかについての説明」にあり、「精神の疾患ないし欠陥」に該当するかといった「結論を単に表明することにその価値があるわけではない(49)」のである。

上記のように、コロンビア特別区の連邦控訴裁判所は、「精神の疾患ないし欠陥」について実践的な法律上の定義を与え、精神鑑定人に求められる役割を繰り返し確認することで、事実認定者としての陪審の機能を強調した(50)。しかし、純粋

(47) *Washington*, 390 F.2d, at 456.
(48) *Carter*, 252 F.2d, at 617.
(49) *Id.*
(50) E.g., United States v. Eichberg, 439 F.2d 620, 625 (D.C.C 1971).

な生物学的方法を採用するダラム・ルールの下では、鑑定人による陪審の不当な支配現象を完全に回避することは困難であり、1972年のBrawner判決によってダラム・ルールは放棄され、アメリカ模範刑法典の責任能力基準が採用されることになる[51]。

次項では、精神鑑定人と事実認定者のそれぞれに求められる役割の相違という視点から、「所産」および「精神の疾患ないし欠陥」の意味内容に分析を加える。

第3項　「精神の障害」と精神鑑定人の役割

既述のように、ダラム・ルールが心理学的要素を排除し、純粋な生物学的方法によって責任能力基準を構成したのは、「マックノートン・ルールや抵抗不能の衝動テストの下で生じてきた精神医学的鑑定人と裁判所との間の障壁を克服し、精神医学的証言のより効果的な使用を容易にするためであり、したがって、また、精神医学的証言の質を改善するため[52]」であった。しかし、当初の目算とは裏腹に、ダラム・ルールは「所産」や「精神の疾患ないし欠陥」という概念の曖昧性のために批判を受け、のちの事例を通じてこれらの用語は、アメリカ法律協会（ALI）の模範刑法典における責任能力基準に類似した形で定義され、結局はこの基準に置き換えられた[53]。

このように、ダラム・ルールは純粋な生物学的方法として確立されたにもかかわらず、鑑定人による陪審の不当な支配現象を回避するため、「精神の疾患ないし欠陥」要件には法的定義が与えられ、鑑定人の証言範囲についてのガイドラインが設けられた。かようにして徐々に当初の目的——精神鑑定人と事実認定者の間のコミュニケーションの障壁を取り除くこと——から乖離することになった理由については、以下のような説明が可能だろう。

既述のように、当時の有力な見解は、「精神疾患は医学的概念であり、立法者や裁判官ではなく、医学の専門家によってその定義がもたらされるべきことは自

(51)　United States v. Brawner, 471 F.2d 969 (D.C.C. 1972). コロンビア特別区の連邦控訴裁は、アメリカ模範刑法典による責任能力基準が他法域で優勢となっている現状を念頭に、「司法上のアプローチや語句を統一するため」に放棄するとの立場を採用した（*Id.* at 984）。なお、「精神の疾患ないし欠陥」要件については、McDonald判決による定義を存置している（*Id.* at 983）。コロンビア特別区におけるBrawner判決の位置づけについて、Symposium［1973］Introduction: The Insanity Defense in the District of Columbia, 1973 Wash. U. L.Q. 19, at 34-7.

(52)　墨谷［1980］122頁。

(53)　LaFave［2017］at 518-9.

明[54]」とし、ダラム・ルールにおける「精神の疾患ないし欠陥」を医学的概念として位置づけていた。

しかし、すでに当時から、責任能力基準における「精神の疾患ないし欠陥」要件が「客観的定義、特に医学的定義の存在を前提にしているように見受けられるが、そのようなものは存在しない[55]」との指摘がなされていた点には留意する必要があるだろう。精神疾患の定義をめぐっては、精神医学においても意見の一致を見ておらず、「精神疾患に関する現在の医学的概念は、術語上および概念上の問題を提起している[56]」と評される状態にあったのである。

たしかに、DSMなどの統一的な診断基準が確立される以前の1950年代に、精神医学の内部で疾患概念をめぐる意見の不一致がみられたとしても不思議ではない。しかし、「この用語法と概念の不一致を、現時点での科学的知識の限界に基づくものと単純に位置づけることはできず[57]」、「精神の疾患ないし欠陥」の外延を確定することの困難性が、精神医学領域の議論進展とは無関係に生じうる点について、Waelderは以下のように述べる。

> 「精神疾患の概念において明確で争いのない解釈は、この概念の中核、すなわち、現実感が著しく損なわれ、経験に基づいた修正の作用が得られないような状態――たとえば、人が混乱し、まごつき、幻覚や幻聴の影響下にある場合――に関してのみである。……しかし、その外部には、精神の病気に数えられるべきか争いのある状態が、広く周縁部分をなしている。精神病質や（窃盗癖のような）神経症、（露出癖のような）性倒錯は、精神疾患なのだろうか。この用語の定義は恣意的なものとなり、上記の疑問に対する回答も、個々の精神科医によって異なったものになるだろう。精神科医によってこれらの状態のいずれが精神疾患に分類されるかは、観察と推論によって確定されうる事実問題というよりは、彼らの哲学に依拠した問題なのである[58]。」

ある精神状態が精神疾患に分類されるかという問題が先験的に確定されうる事実問題でないとすれば、精神疾患の該当性判断の目的によってこの概念の外延が決せられることになる。このように、「精神疾患のいかなる定義においても、社

(54)　Weihofen [1960] at 1.
(55)　Fingarette [1972] at 36.
(56)　Swartz [1963] at 394.
(57)　*Id.* at 392.
(58)　Waelder [1952] at 384.

会哲学問題についての価値選択を伴う」ことを前提とすれば、責任能力基準における「精神の疾患ないし欠陥」のように、「争いのある価値判断が社会に広く影響を与える場合には、純粋に専門的な問題というよりはむしろ、公共の問題」として理解されなければならない[(59)]。換言すれば、精神医学における精神疾患概念の不確実性により、「立法者にとってその用語法や定義の有用性は限定的なものとなり[(60)]」、法学内部の目的のために「法学領域外の疾患概念を用いる際には、精査や（多くの場合に）何らかの修正を要する[(61)]」のである。というのも、既述のように、「精神疾患の意味を確定する作業には、社会哲学の問題に帰着する価値判断が含まれ」、「こうした価値判断が問題となる場合には、ある一つの専門家集団の見解を疑問の余地なく受け入れることはできない[(62)]」からである。

この意味で、「精神疾患という用語に関して医学領域で支配的な語法が、強制的な法的手段の適用可能性との関係で立法者や裁判所が援用可能な社会哲学に従うものでない限り、これらの用語法を採用することは暗愚で不公正[(63)]」となる。法的な文脈における関心事は、強制的な拘禁・治療処分の適用可能性を判断するための基盤として用いることにあり、実際にそのように用いられているからである[(64)]。「精神医学の活動や概念の及ぶ領域が著しく拡がっていることをも考慮すれば、法的文脈における精神疾患の意味を何ら明確にしないこれまでの慣行に従うことは、立法上もはや正当ではない[(65)]」と評しうる。

他方で、医学領域では精神疾患の該当性判断に際し、治療目的という責任能力判断とは直接に関係しない観点が介在することは否めない。精神科医にとっての主たる関心事は、個人の健康状態が精神疾患と呼ばれるべきかという点ではな

---

(59)　Swartz［1963］at 392. 精神疾患の概念には個人の価値判断が色濃く反映される点について、Eaton は以下のように述べる。

「通常性（normality）」は、非常に個人的な概念である。広く一般に受容された基準は存在せず、精神保健（mental health）という概念には、それを実践する者が妥当だと考える、あらゆるものが含まれる。専門家は一般に、言葉の上でも、また、それを実践する上でも、自らの判断を基礎づけるこの概念を定義づけることができない。……裁判所や病院、大学や個人的な診療活動における、個人の生活に決定的な影響を与えうる数多くの重要な診断上の決定が、こうした個人的な基準に基づいて下されるのである。」(Eaton［1951］at 84.)

(60)　Swartz［1963］at 395.

(61)　*Id.* at 401.

(62)　*Id.* at 418.

(63)　*Id.*

(64)　*Id.* at 392.

(65)　*Id.* at 420.

く、当該状態がどの診断カテゴリーに収まるかという点に向けられる[(66)]。こうした点を念頭に置けば、「精神の疾患ないし欠陥」に該当するか否かを問題にする責任能力判断とは重点の置き方が必然的に異なることにもなるだろう。

以上をまとめると、責任能力基準における「精神の疾患ないし欠陥」を医学的な疾患概念に一致させることの不当性については、①医学領域における精神疾患概念の外延の不明確性、②精神疾患という概念を定立する際にはある種の価値判断を必然的に伴う点、③医学と法学の関心対象の差異という三点を指摘できる。ダラム・ルールの修正過程からも明らかとなったように、陪審が判断すべき「精神の疾患ないし欠陥」は、医学的な精神疾患への該当性に還元されるわけではない。この点について、Krash は以下のように述べる。

> 「被告人が精神疾患の影響を受けていたか否かを精神医学者に問うことと、同じ問題についての判断を陪審に求めることの間には根本的な違いがある。精神医学者には、医学的な分類や用語法に関する問題について意見を述べることが求められる。症候や（場合によっては）診断についてまで意見が一致している精神医学者の間であっても、特定の障害が疾患として分類されるべきか否かという点では、意見の食い違いが生じうる。これに対して陪審には、責任に関する究極的争点について判断を下すことが求められる。その職分は、被告人の精神疾患が刑罰を科すべきではないほどに重篤であったか否かを判断することにある[(67)]。」

この指摘には、たとえ生物学的要素による一元的な基準が設けられたとしても、事実認定者によって判断されるべきは、「法的見地から非難を加えられるほどの精神状態か」という問題なのだとの洞察が含まれている。Washington 判決においてこの点が明確に認識されながらもダラム・ルールが廃止されるに至ったのは、ダラム・ルールのシンプルな記述方法のもとでは、事実認定者がこの点を十分に認識することが困難であったことに起因する[(68)]。

---

(66)　*Id.* at 392.

(67)　Krash［1961］at 932.

(68)　墨谷［1980］149頁参照。他方で、「所産」についても、事実認定者によって判断されるべき事項であることについて、Krash は以下のように述べる。

「『所産』に関する混乱の一部は、この問題が精神保健の専門家によって基本的に解決されるべき、精神医学上のものだという誤解に由来している。……被告人が刑事責任から免れるほどに、犯罪行為が精神の疾病と決定的に関係しているかについては、記録全体に基づいて判断されるべき陪審問題であって、精神医学者の意見はその記録の一部に過ぎない。」（Krash［1961］at 932.）

かようにして、「精神の疾患ないし欠陥」は法的見地から再構成されなければならず、精神医学における疾患概念とは直接に結びつかないことになる。もっとも、そうだとすれば、①法的見地から「弁識・制御能力を喪失ないし減弱させる精神状態」などとして再記述された「精神の障害」について、精神鑑定人がどのような形で関与すべきなのか、また、②このような意味で理解される「精神の障害」が責任能力基準においてどのような地位を占めるべきかが問題となる。以下では、この問題について興味深い分析を加える、哲学者の Herbert Fingarette の見解を紹介し、本節を閉じることにしたい。

第4項　Fingarette による「精神の障害」概念の再構築

Fingarette によれば、「疾患」という語のイメージによって、ダラム・ルールにおける「精神の疾患ないし欠陥」概念は医学領域の問題との印象を与えかねないものの、この要件によって心神喪失者と正常な者を分かつ目的や、その線引きの基準を採用するしかるべき権限は、主として非医学的なもの——責任能力の判断場面では裁判所——の側に存在する。[(69)]

このように、「精神の疾患ないし欠陥」の意味内容は心神喪失抗弁の司法上の目的によって決せられ、医学的な理論や事実の探求によって解決することは不可能である。[(70)] しかし、この概念を限界づける権限が精神医学の側に存しないからといって、精神鑑定人が法廷で果たすべき役割が消失することにはならない。[(71)] 彼によれば、自らの専門領域の内部に閉じこもり、純粋な学術・科学領域外の問題について判断を下さない者は、そもそも専門家（consultant）とは呼べないのであり、[(72)] 精神鑑定人は自らの専門知識に基づいて、法律分野の問題を理解するよう努めなければならない。換言すれば、精神鑑定人には、事実認定者が法の目的に従いながら「精神の疾患ないし欠陥」への該当性を判断する手助けを与えることが求められるのである。[(73)]

Fingarette によれば、「精神の疾患ないし欠陥」の該当性判断における特殊性や困難性は、その境界線が引かれる目的や、その境界を設定するしかるべき権限

---

(69)　Fingarette [1972] at 41.
(70)　*Id.* at 42.
(71)　*Id.* at 43.
(72)　*Id.*
(73)　*Id.* at 43-4.

が司法の側にある一方で、そうした線引きがなされる次元が医学的な専門領域に属することに見出される[74]。この問題について理解を容易にするためにFingaretteは、自動車の運転に必要な視力を決する交通当局の権限と眼科医の関係性を持ち出して説明を加える。これによれば、「不十分な視力」が医学上の概念であり、眼科医がこれに関連する重要な情報を提供することが可能であるにもかかわらず、一定の視力が「自動車の運転に十分であるか」を判断する正統な権限は、眼科医の側には存在しない[75]。

こうした理解を責任能力の判断場面に引き直せば、精神異常が医学上の概念であり、精神鑑定人が被告人の精神状態に関して重要な情報を提供することが可能であるにもかかわらず、一定の精神異常が「法的に心神喪失とされるのに十分であるか」を判断する正統な権限は裁判所に属することになる。この点を捉えてFingaretteは、「精神の疾患ないし欠陥」という要素が、「さまざまな非医学的な問題を、医学的専門領域という事実の相へ引き込むために用いられる[76]」ものだと論を展開するのである。

かようにして、医学的な疾患概念と切り離された「精神の疾患ないし欠陥」が（弁識・制御能力の喪失や減弱といった）法的見地から再構成されたとしても、精神鑑定人が法廷で果たすべき役割が消失するわけではなく、また、事実認定者の職分とも厳密には区分されることになる。精神鑑定人に求められるのは、被告人の精神状態が精神医学における疾患概念に該当するかどうかの判断ではなく、被告人の精神状態を（弁識・制御能力の喪失や減弱といった）法的な観点から見た場合に、その医学的な専門知識の及ぶ範囲で意見を述べることなのである。

それでは、上記のように法的見地から再構成された「精神の疾患ないし欠陥」は、責任能力基準においてどのような地位を占めるべきだろうか。この問題についてFingaretteは、「精神の疾患ないし欠陥」と（弁識・制御能力などの）機能基準を並置する判断枠組みを採用せず、法的な見地から理解された「精神の疾患ないし欠陥」による一元的な基準を提示する[77]。もっとも、彼は、弁識・制御能力概念の妥当性に対する疑問から、「精神の疾患ないし欠陥」に付与されるべき法的意

---

(74)　*Id.* at 39-40.
(75)　*Id.* at 38.
(76)　*Id.* at 41.
(77)　*Id.* at 173. Fingarrette説における合理性概念について、第2部第2章参照。

味内容を再考する必要性を強調し、以下のように述べる。

> 「責任能力の問題の核心に真の意味で近づくためには、認識・意思作用の単なる存在や不存在ではなく、その者が行為に至る過程についての要素や、行為態様の異常性、私たちが『精神疾患（mental disease）』という言い回しを用いて暗に言及するものに着目する必要がある。この異常性（defect）によって、その者は責任無能力となるのである。[78]」

Fingaretteによれば、正常な者と心神喪失者を分かつのは、ある一連の行動を選択する方法が通常の者と異なること――行為の選択に至る過程があまりに非合理的（irrational）であること――であり[79]、法的見地から理解される「精神の障害」は、合理性（rationality）という概念を軸に構成されることになる。

たしかに、この思考方法は、「精神の疾患ないし欠陥」による統一的な基準を提唱する点で、ダラム・ルールを想起させる。しかし彼によれば、ダラム・ルールの問題性は、心神喪失抗弁の原理的根拠について適切な説明を加えてこなかったことにあり[80]、心神喪失＝法的精神異常＝（法的見地から再記述された）「精神の障害」という枠組みを否定することにはならないのである。

ダラム・ルールに対しては、「心神喪失（insanity）」という語を「精神の疾患（mental disease）」に置き換えるのみでは不十分との批判が向けられ、多くの論者は責任能力基準の文言を現代化し、他法域で一般に用いられる認知・制御能力要件を強調しようと試みるものの、こうした方策によって真の問題解決は図れないとFingaretteは主張する[81]。

かようにして、Fingarette説において法的見地から再記述された「精神の障害」は、弁識・制御能力と並ぶ責任能力基準の一要素ではなく、「心神喪失」と同義の概念として位置づけられ[82]、この「精神の障害」は、合理性の欠如という法的視座から再記述されることになるのである。

---

(78)　Fingarette［1972］at 171.
(79)　*Id.* at 172.
(80)　*Id.* at 173.
(81)　*Id.* at 174. アメリカにおけるダラム・ルール以降の責任能力基準の変遷と認知・制御能力要件の問題性について、第2部第2章第1節および第2節参照。
(82)　Fingarette［1972］at 171.

第4節　検討――「精神の障害」の多義性と責任能力基準における地位

本章では、責任能力基準における「精神の障害」に関するアメリカの学説のうち、ダラム・ルールをめぐる議論過程に着目して分析を加えた。

ダラム・ルールでは、事実認定者と精神鑑定人のコミュニケーションを容易にするとの目的から、（弁識・制御能力といった）法的な機能基準を内包しない純粋な生物学的方法が採用された。しかし、この基準は、責任能力制度の根拠を非難可能性に求める伝統的な立場を放棄せず、「精神の疾患ないし欠陥」について具体的な内容を規定しなかったために、事実認定者と精神鑑定人の職分が不明確になるとともに、鑑定人による陪審の支配現象が生じることになる。その結果、「精神の疾患ないし欠陥」には法的な定義が与えられ、精神鑑定人による証言範囲が限定されるという、当初の目的に反する事態に至ったのである。

ダラム・ルールの経験から得られた知見は、以下のように整理できるだろう。まず、①責任能力基準における「精神の障害」は、医学領域における精神疾患の概念とは区別され、法的見地から再構成される必要がある。また、②精神鑑定人の役割は、事実認定者が「法的に心神喪失とするのに十分な能力低下か否か」を判断するための手助けであり、（弁識・制御能力の喪失や減弱といった）法的観点から行為者の精神状態について、医学的な専門知識の及ぶ範囲で意見を述べることである。さらに、Fingaretteの指摘に見られたように、③「精神の障害」を法的見地から再記述することを認める以上、生物学的要素と心理学的要素の両者を併せて考慮する、混合的方法による責任能力基準の妥当性に再考の余地が生じることになる。

このうち、③の点についてFingaretteは、「精神の障害」による一元的な基準を採用する。このことから、同説において、ダラム・ルールに対して提起された一連の批判が本当に回避されているのか疑問は残るものの、これまでの実体基準のあり方に再考を促すという意味では、なお示唆的であると考えられる。既述のように、わが国の刑法学においては混合的方法による枠組みが圧倒的な通説であり、Fingaretteのような思考枠組みを採用する論者は見当たらない。しかし、精神医学者の西山詮は、心神喪失と心神耗弱がいずれも「精神障害の態様に属する」と指摘した大審院判例（前掲大判昭和6年12月3日）を念頭に、以下のように述べる。

> 「心神喪失も心神耗弱も“精神障害の態様に属する”というのが重要である。法的概念である心神喪失も心神耗弱も精神障害の一種であるといっているのである。……この“精神障害の態様”はすでに生物学的要素ではない。心神喪失の場合を例にとって説明すると、“精神の障害”によって弁識能力または制御能力を欠如するほどに達した状態が心神喪失という“精神障害の態様”なのである。したがって、この“精神障害の態様”は、“精神の障害”という生物学的要素を心理学的要素のふるいにかけて残った状態であるから、治療の必要性などに定位した臨床精神医学的存在ではなくて、すでに高度に法的な存在なのである。これに対して“精神の障害”は判例の中で用いられてはいるが、精神医学的疾病概念またはそれにきわめて近い概念と考えてよかろう(83)。」

西山説における「法的疾病概念」ないし「精神障害の態様」は、「生物学的要素をなす精神医学的疾病のうち、心理学的要素（弁識能力または制御能力）に本質的な影響を与える種類、程度であると判断されたもの(84)」を意味し、精神医学的な意味における無限定の疾病概念を心理学的要素のふるいにかけるのが司法精神医学の必須の作業だと理解される。すなわち、西山によれば、「精神の障害」が行為者の精神状態に関する精神医学的な記述であるのに対し、「心神喪失」や「心神耗弱」といった責任能力の判断結果が「法的疾病」ないし「精神障害の態様」として位置づけられることになる。こうした理解のもとで西山は、司法精神医学の役割について、精神医学的な疾病概念たる「精神の障害」を法的文脈に引き直し、「心理学的要素」の有無や程度の評価を可能にすることだと指摘するのである。

この西山の分析は、「精神鑑定人が責任能力判断で果たすべき役割」という観点から「精神の障害」を再定位するものとして、傾聴に値する。これによれば、責任能力判断の場面における「精神の障害」は多義的であり、①弁識・制御能力の認定資料としての「精神の障害」（行為者の精神状態に関する医学的見地からの描写）と、②弁識・制御能力が喪失・減退した精神状態を表現するための「精神の障害」（法的精神異常、「精神障害の態様」、心神喪失・心神耗弱）は明確に区別され、かつ、異なる次元に位置づけられる。

---

(83)　西山［1998］33頁。
(84)　西山［1998］40頁。

ダラム・ルールをめぐる議論からも明らかなように、責任能力の実体要件としての「精神の障害」は法的見地から再記述されなければならず、行為者の精神状態に関する医学的見地からの描写（上記①の「精神の障害」）は、責任能力の実体要件として実用に耐えるものではないだろう。他方で、Fingaretteや西山の指摘に見られたように、法的見地からの精神異常は、心神喪失や心神耗弱――つまり、責任能力の判断結果――と同義なのではないかとの疑問に繋がりうる。

「精神の障害」の法的構成については、序論で述べたようにわが国の刑法学説においてもコンセンサスが得られつつあるものの、わが国の通説的見解が「精神の障害」の多義性に無自覚なままに、法的見地から再構成した「精神の障害」を弁識・制御能力と並ぶ責任能力基準の一要素として存置する点は問題である。換言すれば、混合的方法という責任能力基準の規定方式を維持したまま、生物学的要素に関する議論進展を通じて「精神の障害」に従来とは異なる（法的な意味）内容を与えてきた点に、「精神の障害」概念をめぐる混乱の原因を見出すことができるように思われるのである。

次章では、責任能力基準における「精神の障害」の意味内容を明らかにするため、精神医学における疾患概念に関する議論を概観した上で、わが国の刑法学説における症状論と診断論をめぐる議論に検討を加える。

第2章 「精神の障害」の判断基盤

本章では、責任能力判断の第一段階要素としての「精神の障害」の意味内容を考察する。具体的には、精神医学における代表的な疾患概念を取り上げ、その基本的な考え方を確認する。たしかに、精神医学における疾患概念への該当性は、「精神の障害」を実体要件として存置するか否かを問わず、責任能力の成否とは無関係とする理解が優勢である。しかし、後述のように、「精神の障害」の判断基盤に関するわが国の刑法学説の中には、精神医学領域の議論進展を自説の根拠として援用するものが見受けられることから、本書でも必要な限度でこの問題に立ち入って検討を加える。

そして、精神医学領域の議論を踏まえた上で、「精神の障害」の判断基盤に関するわが国の議論を分析する。本章の最後では、弁識・制御能力要件に関する本書の立場にも触れながら、第一段階要素としての「精神の障害」に求められる内実を提示する。

第1節　精神医学における疾患概念

伝統的な精神医学は、統合失調症や躁うつ病などの内因性精神病を主体として、精神科病院での経験をもとに発展してきた一方で、今日の精神医療は、境界例や摂食障害、軽症うつ病や睡眠障害などにその守備範囲を拡大している[(85)]。このことは、精神医学的に異常、ないし病気とされる人々が増えていることを意味し、その要因としては、「臨床閾値が下げられたこと、またパーソナリティの異常に対する医学的評価が厳しくなったこと[(86)]」が挙げられる。たとえば、アメリカ精神医学会（APA）が定める診断基準（DSM-5）は、精神障害の概念を以下のように定義づけている。

(85)　林（拓）［2006］19頁参照。
(86)　加藤［2012］28頁。

「精神障害（mental disorder）とは、精神機能の基盤となる心理学的、生物学的、または発達過程の機能障害によってもたらされた、個人の認知、情動制御、または行動における臨床的に意味のある障害（disturbance）によって特徴づけられる症候群である。精神障害は通常、社会的、職業的、または他の重要な活動における著しい苦痛または機能低下と関連する。よくあるストレス因や喪失、たとえば、愛する者との死別に対する予測可能な、もしくは文化的に許容された反応は精神障害ではない。社会的に逸脱した行動（例：政治的、宗教的、性的に）や、主として個人と社会との間の葛藤も、上記のようにその逸脱や葛藤が個人の機能障害の結果でなければ精神障害ではない。[87]」

アメリカ精神医学会によっても、「DSM-5に示されるすべての障害のすべての側面をとらえることのできる定義はない[88]」とされるように、精神障害（疾患）を定義づけることの困難性は広く認識されている[89]。上記の定義においても、後半部分で一定の限定が付されているものの、身体的な疾患とは異なり、「精神の面で正常か異常かの区別は、人の属す社会・文化が立脚する準拠枠に負うところが大きい[90]」ことから、精神障害の定義づけに際しては不可避的にその解釈に幅が生じることになる[91]。

以下では、ヤスパースに始まりシュナイダーによって完成された、いわゆるハイデルベルク学派の理論を伝統的精神医学とし、DSM-Ⅲなどの分類体系に代表されるワシントン学派（セントルイス学派あるいは新クレペリン学派）の理論を現代的精神医学と位置づける[92]。精神医学における２つの異なる立場の基本的な思考方法を概観した上で、両者の関係性をめぐる議論のうち、両者を択一的に捉えるのではなく、相補的なものとして理解すべきとする見解に着目して検討を加える。

第１項　伝統的精神医学における疾患概念――シュナイダー理論を軸として

クルト・シュナイダーの理論体系において精神異常は、①心のあり方の異常変種、②統合失調症（精神分裂病）や躁うつ病（循環病）といった内因性精神病、③

(87)　American Psychiatric Association [2013] at 20 [hereinafter DSM].〔訳出に際しては、日本精神神経学会監修［2014］20頁を参照したものの、完全に同一ではない。〕
(88)　DSM [2013] at 20.〔日本精神神経学会監修［2014］20頁参照。〕
(89)　Slobogin [2003a] at 499.
(90)　加藤［2012］28頁。
(91)　Slobogin [2003a] at 499.
(92)　この分類は、古茶［2014］153頁による。

身体的原因が明らかな精神病の３類型に大別される。シュナイダーによれば、このうち、身体的原因の存在が明らかなもの（類型③）と身体的原因が要請されるもの（類型②）のみが疾患として位置づけられる。こうしたシュナイダーによる疾患体系の特徴としては、㋐医学的な疾患概念に基づいて疾患群と非疾患群を区別し[93]、㋑内因性精神病の疾患仮説を堅持してこれを疾患群に組み入れる[94]点を指摘できるだろう。

まず、㋐の点についてシュナイダーは、疾患体系の構築に際して厳密な医学的疾患概念を前提に据える。彼によれば、「疾患そのものは身体内にしか存在しないのであるから、心的異常が疾患的な器官過程に帰し得る場合に、その心的異常を『疾患的』と呼ぶ[95]」ことになる。というのも、精神医学においては、自らの健康が害されているという認識を患者が有さず（病識の不存在）、あるいは、生命の危険に繋がらない場合であっても、疾患として認めるべき場面が存在し、精神医学における疾患概念の確定に際しては、身体医学とは異なり「患者の健康感の欠如」や「生命の危機」といった尺度を用いることはできず、その基盤を身体の疾患的変化に求めるほかないからである[96]。

身体の疾患的変化に基づいて疾患群と非疾患群を区別するシュナイダーの試みは、彼が精神医学における種（疾患単位）と類型（症候群）の区別を慎重に用いている点にも見て取れる。疾患の種とは、原因が明らかな疾患（単位）を指し、身体的基盤が確立している場合にはじめて認められる一方で、類型とは、「いくつかの症状（ないし特徴）の同時出現という経験的事実から『これらの症状（特徴）がそろったら何々と呼ぶ』という約束事[97]」を意味するとされる。病気の身体的基盤を明らかにすることを診断とするならば、文字通りそれが可能なのは種に限られ、「ある症例がその種であるか、ないかということができる」一方で、「類型については、症例がその類型に属するか属さないのかではなく、どの程度あてはまるのかが問題になる[98]」にすぎないことになる。このように、種と類型では、症例の診断の決着のつき方が異なることになる。

(93)　シュナイダー［2007］７頁参照。
(94)　シュナイダー［2007］８頁参照。
(95)　シュナイダー［2007］７頁。
(96)　シュナイダー［2007］８頁参照。
(97)　古茶［2014］154頁。
(98)　古茶［2014］154頁以下。

他方で、㋑の点については、内因性精神病に関して、全例に共通する身体的基盤は未だ見つかっていない。それにもかかわらずシュナイダーは、「それらの基盤に疾患があることは、極めてよく支持される要請であり、極めて十分な理由に基づく仮説[99]」だとして、内因性精神病を疾患概念に包含させる。シュナイダー理論において内因性精神病が疾患だとみなされる根拠は、「生活発展の意味連続性の切断」（体験とのつながりを有していないこと）に見出される。対象者の、その人なりに意味ある心のまとまりを時間軸に沿って吟味した場合に、「内因性精神病においては、どこかでその人の人格や体験とは結びついていない変化が決定的に生じ、そのために連続性が切断されている[100]」とされる。

上記のように、シュナイダー理論における疾患概念は、基本的には存在概念とされ、身体的基盤が認められるものに限られるものの、「それをあてはめることができない場合に限り、生活発展の意味連続性の中断をメルクマールとしている[101]」のである。シュナイダー理論において、内因性精神病が未だ不明の身体的基盤に基づくという要請が堅持されたのは、経験科学としての精神医学は作業仮説として疾患の存在を措定すべきであり、こうした想定のみに実証可能性があると考えられていたからである[102]。

これに対して、「異常人格、また精神病質人格の規定においては、科学的研究の対象から外れる価値規範を基礎にしていることをふまえ、異常人格また精神病質人格は疾病ではなく、健常者の変異にとどまる[103]」ことが強調される。「精神病質を規定する尺度となる『正常』は価値、理想といった一般社会において望ましいあり方であるだけに、時代や社会のあり方によって変わる性格[104]」を有しており、精神病質の概念を定めるに際しては「中立的かつ記述的にとどめることを旨とし、疾患との結びつきは括弧に入れ、特定の疾患との関係を含意する予断的な立場を排する[105]」ところに、疾患群と非疾患群を二分する趣旨があったとされるのである。

---

(99) シュナイダー［2007］8頁。
(100) 古茶［2014］154頁。
(101) 古茶［2014］154頁。
(102) 針間［2014］148頁参照。
(103) 加藤［2012］35頁。
(104) 加藤［2012］35頁。
(105) 加藤［2012］36頁。

表2　シュナイダー理論における精神障害の階層性について[106]

	名　称	種と類型の区別	身体的原因	カテゴリーの性質	診断の性質
第1層	心のあり方の異常変種	純粋な類型	想定されない	類型学的分類	類型であって診断ではない
第2層	内因性精神病	種であることが想定されている類型	要請される	状態－経過に基づく類型学的分類	他の層との境界は鑑別診断
第3層	身体的原因が明らかな精神病	種	明らかに存在	疾患単位	鑑別診断

第2項　現代的精神医学における疾患概念——操作的診断に基づく疾患概念を軸として

現代精神医学における国際的な精神障害分類として知られる世界保健機関（WHO）の国際疾病分類（ICD）やアメリカ精神医学会の「診断・統計マニュアル」（DSM）では、すべての疾患に操作的診断基準が付されている。

操作的診断基準とは、「原因不明なため、検査法がなく、臨床症状に依存して診断せざるを得ない精神疾患に対し、信頼性の高い診断を与えるために、明確な基準を設けた診断基準」を指し、これを用いて「均一の患者群を抽出することによって、病態解明の研究や疫学調査を推進することに加え、治療成績や転帰の比較検討を可能にするといった意義がある」とされる[107]。操作的診断基準は、1980年発表のDSM-Ⅲでの採用に端を発し、精神医学の表舞台に登場した[108]。

DSM-Ⅲが採用される以前のアメリカでは、「精神分析学の影響があまりにも強く、力動的な心理社会モデルを中心に精神医学が発展し、Kraepelinによって代表される疾患分類にはほとんど関心が払われなかった[109]」とされる。しかし、1960年代以降の実証的な実験により、「精神分裂病〔統合失調症〕の診断が国によってはなはだしく違っている[110]」ことが明らかにされて以降、記述的経験主義や疾病分類学が再興し、「疫学的・遺伝的・場合によっては生化学的もしくは精神生理

(106)　古茶［2014］156頁の表を一部改変して引用した。
(107)　塩入［2013］。
(108)　古茶［2012］137頁参照。
(109)　林（拓）［2006］28頁。
(110)　ピショー［1999］205頁。

学的な考察に走るとともに、数量化に助力を求める方向[111]」へ向かったのである。

こうした動向が生じた別の背景には、抗精神病薬の普及に伴い、精神病を神経伝達物質の異常から解明しようとする生物学的精神医学に関心が向けられる中で、「精神障害の生物学的解明には研究者の誰もが一致できる診断があり、そのための診断基準の制定が求められていたという事情[112]」がある。すなわち、操作的診断基準の当初の目的は研究利用にあり、「目標の中心には疾患の（身体的）原因追及があった[113]」のである。

上記の思想背景のもとに1980年に公表されたDSM-Ⅲについて、ピエール・ピショーは以下のように述べている。

> 「［DSM-Ⅲでは］疾患分類の基礎として、証明済みでない病因・病原的な要素はすべて除外されている。従って、内因性とか神経症などの用語が消え、代わって本質的に記述的方法が採用された。各症候群は、評価尺度法を用いた厳密、かつ一部は量的な診断基準によって定義づけられている。これは診断を下す評価者間の判定を一致させ、その考え方が力動的であろうと社会的であろうと生物学的であろうと、すべてのアメリカ人精神科医によって受け入れられることを目的としている[114]。」

精神障害の生物学的・統計学的研究に向けて相当数の標本を参照するための迅速な診断が求められる一方で、質の高い研究結果をもたらすためには診断基準に高い信頼性（評価者間の一致率）が要求されたため[115]、操作的診断基準のもとでは、「伝統的診断のように疾患の本質を示すことよりも、疾患同士を切り分ける境界線の明確化に力点が置かれ[116]」る傾向がある。精神障害の原因については今日でも不明なものが多く、「多様な理論（遺伝論、身体論、心因論など）が交錯しているために、この精神障害の原因についてはひとまず措き、精神症状の記述だけに徹し、その症状記述だけからとりあえずの精神障害を診断してゆこうとする方針[117]」が採られたのである。

---

(111)　ピショー［1999］204頁。
(112)　松本［1996］211頁以下。
(113)　古茶［2012］138頁。
(114)　ピショー［1999］237頁以下。
(115)　古茶［2012］139頁参照。
(116)　岡田［2009］84頁注４。
(117)　松本［1996］312頁。

第3項　伝統的精神医学と現代的精神医学

ア　両者の基本的な考え方の相違について

以上、疾患概念をめぐる伝統的精神医学と現代的精神医学の基本的な考え方の相違を概観した[118]。すでに遺伝子レベルに到達している今日の医学によっても、精神医学の主要領域において疾患単位（種）を確立するには至っておらず、「精神障害の大半は、疾患単位ではなく、精神症候学的な類型にとどまっている[119]」と評される。

現代の精神医学は、シュナイダー理論の疾患概念に対する厳格な態度とは対照的に、現代社会において価値規範による正常性の規定が優勢になっていることを背景とし、「（広義の）正常と臨床レベルの異常に連続性を認める動きが際立っている[120]」とされる。患者の理解や治療が強調されるのに伴い、疾病概念は治療の必要性に沿って形成されることがますます多くなり、「［シュナイダーの］身体的基礎の要請は、生物学的精神医学の作業仮説へと後退し、疾病の社会心理学的起因性の作業仮説がこれに肩を並べる[121]」ことになる。

シュナイダー理論においては、「その強度の如何にかかわらず、『疾患』の結果である病的発現を示すために、精神病という用語を厳密に用いるべき」とされていた一方で、DSMなどの現代的な疾患基準は、「障害の強さを『精神病』の特徴の唯一の基準として用いている[122]」。このことからも明らかなように、DSMやICDなどの疾患基準においては、シュナイダー理論で用いられた疾患の種と類型の区別がなされていない。すなわち、DSMとICDはいずれも「疾患（disease）」の語を避け、「障害（disorder）」という水準で分類体系をまとめることによって、「疾患であるものと、疾患ではないと考えられているものが横並びになり、種と類型の本質的な違いもみえにくくなっている[123]」とされるのである。

たしかに、身体医学の領域であれば、①身体に原因があり、器官変化のあるもの（健常とは明らかに区別することのできる身体的異常の存在）、②健康感の欠如、③生

(118)　本書は、シュナイダーに代表される伝統的精神医学とDSMに代表される現代的精神医学の基本的な考え方の差異を強調しているが、具体的な症状の記述を重視する点で、両者の発想に共通性が見られることには留意する必要がある。
(119)　古茶［2012］138頁。
(120)　加藤［2012］37頁。
(121)　西山［1998］38頁。
(122)　ピショー［1999］158頁。
(123)　古茶［2014］155頁。

命危険性という形で、比較的明瞭に疾患の定義を与えることが可能である。しかし、既述のように、精神医学領域において疾患の確実な定義は存在せず、DSMやICDは、困難を極める疾患定義を避け、その代わりに障害（disorder）という概念・水準で分類体系をまとめている[124]。疾患の類型を境界が明瞭な種と同様に扱うためには、統一的な基準による操作的診断に従うほかないものの、「提唱された基準・条件は約束でしかないので、どの程度、厳密に当てはめるかは本質的に任意[125]」となる。かようにして、DSMやICDでは、すべての疾患（障害）類型について、その診断基準の下での約束事にすぎないはずの類型が種のように扱われることになるのである。

イ　精神鑑定において現代的疾患分類を用いた場合の弊害について

現代精神医学における国際的な疾患分類の影響力は強く、今日では、ほぼすべての精神鑑定において、精神障害の分類にDSMあるいはICDが用いられていると指摘される[126]。そうだとすれば、精神鑑定において操作的診断基準による疾患分類を用いた場合に、どのような点で伝統的精神医学による疾患分類との相違が生じるのかが問題となる。精神医学者の林拓二は、精神鑑定において操作的診断基準のみに依拠した場合の問題性について、以下のように述べる。

> 「実際の精神鑑定においてDSMの診断を用いると、往々にして、たとえば『行為障害』、『性障害』、『解離性障害』という分類名の羅列になることがある。DSMが精神症状をあまりに多くの断片に分けすぎ、そして、あまりに多くの障害を用意したことによるためと思われるが、これらの3つの障害名を思い浮かべて、いかなる症例を想像することができるであろうか[127]。」

林によれば、司法精神医学に求められる精神障害の分類と診断は、単に患者にラベルを貼ることにとどまらないことから、ある症例の全体像をどのように捉えたらよいのかという視点を欠く操作的診断基準のみに依拠することは適切でない[128]。このことから林は、精神鑑定においてはDSMによる診断のみでなく、伝統

(124)　古茶［2012］143頁参照。
(125)　古茶［2014］155頁。
(126)　林（拓）［2006］29頁参照。
(127)　林（拓）［2006］30頁以下。
(128)　林（拓）［2006］30頁参照。

的診断を併用しながら、「症例の全体像を浮かび上がらせ、可能な限り、病気の原因、成り立ち、予後、さらには犯行当時の精神状態や責任能力について考察することが必要」だと指摘する。(129)

たしかに、医学上の診断名を与えるのみでは精神鑑定人に求められる役割を果たしたことにならない点については、ダラム・ルールの下でも1950年代には認識されていた。このことからも明らかなように、この問題は操作的診断基準に固有のものではなく、伝統的精神医学における疾患基準に従った場合にも、同様の弊害は生じうる。しかし、鑑定書に求められる最大の焦点が、「本人が当該犯罪行為を行うに至った過程」(130)についての説明であることを考慮すれば、「ひとりの人間のその現在だけを切り取りそれを症状として分類・整理し、それらを寄せ集めて精神障害の配置図のどこかに位置づける」(131)という操作的な診断法のみでは、具体的な犯罪行為に至った過程の説明としては不十分な場面も想定できるだろう。

この意味で、「伝統的な精神医学と同じく、DSMもまた単に『一つの思想』であって、『唯一の真理』ではない」のであり、「操作的診断の長所は、診断の客観性・信頼性であり、精神鑑定における有用性に疑問の余地はない」ものの、「DSMでは症例の全体をとらえることができず、鑑定では、DSMとともに診断思想の異なる伝統的分類の結果を併記するべき」(132)との指摘は傾聴に値する。

生物学的・統計学的な診断精度を向上させ、研究目的のために作成されたDSMの診断分類は、精神科医のあいだでの診断一致度（信頼性、reliability）を上げたものの、疾患そのものへの適合性（妥当性、validity）は低いままだと指摘される。(133)このことから、「病いを理解し一つの疾患として捉えようとする科学的普遍性をめざす営みと、その病いを病む患者一人ひとりの苦悩を理解しようとする個別性（あるいは多様性）をめざす営みとの間」(134)には未だ隔たりがある。

精神医学者の古茶大樹も、林と同様に、伝統的な精神病理学が果たすべき役割について興味深い考察を加える論者の一人である。古茶は、「われわれが『心』といえば、それは常に『心』全体を意味するし、要素の寄せ集めでは語り尽せ」

(129)　林（拓）［2006］31頁。
(130)　西村［2006］139頁。
(131)　松本［1996］312頁以下。
(132)　林（拓）［2006］31頁。
(133)　*E.g.*, Andreasen［2007］at 111.
(134)　松本［1996］1頁。

ず、「たとえ多くの項目を取り入れた構造化された問診でさえ、それは全体ではなく、ある側面・部分での評価でしかない」(135) とし、個別分析的な要素に分解して疾患名を当てはめる操作的診断の不十分性を指摘する。

古茶によれば、伝統的精神医学はもっぱら臨床的用途に使われるもので、DSM とは異なり身体的原因追及には直接結びつかないものの、「純粋な心の観察に基づく精神病理学的分類」(136) であることから、行為者の精神状態について個々の要素ではなく統合された全体像の推移を対象とする途が開かれることになる。他方で古茶は、現代的精神医学が「精神障害の原因追及のための体系」であり、いかなる類型を疾患単位の表現型に見立てるかという議論は続くものの、この目的においては「今日の DSM の思考様式が正しい」(137) との評価を与える。かようにして古茶は、伝統的精神医学と現代的精神医学は相互排他的なものではなく、臨床精神医学がこれらの異なる視点を相補的に用いる必要性を指摘するのである。

以上、本節では、責任能力判断の第一段階要素としての「精神の障害」の内実を明らかにするための準備作業として、精神医学における疾患概念に関する議論を概観した。ダラム・ルールをめぐる議論からも明らかとなったように、精神医学における疾患概念への該当性は責任能力判断に直結せず(138)、精神鑑定人には、弁識・制御能力といった法的観点から行為者の精神状態について意見を述べることが求められる。こうした法的観点が司法の側によって提示されるべき性質のものだとすれば、伝統的精神医学と現代的精神医学のいずれの立場を採るにせよ、精神鑑定人に求められる意見の内容に差異は生じないことになるだろう。

しかし、その点を割り引いたとしても、精神医学における疾患概念のあり方をめぐる議論の中で顕在化した、対象者の精神状態をいかなる視座から理解すべきかという問題は、刑法学における責任能力規定のあり方に対しても、以下のような意味で一定の示唆を与えるものと考えられる。

わが国の刑法学における通説は、弁識・制御能力の意義について、行為の違法

(135) 古茶［2012］141頁。
(136) 古茶［2012］150頁。
(137) 古茶［2012］150頁。
(138) これに対して、たとえばシュナイダー流の伝統的精神医学における疾患概念を刑法学における「精神の障害」に一致させた場合には、「いわゆる神経症や人格障害、衝動・欲動障害などはどんなに重症でも疾病として認められないで、生物学的要素から除外されるから、責任無能力はおろか、限定責任能力も例外的にしか認められない」（西山［1998］38頁）という帰結が導かれる。

性を認識し、その認識に従って行為を思いとどまる個別具体的な能力を意味するとの立場を採用する。行為時の弁識・制御能力といった個々の症状の有無や程度を問題とするこの立場を念頭に置いた場合には、弁識・制御能力の認定資料としての「精神の障害」は、現代的精神医学における個別分析的な手法で足りることとなり、精神鑑定人の役割は、個別の精神症状の記述に尽きることになる（症状論）。この立場からは、弁識・制御能力と「精神の障害」の意味内容は重なり合うことになり、実体要件としての「精神の障害」の意義が後退するとの見通しが立てられるだろう。

他方で、弁識・制御能力の意味内容について上記の思考枠組みを共有しつつも、責任能力判断の基礎に置かれるべきは診断によって精神医学的に評価・解釈された行為者の全体像でなければならないとする立場（診断論）がある。この立場によれば、臨床精神医学において個別の症状の記述のみでは症例の全体像を捉えられないのと同様に、責任能力判断に際しても個別の精神症状の記述では足りず、弁識・制御能力とは異なる観点が「精神の障害」に内包され、あるいは、従来の弁識・制御能力要件の意義が相対化されなければならない。この立場は、伝統的精神医学の意義を強調する上述の見解と親和性を有し、「精神の障害」に実体要件として独自の意義を見出すことになるだろう。

次節では、症状論と診断論をめぐる刑法学の議論に検討を加えた上で、第一段階要素としての「精神の障害」に求められる内実を明らかにする。

第2節　「精神の障害」の判断基盤

第1項　症状論

既述のように、現在の精神医学においては操作的診断基準を伴う疾患分類が主流であり、シュナイダーに代表される伝統的疾患概念は影をひそめ、診断名の意義は低下しているとされる。というのも、DSM など操作的診断を念頭に置いた疾患基準においては、精神疾患全体をカバーする分類の指標は存在せず、予め用意された各診断カテゴリーに対象者の症状がどの程度あてはまるのかが検討され、その症状記述によって診断を確定することが予定されているからである。こうした診断基準のもとでは、それぞれの精神疾患の体系的位置づけが不明確となるのみならず、疾患間の相違は没価値的・均質的なものとなり、責任能力判断に関わる指標は何ら抽出されないことになるだろう。[139]

精神医学の領域では、1960年代以降の薬物治療の発達により、かつては重大な精神病とされていた統合失調症（精神分裂病）が不治の病ではなくなった。統合失調症患者が回復し、社会に復帰することも珍しくない現代において、かつてのような障害者観を維持することの困難性も指摘される。[140]

こうした精神医学の潮流と相関する形で、刑法学の分野においても、コンヴェンツィオン論――精神医学上の診断名と責任能力の判断結果に一定の結びつきを認める立場――の衰退が見られる。このことを決定的に印象づけるのは、昭和59年の最高裁決定であろう。[141] 同決定では、「被告人の精神状態が刑法39条にいう心神喪失又は心神耗弱に該当するかどうかは法律判断であるからもっぱら裁判所の判断に委ねられている」と判示され、責任能力判断に際して心神喪失を示唆する鑑定を採用せず、被告人の犯行当時の病状や生活状態、犯行の動機・態様などを総合判断して心神耗弱にとどまるとした原審の判断が支持された。[142] 急性期の統合失調症であれば心神喪失であるとの図式が明示的に否定されたことを受け、責任能力判断において精神鑑定人によって明らかとされる「精神の障害」が果たす役割が相対化されたと評しうるだろう。[143]

以上のような精神医学や刑法学の潮流にあっては、医学上の疾患名を「精神の障害」と同視し、責任能力判断に際して重要な要素とする立場を維持するのは困難となる。こうした考えを推し進めると、責任能力判断に際して精神鑑定人に求められるのは医学上の診断名ではなく、行為者の犯行当時の心理状態（精神状態像・精神症状）の解明に尽きることになる。こうした方向性を刑法学の立場から明確に打ち出したのは、森裕であった。

前提として、森は、「精神の障害」要件にどのような意味を込めるかは責任本質論の理解に依拠するとし、以下のような関係性を指摘する。まず、社会的責任論の系譜から責任能力は刑罰適応性と理解され、生物学的要素が決定的要素となる。この立場における生物学的要素は、「個々の行為時に存在していたとされる精神状態像、或いは精神症状としての内容ではなく、精神の障害の存在そのも

---

(139) 森［2006］205頁以下参照。
(140) たとえば、五十嵐［2006］139頁参照。
(141) 最決昭和59年７月３日刑集38巻８号2783頁。
(142) 高橋省吾「判解」最判解刑事篇昭和59年度358頁以下参照。
(143) 肯定的評価として、上田［2001］150頁。

の、つまり、疾患概念、或いは疾病概念」[144]として理解されることになる。他方で、道義的責任論の系譜から責任能力は有責行為能力と理解され、心理学的要素が決定的要素となる。この立場から生物学的要素は、「疾患概念、或いは疾病概念としてではなく、その態様や程度、換言すると、個々の行為時に実際に存在していたとされる精神状態像、或いは精神症状」[145]と理解される。森は、刑法学における責任能力の通説的理解（有責行為能力説）に基づけば、「精神の障害」の内実は行為者の犯行当時の精神状態像・精神症状と解されるべきであり、こうした理解が操作的診断基準を伴う疾患分類が主流となっている精神医学の動向とも合致すると主張するのである。

森は、シュナイダーに代表される伝統的疾患概念における疾患名を責任能力判断における「精神の障害」概念に用いた場合の問題性を、以下のように整理する。すなわち、①シュナイダー流の伝統的疾患概念が前提とする「身体的原因」の境界が曖昧であり[146]、②症状の程度・軽重で精神疾患名が異なりうる場合を伝統的疾患概念の立場から説明できない[147]。また、③同一の病態に対して、種々の診断基準が採用する疾病概念の相違により精神疾患名が異なることが想定され、さらに、④この立場からは精神疾患の合併例を適切に考慮できない[148]。

かようにして森は、精神医学における議論動向を援用しながら、責任能力を有責行為能力と解する限り、その実体は認識・制御能力に求められ[149]、責任能力基準における生物学的要素は「認識能力と制御能力に影響を与えうる精神状態像、或いは精神症状」と解するのが整合的だと論を展開する。森によれば、「同一の病態に対して、それぞれの診断基準が採用する疾病概念の相異により精神疾患名が異なり、その結果、責任能力判断の結論に差異が生じるというのであれば、ある病態に対して精神疾患名を与えるというプロセスそのものは、責任能力判断において決定的な意義は存在しない」[150]。このことから、精神疾患名は、それを定義づける精神状態像や精神症状についての症候論的な情報を提供するにすぎない存在

(144)　森［2006］202頁。
(145)　森［2006］202頁。
(146)　森［2006］208頁参照。
(147)　森［2006］209頁参照。
(148)　森［2006］211頁参照。
(149)　森［2006］201頁以下参照。
(150)　森［2006］210頁。

として位置づけられ[151]、「生物学的要素の本質ではない[152]」ことになるのである[153]。

第２項　診断論

かつての診断名論は、精神障害が弁識・制御能力に与えた影響を判断することは原理的に不可能とする考え（不可知論）を背景とし、行為者が有していた精神障害の一般的な特徴に基づき、ア・プリオリに取り決められた弁識・制御能力の判断（慣例、コンベンツィオン）にしたがった結論が示されることを主張するものであった[154]。

わが国の責任能力の判断場面では、「統合失調症に罹患した行為者の行為は原則として責任無能力とする」という部分に重点が置かれ[155]、外因性・内因性の精神病の場合には、発病期で症状が未だ軽い場合や寛解期の場合を除いて、「原則として無条件で」責任無能力とされるべきとの主張が有力に展開されていた[156]。

こうした責任能力の判断プロセスは、「いったん診断名が付されると、その疾患について一般論として指摘されていることを無条件にその個人にもあてはめる[157]」ことを前提としていたが、既述のように、診断名論の立場は昭和50年代の最高裁判例によって明示的に否定された。これによれば、「責任能力判断にあたっては精神医学的な診断から見いだされた『犯行当時の病状』が決定的なのではなく、『犯行前の生活状態』などの精神医学外の要素もそれと同程度に重要である」とされ、この意味で、最高裁によって示された判断枠組みは「『精神の障害』が責任能力判断に果たす役割の相対化を図るものであった[158]」と評される。こうした立場を徹底した場合には、「責任能力判断に際して刑法が精神医学に求めるのは精神障害の診断ではなく、行為時における行為者の精神症状の解明につきる[159]」こととなり、その判断基盤としては、前記症状論の立場が親和性を有するこ

(151)　森［2006］212頁参照。
(152)　森［2006］210頁。
(153)　刑法学説においても、症状論の思考方法は安田拓人や林幹人によって支持されている。安田［2006］70頁、林（幹）［2009］47頁以下参照。
(154)　中田［1965］228頁参照。
(155)　水留［2007a］141頁参照。
(156)　たとえば、平野［1975］290頁参照。精神医学の立場から慣例の必要性を主張するものとして、仲宗根［1981］250頁。
(157)　岡田［2009］86頁。
(158)　水留［2007a］143頁。
(159)　水留［2007a］143頁。

とになる。

これに対して近時の診断論は、かつての診断名論とは異なり、診断名と責任能力判断の結びつきを主張するものではない点に留意する必要がある。すなわち、「診断名そのものを形式的にとらえて、そこに完全に〔責任能力の〕結論をリンクさせようとする議論ではない[160]」とする点で症状論と立場を共有しつつも、「精神の障害」を個別の症状記述に還元することについては疑念を呈し、「診断によって精神医学的に評価・解釈された行為者の全体像を責任能力判断の基礎とする見解[161]」として主張されているのである。以下では、この立場の代表的論者である水留正流の分析に沿った形で、この立場の理論的背景を概観する。

水留によれば、①操作的診断基準の導入によって診断名の意義が低下し、②薬物治療の導入によるノーマライゼーション論——障害の有無を問わない平等な社会の実現を目指す立場——の進展によって、精神医学においても症状論の立場が優勢となっている一方で[162]、責任能力判断に際してはなお診断が重視されており、必ずしも症状論の立場が徹底されているわけではない[163]。というのも、個別具体的な精神症状による判断を徹底した場合には、「実際に行われた行為が精神障害に由来するものであるかはあまり重要ではな」く、したがって、「『精神の障害』不要論、ひいては『精神の障害』の場合だけを規定する責任能力規定の不要論へとつながるのが自然[164]」であるものの、わが国においては症状論の立場からもそうした主張は見られないからである[165]。

症状論の立場に対して水留は、①「精神の障害」を実体要件として存置する意義を見出すことができず、②症状論の論者が援用する操作的診断基準は責任能力判断のツールとして必ずしも適切ではないとの批判を加える。

①の点については、症状論の立場からすると「精神の障害」の実体要件上の意義は一般に、法的安定性の確保（責任能力判断の明確化論）や保安処分制度が導入された際の起点として作用すること（保安処分とのリンク論）に求められる。しかし、水留は、「精神の障害」の解釈が定まっていないわが国において、同要件が責任

(160)　水留［2014a］2頁。
(161)　水留［2014a］2頁。
(162)　水留［2007a］144頁以下参照。
(163)　水留［2007a］143頁以下参照。
(164)　水留［2007a］168頁以下。
(165)　水留［2007a］146頁参照。

能力判断の明確化にさほど資するとは想定できず、刑罰とは別の目的から設けられる保安処分の判断材料として用いるために、同要件を責任能力基準に存置することは理由にならないと指摘する[166]。

他方で、②の点について水留は、症状論の立場から援用される操作的診断基準は、精神医学分野の疫学的・生物学的な統計の精度向上のために導入されたものであり、過去の一回性の生起に関わる問いである責任能力判断とは相容れず、責任能力を判断するためのツールとして適切でないと主張し、以下のように述べる。

> 「責任能力の判断は、『過去の一回性の生起に関わる問い』である。責任能力判断においても、行為者の状態が判断者の違いにかかわらず同じ名前で呼ばれること（信頼性）には一定の意味があるだろう。しかし、責任能力判断にとって決定的に重要なのは、判断者が捉えた病態と、そこから推論される行為者の精神状態が高い説得力を持って語られること（妥当性）である。つまり、責任能力の判断においては、信頼性の向上よりもむしろ、妥当性の高い判断が要求されているものと思われる。ここで問題となるのはむしろ診断の内容であって、診断の名前だけではないのである[167]。」

水留は、現在広く普及している操作的診断基準はあくまで一つの診断ツールにすぎず、何らかの法的判断に資するものとして構想されていたわけでない点を強調する[168]。水留によれば、「診断のためのツールが変わったことだけで、責任能力概念における『精神の障害』の判断基盤までが変化する必然性はない[169]」のである。

これらの点から水留は、コンベンツィオン論（診断名論）の否定から症状論の帰結が直ちに導かれるわけではなく、「刑法学でも精神医学でも診断論を完全に放棄することができないのは、症状論だけではその精神障害に罹患した行為者の状態全体を把握しきれない[170]」からだと指摘する。かようにして水留は、症状論の立場に疑問を呈した上で、責任能力判断に際して「精神の障害」要件が必要とされる根拠を比較検討し、診断論の立場を擁護しようと試みるのである。

(166) 水留［2007b］196頁以下、200頁以下参照。
(167) 水留［2007b］230頁。
(168) 水留［2014a］４頁参照。
(169) 水留［2007a］143頁以下。
(170) 水留［2007a］148頁。

結論として水留は、「精神の障害」を責任能力の実体要件として維持するための妥当な根拠を、特別予防の観点に求める。水留によれば、刑罰には行為者に対する法的非難の伝達による教育効果が期待され、「非難の前提として、このような意味での刑罰を通じた動機設定の可能性が行為時の行為者に存在したこと[(171)]」が必要となる。こうした前提から、「例えば統合失調症によって動機付け過程に病理学的な異常が生じ、行為の意味付けを誤っていた場合、行為当時の行為者にとっては、国家による刑罰という形の法的非難が、行為の予防につながるものではなかった可能性は大きいものとな」り、刑罰への適応性を欠くことから「可罰的責任が否定される[(172)]」という帰結が導かれることになる。

たしかに、診断論の立場に対しては、「なぜ行為時の行為に直接関係する症状でなく、診断を、すなわち行為者の状態という行為の背景事情ともいうべきものを判断の基盤に据えることができるのか[(173)]」という疑問が向けられる。水留は、この疑問が「責任能力規定の中に行為時の弁識・制御能力だけでなく『精神の障害』という要件がなぜ必要なのかという、混合的記述方法についての基本的問題[(174)]」へと繋がりうるとして、以下のように述べる。

> 「弁識・制御能力として語られる実質も、行為時の行為者の動機付け過程が病理学的作用に基づくものであるために刑罰への適応を欠くものであったか、はたまた、むしろ正常心理学的なものであって刑罰に感受性があるものであったか、ということに求められることになる。そして、動機付け過程への精神病理学的影響を判断するためには、個別の精神症状の有無及び強度を判断するだけでは足らず、動機付けの機序に関わる行為者の精神的な機構を精神医学的に評価して意味づけることが、刑法的評価の前提とならざるを得ない[(175)]。」

以上をまとめると、症状論を採用する「多くの見解が、『精神の障害』は原理的には不要であるとしつつ、それでもこの要件を維持すべきだとするのは、行為とそれに関係した症状だけからでは、妥当な判断を導けない局面があることを認めるから[(176)]」である[(177)]。このことから、「部分的にせよ診断論を採らなければならな

(171)　水留［2014a］12頁以下。
(172)　水留［2014a］13頁。
(173)　水留［2007a］148頁以下。
(174)　水留［2007a］149頁。
(175)　水留［2014a］13頁。

い局面を認める以上、『精神の障害』という要件を原理的に不要ということもでき」[178]ず、診断論の帰結を正面から認めるためには、刑罰の特別予防機能から根拠づけるのが妥当だと主張する[179]のである。

診断論の思考方法は、一部の精神医学者からも支持を集めている。吉岡隆一によれば、診断名論が症状論に席を譲ることになった理由の一つは、「かつての診断［名］論がコンベンションの形式的な思考、すなわち疾患名を自動的に責任能力判断に直結する思考を意味していたため結局総体的な疾患評価が空洞化した」[180]点に求められる。

吉岡は、操作的診断基準の普及によって精神科医の間での診断一致率は上昇したものの、単なる症状（群）への当てはめによって精神医学の診断が終了するかのような誤解が法曹を含む世間に流布しているとし、「診断名の理解では責任能力を論ずるにはたらないこと、それが不可知論での残滓としてはっきりさせられていない憾みがある」[181]と症状論の立場に批判を加える。そして、症状論の弊害が顕在化する場面として吉岡は、公判での鑑定でしばしば定式化される「症状と行為の関連」という視角の曖昧性を挙げ、以下のように述べる。

> 「たとえば命令幻聴に『したがって』他害行為が行われたという場合には症状の行為への関連は自明のように見える。しかし、実際には命令幻聴に『従わない』場合のほうがその行為者にとっても、他の罹患者にとってもむしろ一般的・圧倒的多数なのである。この『関連』は、結局この『症状』が個別的・具体的・総体的な精神医学的診断の中でどういう位置をしめているかをとわないと、問題にできない。」[182]

この指摘から明らかになるのは、「個別的・具体的・総体的評価を抜きに、命令幻聴⇒責任無能力とするのは、かつての不可知論を症状名に移し替えたものに過ぎず、診断名による責任能力の自動的決定と基本的相違はない」[183]という点であろう。かようにして吉岡は、責任能力の判断場面で問題とされるべきは症状とい

---

(176)　水留［2007b］203頁。
(177)　この点については、第３章第１節で検討する。
(178)　水留［2007b］203頁。
(179)　水留［2007b］225頁。
(180)　吉岡［2010］34頁。
(181)　吉岡［2010］34頁。
(182)　吉岡［2010］35頁。
(183)　吉岡［2010］35頁。

うよりは精神状態総体と行為との関連なのであり、「個別具体的総体的な精神障害の評価＝正当な診断論が復権されねばならない[184]」と主張するに至るのである。

第３節　検討——責任能力論における「精神の障害」の意味内容

第１項　症状論と診断論をめぐる議論の到達点

本章では、第一段階要素としての「精神の障害」の判断基盤を明らかにするために、疾患概念をめぐる精神医学の議論に踏み込んで検討を試みた。責任能力論における「精神の障害」の位置づけは刑法学内部で解決されるべき問題であり、精神医学における議論とは慎重な区別を要するが、個別具体的な症状を分析的に捉える現代的精神医学の思考方法が症状論の立場と、行為者の精神状態を総体的に捉える伝統的精神医学の思考方法が診断論の立場と親和的になるとの見通しが立てられる。

もっとも、従来の診断名論（コンベンツィオン論）とは異なり、診断名と責任能力判断の直結に批判的な点で、近時の診断論と症状論の間に立場の相違は存しない。この意味で、精神医学における診断は法律判断を視野に入れておらず、「〔疾患名に表れるような〕精神医学のいう“精神障害”を責任能力の減弱・喪失の必須条件とするのはともかく、十分条件かそれに準ずるような重みをもたせることは妥当ではない[185]」との指摘が妥当する[186]。

したがって、症状論と診断論の対立は、「精神の障害」概念の分析に際し、伝統的精神医学と現代的精神医学のいずれの疾患概念を採用するかという問題ではなく、行為者の精神状態をいかに理解すべきかという基本的スタンスに関わる問題として理解する必要がある。実際にも、診断論の立場から水留は、以下のように述べる。

> 「行為者に刑罰を通じた動機設定が不可能であるという意味での異常性を判断することが精神医学に要請される。したがって、純粋に臨床精神医学の議論として、疾病と偏倚とを峻別すべきであるかということは、それ自体としては重要ではない。ただ、

(184)　吉岡［2010］35頁。
(185)　岡田［2009］83頁。
(186)　診断名が責任能力判断において意義を有さない点について、岡田［2005］921頁。同様の指摘として、西村［2006］139頁参照。

> 疾病・偏倚峻別論に基づく診断概念は責任能力判断のツールとして限界がありうるとしても、操作的診断概念による診断が基礎とされるべきだということには、直ちにはならない。責任能力判断において操作的診断概念を適用しうる射程は限られるべきである[187]。」

水留によれば、「[疾患概念の] 標準化が主たる目的でない範囲では、操作的診断概念以外の、従前存在してきた他の疾患概念が否定されたわけではなく、両者は併存しうるもの[188]」であり、「議論の本質は、そもそも何を基礎として行為者の責任能力を判断すべきなのかという、責任能力の判断基盤の問題[189]」に求められることになる。

筆者も、従来の診断名論の問題性は、疾患名から責任能力の判断を直接に導出する点に求められ、診断名論が否定されたとしても、症状論を採用し、個別具体的な症状にのみ着目する必然性は存しないと考える。精神医学における議論から明らかとなったように、行為者の責任能力を判断する場面で、(たとえば操作的診断基準のみに依拠した場合のように) ある症例の全体像をどのようにとらえたらよいのかという視点を欠いた場合には、妥当な帰結を導出することが困難になるだろう[190]。この意味で、生物学的・統計学的な診断精度を向上させ、研究目的のために作成されたDSMの診断分類において、疾患そのものへの適合性 (妥当性、validity) は低いまま残されているとの指摘は、個別の精神症状や精神状態像を提示するのみでは行為者の責任能力判断に資さないことを示唆しているように思われる。

精神医学において、「疫学的・生物学的・統計学的な尺度」としての操作的診断概念が有益であり、かつ、一般臨床においてこれを用いることが主流である[191]としても、責任能力の判断要素として同種のものを措定する必然性は存しない。診

(187) 水留 [2007b] 229頁以下。

(188) 水留 [2014a] 5頁。

(189) 水留 [2014a] 6頁。

(190) 既述のように、APAは、司法の場面でDSM-5が用いられることについて、「法律上の究極の関心という問題と臨床診断に含まれる情報とが完全には一致しない」ことから、法的判断を下すためには「通常DSM-5で診断される以上に付加的な情報が必要であり、その中には、その人の機能についておよびその障害が問題となっている特定の能力に対していかに影響を及ぼしているかについての情報が含まれる」(DSM [2013] at 25〔日本精神神経学会監修 [2014] 25頁参照〕) と指摘する。

(191) 黒木 [2012] 133頁以下参照。

断の信頼度と客観性を改善し、精神医学の科学性を高める目的の下に導入された操作的診断基準において[192]、疾患分類の相互関係は無色透明なものであり、何らの価値判断も含まれない。しかし、水留が述べるように、過去の一回限りの事象に対する意味づけとして理解される責任能力判断にとって決定的に重要なのは、「判断者が捉えた病態と、そこから推論される行為者の精神状態が高い説得力を持って語られること[193]」（妥当性の高さ）なのではないだろうか[194]。こうした理解は、鑑定意見に「症状が犯行に与えた影響の機序」の説明を求めたことで注目を集めた、最高裁の平成21年決定[195]とも整合的であるように思われる。

このことから筆者は、第一段階要素としての「精神の障害」の判断基盤については、診断によって精神医学的に評価・解釈された行為者の全体像との説明に魅力を感じている。もっとも、従来の症状論と診断論の議論には、以下に見るようになお解決されるべき点が残されている。

第一に、わが国の通説的見解は、責任能力基準のうち心理学的要素（弁識・制御能力）を重視した上で、その内実について、行為の違法性を認識し、その認識に従って行為に出ることを思いとどまる個別具体的な能力だと理解する。心理学的要素を重視するこの立場から、生物学的要素は心理学的要素の認定資料に位置づけられ、「精神の障害」の判断基盤としては、症状論が主張する個別具体的な精神症状・精神状態像と解した場合にのみ理論的な一貫性が担保されることは否めない。というのも、（違法性の意識の可能性や適法行為の期待可能性とパラレルに理解される）弁識・制御能力を前提とした場合には、責任能力判断で問題となるのは犯行当時の心理状態に限られ、動機の形成過程といった診断論における考慮要素は刑法理論上異質のものとして排除されることになるからである。

第二に、従来の診断論は、「精神の障害」の実体論上の基礎づけについて不明確な部分を残している。診断論の立場から水留は、「責任能力判断のために解明されるべき経験科学的事実は、行為者の個別の行為における弁識・制御能力そのものではなく、究極的には、行為の背景にあってその動因となった行為者の精神医学的基盤」であり、「混合的記述方法に含まれる二つの要素のうち、『精神の障

(192)　佐藤＝Berrios［2001］710頁、中安［1997］741頁参照。
(193)　水留［2007b］230頁。
(194)　井上［2010］33頁は、疾患名による類型は、「『個別性・一回性』と『普遍妥当性』の中間に位する」と指摘する。
(195)　最決平成21年12月８日刑集63巻11号2829頁。

害』こそが責任能力にとって決定的要素だという思考がある[196]」と指摘する。

もっとも、後述のように水留の立場からは、責任能力が問題となる「精神の障害」の性質を規定したものとして弁識・制御能力を位置づけることから、弁識・制御能力と「精神の障害」の重点の置き方が異なるにせよ、症状論の立場と同様に両者の関連性を認めることになる。そうだとすると、診断論の立場からは、「精神の障害」の判断基盤のみならず、弁識・制御能力の意味内容にも変化が生じるのではないかとの疑問に繋がりうる[197]。

かようにして、従来の症状論と診断論は、ジレンマに陥ることになる。すなわち、弁識・制御能力の性質について従来の理解を維持し、かつ、「精神の障害」が弁識・制御能力の認定資料であることを強調した場合には、「精神の障害」要件において動機づけ過程を問題とする余地は原理的には生じ得ず、症状論の思考方法に理論上の一貫性が認められることになる。しかし、水留の指摘に見られたように、責任能力の判断において、この意味での弁識・制御能力のみに依拠するのでは不十分な場面が想定できる。

他方で、従来の診断論は、個別の精神症状や精神状態像を提示するのみでは行為者の責任能力判断に資さないとする点で説得的だが、弁識・制御能力の内実について従来の理解を維持しながら、生物学的要素の判断基盤にそれとは異なる豊富な意味内容を与えることができるのかという点は、なお別個の問題として残されている。

以下では、弁識・制御能力要件に関する私見の概略を提示した上で、「精神の障害」のあるべき判断基盤と残された課題を明らかにする。

第２項　弁識・制御能力と「精神の障害」

第２部において筆者は、刑事責任能力論において弁識・制御能力を区別するこ

(196)　水留［2014a］７頁。

(197)　たとえば、水留は、「精神の障害」を特別予防の見地から基礎づけようと試みるが、特別予防目的が「精神の障害」要件のみで考慮されるのは矛盾ではないかとの疑問が想起できよう（浅田［2009a］132頁参照）。他の責任要素とパラレルに理解される弁識・制御能力のみに依拠した判断の弊害を回避するため、「規範的責任能力」と「可罰的責任能力」を区別した上で、重症の精神障害の場合には弁識・制御の実質的能力が欠けるとして心理学的要素の枠内で特別予防的考慮を認める見解（たとえば、浅田［1999］82頁以下、山中［2015］639頁以下など）が存在していることからも、特別予防目的の考慮が生物学的要素に限定される説得的な理由が提示される必要があるだろう。

とには理論的・実践的な意義や根拠が存在せず、行為者の弁識プロセスに着目することでその意味内容が豊富化された、「実質的弁識能力」とも言うべき統一基準によって心理学的要素の内実が規定されるべきとの立場を提示した。この考えの背景には、弁識能力を行為の違法性に関するものと位置づけたとしても、精神障害によって通常と異なる価値体系を有する者の「生の事実レベルにおける違法性の認識」を捉えて弁識能力を肯定することは妥当でないとの問題意識があった。(198)

こうした筆者の立場から、弁識能力判断における問題の実体は、（違法性の意識の可能性と重なり合うような）事実的な意味における違法性の認識可能性ではない。精神障害によって価値体系が歪められていた場合には、当該行為の違法性を純粋な事実として認識していたからといって、自己の行為の意味を理解していた――つまり、正常な弁識能力を有していた――と評することのできない場面が想定できる。

この点、筆者が提示した実質的弁識能力の枠組みにおいては、行為者の弁識内容それ自体ではなく、むしろ弁識プロセスの異常性に着目し、このプロセスが標準からいかに乖離していたかが問題とされる。換言すれば、行為者の心理過程を出発点とし、自己の行為の刑法違反性が提示された場合に、通常人ならば抱くであろう〈インパクト〉を受けることができる者だと第三者が評しうるかが問題とされ、弁識能力の意味内容が質的な意味で豊富化されるのである。違法性の認識によって反対動機を形成する能力が弁識能力の枠内で考慮されるこの立場からは、制御能力の問題として従来論じられてきた領域が弁識能力要件に取り込まれ、責任能力論において弁識・制御の二分法が妥当しないことになる。(199)

上記のように、責任能力論において弁識プロセスの異常性に着目する本書の立場を前提とした場合には、個々の精神症状・精神状態像の描写によって心理学的要素の有無や程度を明らかにすることは困難となる。かようにして、心理学的要素の意味内容に変化を認める筆者の立場からは、従来の諸見解とは対照的に、

(198)　筆者は、刑事責任能力の判断において、「他行為可能性の存否ではなく、行為が現実にどのように実行されたか」が直接に問題とされるべきであり、その際には、行為者の弁識プロセスを前提とした場合に行為の理由を理解していたと評しうるか、という観点に着目するべきだと考える。この点について、第2部第4章参照。

(199)　ただし、制御能力欠如の問題として論じられてきた問題のすべてが実質的弁識能力の枠内で補足されるわけではない。

「精神の障害」の判断基盤として症状論の立場を採用することが（実質面のみならず）理論面においても不合理となる一方、従来の診断論が内包していた問題——心理学的要素について従来の理解を維持しながら、生物学的要素の判断基盤にそれとは異なる豊富な意味内容を与えることの不整合性——が回避されるのである。

他方で、「精神の障害」を責任能力の実体要件として定位する必要性は、なお別の検討課題として残されている。従来の診断論は、心理学的要素の意味内容を症状論の立場と共有しつつ、その不十分さを補う点に「精神の障害」の実体論上の意義を認めてきた。しかし、従来の診断論とは異なり、生物学的要素と心理学的要素の間に意味上の重なり合いを認める筆者の立場からは、「精神の障害」を実体要件として存置する意義は相対的に減少することになるだろう。

次章では、責任能力基準における「精神の障害」の地位に関するわが国の刑法学説を整理・分析した上で、この問題についての筆者の立場を提示する。

第3章　責任能力論における「精神の障害」の位置づけ

本章では、責任能力基準における「精神の障害」の位置づけに検討を加える。具体的には、「精神の障害」を責任能力の実体要件として心理学的要素（実質的弁識能力）に並置する刑法理論上の意義――換言すれば、「精神の障害」を責任能力の実体要件として維持すべきか否か――が本章の検討課題である。

既述のように、わが国の刑法学説の多くは、「精神の障害」を弁識・制御能力といった法的観点から再記述する必要性を認めるものの、「精神の障害」の刑法理論上の位置づけについては未だ意見の一致を見ていない。筆者の見立てでは、「精神の障害」に関する見解の不一致は、生物学的要素と心理学的要素の関係性について論者間の理解に差があることに原因が求められる。すなわち、「精神の障害」の法的再記述の必要性を認めながらも弁識・制御能力との完全な重なり合いを認めない立場からは、「精神の障害」は弁識・制御能力とは異なる観点から記述され、責任能力基準における「精神の障害」に独自の意義が認められることになる。これに対して、「精神の障害」と弁識・制御能力の間に完全な意味での重なり合いを認める場合には、「精神の障害」は実体要件として原理的に不要となり、実質的に心理学的方法を採るのと変わらない帰結に至ることになる。

以下では、「精神の障害」に独自の意義を認めるか否か――「精神の障害」と弁識・制御能力の間に意味上の重なり合いを認めるか否か――という点に議論軸を設定した上で、わが国の学説状況を分析する。

第1節　責任能力の実体要件として「精神の障害」に独自の意義を認める見解

既述のように、精神医学や刑法学においては可知論的な思考方法が優勢とされ、「脳に障害のあるものだけが真の精神疾患で、人格障害や神経症は『そのような人』や『人の在り方』を示す単なる故障に過ぎないという生物学的・医学的疾患概念を厳格に保持している精神科医や法律家は今日稀になった(200)」と評される。こうした動向の中で精神疾患は生物的・心理的・社会的な存在として扱われることから、「生物学的要素（臨床精神医学的要素）自体が心理学化し、社会学化」する事態が生じ、「生物学的要素が心理学・社会学化した分だけ、いわゆる混合的方法が心理学的方法のほうへ引っ張られている(201)」と指摘される。

こうした潮流の中で責任能力の実体要件として「精神の障害」に独自の意義を認めるためには、「精神の障害」と弁識・制御能力が完全には重ならない――つまり、「精神の障害」は弁識・制御能力の単なる認定資料に後退するわけではない――ことを示すことが求められる。現在の刑法学説においてこの立場は、以下の２通りの方向から主張されている。第一は、責任能力基準において「精神の障害」に第一義的な重要性を認め、弁識・制御能力の検討を経ずに責任能力の判断結果を導出する余地を認める立場であり（町野、水留）、第二は、責任能力基準において混合的方法が採られている理由に立ち返り、「精神の障害」には弁識・制御能力とは異なる内容が含まれなければならないとする立場である（箭野）。

以下では、各論者の理論的背景にも触れながら、実体要件としての「精神の障害」の基礎づけに関する議論を概観する。

第１項　「精神の障害」から責任能力の判断結果を導出する余地を認める立場

ア　町野朔の見解

責任能力論を刑事政策論の適用場面と位置づける(202)町野朔は、「刑罰による威嚇、刑事的処遇が犯罪の抑止のために意味があるときに刑事責任能力を肯定すべきであるとしても、刑罰の賦課が当該行為者に現実に意味を持ちうるかは、かなり不確かである」ことから、「精神障害による犯罪に刑罰をもって臨むことには抑制的であるべきであり、特に、非刑罰的な精神医療による処遇が適切と思われるときには、そちらを選ぶべき(203)」との責任能力制度論を構想する。

町野によれば、「刑罰は、行為者の以後の犯罪を防止するために、以後同種の犯罪を同種の事情の下で犯さないように動機付けるために科されるサンクション」であり、「刑罰を加えることによって、行為者にこのような動機付けが可能

(200)　西山［2004］78頁。
(201)　西山［2004］78頁。
(202)　町野［2006］22頁参照。
(203)　町野［2006］22頁。

な彼の心理的特性が責任能力」だと位置づけられる[204]。この点について、町野は以下のように述べる。

> 「犯罪成立要件としての責任は、刑罰賦課によって犯罪行為を抑止しうる行為者の心理状態として理解されるべきである。弁識能力は行為の可罰性の認識可能性であり、制御能力は刑罰威嚇が反対動機となりうる心理状態である。そして、行為者のこれらの能力を侵害する彼の精神の異常が、刑罰による抑止効果を期待することを不適切なものとする態様のものであるとき、責任無能力を認めるべき『精神障害』が存在することになる[205]。」

かようにして町野は、弁識・制御能力と他の責任要素（違法性の意識の可能性、適法行為の期待可能性）の意味上の重なり合いを認めながらも[206]、これらの平行理解を認めた場合には触法精神障害者に対する免責の余地が過度に狭められてしまうと疑問を呈し[207]、精神障害による責任阻却が一般的な責任阻却事由より格段に広いものである点に、責任能力制度の存在意義が認められると主張する[208]。すなわち、わが国の判例実務を前提とすれば、犯罪的環境の中で生育されたことによる違法性の意識の可能性や適法行為の期待可能性の欠如に基づいた抗弁が認められる余地は相当程度に限られたものである一方、精神障害のためにこれらの能力を欠いた場合には、刑法39条1項によって責任阻却を認めなければならず、「刑法39条は、規範的責任要素の欠如が精神障害に由来する場合に関する法規的責任阻却事由[209]」として理解されるのである。

責任能力の実体要件について町野は、わが国の裁判所が混合的方法によって責任能力を理解する一方で、その運用においては心理学的要素の有無や程度を厳密に認定しているわけではなく、「弁識不能、制御不能をもたらすような精神の障害が存在していたかという、生物学的要素の認定にもっぱら頼っている[210]」と指摘し、以下のように述べる。

---

(204)　町野［1996］13頁。
(205)　町野［2006］21頁。
(206)　町野［1996］7頁参照。
(207)　町野［1996］8頁参照。
(208)　町野［1993］33頁参照。
(209)　町野［2006］17頁。
(210)　町野［1996］17頁。

「実務においても学説においても、精神障害の種類、重大性を基礎として責任能力の有無・程度を決定するという方法は、依然として維持されている。ただそれはKonventionのように、広範に責任無能力を認めるという結論にまで至らないというだけである。『精神病即責任無能力』という思想は凋落したが、責任能力は『精神障害』という基盤の上で停止し、安定を保っている」(211)

町野によれば、人間の行動やそれに対する刑罰の効果を予測することの困難性から、行為者の弁識・制御能力の有無や程度は、精神障害の重大性を実際的な基準として判断せざるを得ない（実践的不可知論）(212)。このことから、人に弁識不能・制御不能をもたらしうる精神障害が行為者に存在していたことが証明されれば、「当該行為に出たことについて、彼が弁識・制御不能であったことの厳密な証明がなくても、責任の阻却を認める」(213)ことになり、「責任能力の有無の判断は、精神障害の重大性によって判断される」(214)とともに、心神喪失は「実定法によって特権化された責任阻却事由」として位置づけられる(215)。

かようにして町野は、責任能力の有無が精神障害の重大性によって判断され、「『刑法的に弁識能力・制御能力に影響を持つ精神障害の存否』という1段階の、『精神医学的・刑法的方法』による判断が行われる」(216)と主張する。つまり、「精神障害の存在を確定し、次に当該精神障害が行為者の弁識・制御能力を阻却するかを検討するという『二段階的方法』によるのではなく、彼の精神障害が一般的に人の弁識・制御能力を侵害するような障害であるかを検討して、行為者の責任能力の有無を検討する」(217)方法が妥当だとするのである。

「ある精神障害に罹患した行為者が犯罪を行ったときには、当該精神障害が一般に呈する諸症状から見て、その具体的犯罪がその症状の一つであり、行為者はそれによって弁識・制御能力が侵害され犯罪を行ったという判断を行うことが可能になる。このようにして、被告人が行為当時罹患していた精神障害がどのような病気であったかは、

---

(211)　町野［2006］13頁。
(212)　町野［1993］37頁参照。
(213)　町野［2006］17頁。
(214)　町野［2006］16頁。
(215)　町野［2011］8頁は、行為が精神障害から自由であったかは経験的事実として確定可能である一方（原理的可知論）、それを認定することの困難性から、実践的には不可知論の立場が妥当とする。
(216)　町野［2006］16頁。
(217)　町野［1993］37頁（傍点筆者）。

その責任能力の存否・程度に大きな意味を持つことになる。」[218]

実践的不可知論の立場から町野は、動機の了解可能性や犯行の計画性、犯行の態様や犯行後の行動など種々の事情を考慮して弁識・制御能力の判断をすべきとの立場に対し、「これらの要素がどうして被告人の弁識・制御能力の有無に関係するのであろうか」と疑問を呈し、「心神喪失・心神耗弱を『精神の障害対自由意思』の比較考量の問題として考えるべきではない」[219]と批判を加える。町野によれば、責任能力の判断場面では精神障害が犯罪行為にどのような影響を持ったかが検討されなければならず、心神喪失や心神耗弱は、精神障害が犯罪行為に及ぼした影響の程度によって判断されなければならないのである。[220]

イ　水留正流の見解

既述のように水留は、「精神の障害」を責任能力の実体要件として存置する根拠を、特別予防の観点に求める。水留によれば、「精神の障害」によって適切な動機づけができなかった場合には、彼が再び同様の違法な行為に出ないよう再教育するための手段として刑罰は適さず、精神障害の治療によるのが妥当となる。[221]この立場から弁識・制御能力は、「責任能力が問題になる『精神の障害』の性質を規定したもの」[222]と位置づけられ、弁識・制御能力と「精神の障害」の関係性は以下のように理解される。

「『精神の障害』は弁識・制御能力を推定させる意味を持つという理解は精確ではない。これが『推定』に止まるものであれば、個別の症状と行為との関係から弁識・制御能力をさらに検討し、『反証』の可能性をさらに探っていくことも許されることになるだろう。平野博士が統合失調症などの精神病についていわれたように、『無条件で』責任能力を判断する余地を残すことに診断論の実際上の意味はある。」[223]

こうした理解を採用する実際的な理由として、水留は、病勢期の統合失調症患

(218)　町野［2006］18頁以下（傍点筆者）。
(219)　町野［2011］9頁。
(220)　町野［2011］8頁参照。なお、前章第2節で取り上げた症状論－診断論の枠組みにおいて町野説は、後者の考え方に属するものと思われる。町野［2006］18頁以下参照。
(221)　水留［2007b］225頁参照。
(222)　水留［2014a］7頁。
(223)　水留［2007b］234頁以下。

者であっても他行為に出る余地が全くないとは言いきれないことを念頭に、精神障害の存在を度外視して純粋に他行為可能性を評価していく症状論ではなく、「純粋な他行為可能性の定式に従えばある程度他の行為が可能だった余地があったかもしれないが、それでも行為者を責任無能力にして刑罰から解放するという診断論[224]」の妥当性を強調する。

水留によれば、行為者の動機づけ過程が病理学的作用に基づくもので刑罰への適応性を欠くものであったかという判断に際しては、(弁識・制御能力と親和的な) 個別の精神症状の有無や強度にとどまらず、動機づけの機序に関わる行為者の精神的な機構を精神医学的に評価して意味づけることが、刑法的評価の前提とならざるを得ない。

かようにして水留は、「精神の障害」の刑法理論上の実質的根拠を特別予防の見地に求めつつ、「『心理学的要素は生物学的要素の重大性の指標と捉える』という理解、さらには責任能力判断においては、『刑法的に弁識能力・制御能力に影響をもつ精神障害の存否』の判断が求められるという理解が妥当[225]」と主張するに至るのである。

ウ　検　討

以上、本項では、責任能力の実体要件として「精神の障害」に独自の意義を見出す立場のうち、弁識・制御能力の検討を経ずに責任能力の判断結果を導出する余地を認める町野と水留の見解を概観した。これらの見解はいずれも、責任能力基準の中で「精神の障害」に第一義的な重要性を認めるとともに、刑法的に弁識・制御能力に影響を与える「精神の障害」要件の必要性を、刑罰適応性 (特別予防) の観点から構成しようと試みる。

他方で、「精神の障害」が実体要件として承認され、弁識・制御能力要件に比して重要なものと解されるべき理由については、両説の間に相違がある。すなわち、(弁識・制御能力の検討を経ずに)「精神の障害」の有無や程度から責任能力の判断を直接に導出する根拠について、町野は弁識・制御能力の判断困難性を回避する点に、水留は他行為可能性に基づいた判断の弊害を回避する点に求めている。もっとも、これらの論拠に対しては、以下のような疑問が生じうる。

まず、町野説の問題性は、２つの階層に区分される。すなわち、①非刑罰的な

(224)　水留［2007b］225頁。
(225)　水留［2007b］235頁。

精神医療による処遇の適切性を責任能力判断に導入する点の問題性と、②弁識・制御不能をもたらしうる精神障害の存在が証明されれば、弁識・制御不能であったことの厳密な証明がなくても責任阻却を認める点（以下、「ミニ・コンベンツィオン論」という。）の問題性である。

①の点について町野は、責任能力制度が「実定法によって特権化された責任阻却事由」であり、「責任能力論が刑事政策論の適用」であることを正面から認めることによって、「刑罰の賦課に依らずに行為者の犯罪を防止しうるときには責任無能力を認めるべきだという、責任能力概念の『謙抑的構成』が可能」[226]になると主張する。

こうした町野の責任能力制度論に対しては、非刑罰的な処遇の適切性といった外的な事情によって責任能力判断を行うことの妥当性に疑問が投げかけられている。すなわち、責任能力判断で問われるのは当該行為者に法的非難としての刑罰を科すことができるかであり、刑罰以外の処遇が可能かではないとの批判が向けられるのである。「医療処分の存在それ自体が、責任無能力を根拠づけるというのは論理が逆」[227]であり、刑罰以外の処遇方法の存否という外在的要因によって刑罰を科しうるかが決まるとする見解は、刑罰と精神医療の目的が完全に一致しないかぎり採用できない[228]。

また、②の点については、町野説の下では、責任能力の実体要件やその判断プロセスが不明確となることが避けられない。実践的不可知論の立場から町野は、弁識・制御能力の程度判断は困難であり、人に弁識・制御不能をもたらしうる精神障害が行為者に存在していたことが証明されれば、弁識・制御不能であったことの厳密な証明がなくても責任阻却を認め、「責任能力の有無の判断は、精神障害の重大性によって判断される」[229]と主張する。

こうした町野説の判断プロセスは、法的に解された精神障害の重大性をメルクマールとする一段階の方法を提唱する点で、第3部第1章で概観したFingaretteの考え方と親和性を有するものと評価できる。しかし、ダラム・ルールに関する議論からも示唆されたように、従来的な意味での責任非難という基盤を維持する

---

(226)　町野［1993］36頁。
(227)　林（幹）［2009］40頁。
(228)　安田［2009a］26頁参照。なお、髙山［2005］11頁、安田［2014］191頁も参照。
(229)　町野［2006］16頁。

以上、「精神の障害」による一段階の方法を採用した場合には、この概念に含まれる多様な要素間の微妙な相違が見失われるおそれがある。

他方で、町野説においては、刑罰以外の処遇方法の存否という外在的な要因が責任能力判断に取り込まれることから、責任非難に関する従来の理解を完全な意味では共有していないとも考えられる。しかし、そうだとすれば、同説において、（従来的な意味での）弁識・制御能力という法的観点から「精神の障害」が構成される説得的な理由が提示されなければならないだろう。

先に概観したFingaretteや西山の立場に見られるように、心神喪失や心神耗弱が刑法的見地からの精神異常（insanity）を意味すると解した場合には、弁識・制御能力という法的観点を加味した「精神の障害」は、もはや弁識・制御能力の認定資料としての臨床精神医学的な精神障害（精神疾患）ではなく、弁識・制御能力が喪失ないし著しく減退した精神状態（心神喪失・心神耗弱）と同義のものとして位置づけられる。こうした理解を前提とすれば、町野が言うところの「精神障害の存否」は、責任能力の判断結果——すなわち、心神喪失や心神耗弱、完全責任能力——を言い換えたものにほかならないと評しうる。

たしかに、町野説においては、弁識・制御不能をもたらしうる精神障害が問題とされており、これを弁識・制御不能をもたらした精神障害（心神喪失）と同視するのは論理の飛躍であろう。しかし、町野は、弁識・制御能力の個別的な程度判断を認定上の困難性から省略し、弁識・制御不能をもたらしうる精神障害の存在で足りると解することから、両者は実質的に同じ内容を指すことになるように思われる。

かようにして、「精神の障害」の法的再構成がミニ・コンベンツィオン論と結びつくことにより、町野説の下では、心神喪失や心神耗弱、完全責任能力を区別する基準を見出すことができなくなる。というのも、精神障害の重大性による一元的な基準を採用する町野説においても、「精神障害」は弁識・制御能力の観点から法的な概念として定位される。このことから、同説が弁識・制御不能をもたらしうる精神障害で足りるとした場合に、心神喪失と心神耗弱、完全責任能力を区別する内在的な基準が消失するからである。町野説における外的な基準——「刑罰ではなく精神医療によって行為者の以後の犯罪を防止しうるか」——が既述のように採用し得ないとすれば、こうした理解は現行法の解釈として採用できない。

町野によれば、精神障害が犯罪行為に及ぼした影響の程度の違いによって心神喪失と心神耗弱が区別される。しかし、心神喪失と心神耗弱を分かつのは精神障害と犯罪行為の結びつきの程度ではなく、精神障害が心理学的要素に与えた影響の程度のはずであり、この点についての検討を抜きに責任能力の最終的な判断を導出することはできないのではないだろうか。仮にこの判断枠組みの下で両者が区別可能であるとすれば、それは「それ以上の心理学的要素の検討を行うことなく」結論を出しているとの前提に誤りが含まれていることの証左であろう(230)。

他方で、水留説に対しては、既述のように、弁識・制御能力と異なる内容を含む「精神の障害」を実体要件として並置することが、他行為可能性原理に基づいた判断の弊害を回避するための唯一の手段ではないとの批判が向けられる。

たしかに、責任能力の判断場面においては個別の精神症状の有無や程度の判断に留まらず、動機づけの機序に関わる行為者の精神的な機構を精神医学的に評価して意味づけることが、刑法的評価の前提とならざるを得ない。このことから筆者も、水留が指摘するように「精神の障害」の判断基盤としては前記診断論の思考方法が説得的だと考える。しかし、弁識・制御能力と「精神の障害」の間に関連性を認める以上、診断論の立場からは「精神の障害」の判断基盤のみならず、弁識・制御能力の意味内容を変容させることが求められることは既述の通りである。

水留自身も認めるように、弁識・制御能力として語られる実質も、本来的には行為者の動機づけ過程が刑罰への適応を欠くものかという点に求められるはずである(231)。そうだとすれば、水留の立場からは「精神の障害」の判断基盤のみならず、弁識・制御能力に関する従来の理解にも修正を迫るのが本来の筋であろう。筆者が前章第3節で提示したように、弁識・制御能力要件の意味内容が拡充され、他行為可能性に基づいた判断の弊害がこの要件内部で解決されるのであれば、診断論の立場からも理論的に一貫した責任能力基準が提示されると同時に、行為者の動機づけ過程を問題にする点で生物学的要素と心理学的要素の間の本質的な差異が解消されることになる。その結果として、「精神の障害」を実体要件として存置する意義が後退するという帰結が導かれるのである。

町野と水留の見解は、責任能力と他の責任要素（違法性の意識の可能性、適法行為

(230)　この点について、安田［2014］195頁参照。
(231)　水留［2014a］13頁。

の期待可能性）を同列に見なすべきでないとする点に、共通性が認められる。筆者もこの結論自体には賛同するものの、両説が弁識・制御能力と他の責任要素の重なり合いを前提としながら、「精神の障害」に実体要件として特殊の地位を与える点は、妥当でないと考える。水留説への疑問の中で述べたように、責任能力と他の責任要素の本来的な意味での差別化は、弁識・制御能力の内実が他の責任要素のそれとは異なることを提示することで図られるべきであろう。「精神の障害」に第一義的な重要性を認め、弁識・制御能力の個別判断を省略する余地を認めるこれらの立場からは、責任能力の実体基準やその判断過程の明確性が犠牲となることは避けられないように思われる。

この点について刑事裁判官の河本雅也は、「生物学的要素としての精神の障害の内容とその犯行への影響を踏まえて、是非弁別・行動制御能力について考えて」おり、「精神の障害から即責任能力の結論を導いているわけではない[232]」と指摘する。責任能力の実際の判断過程を見据えた上でも、弁識・制御能力の判断を超えて「精神の障害」のみに依拠した責任能力判断の余地を認めるこれらの見解には疑問が残る。

以下では、実体要件としての「精神の障害」に独自の意義を認めながらも、水留や町野の見解とは異なり、弁識・制御能力判断を省略する余地を認めない立場に検討を加える。

第２項　「精神の障害」から責任能力の判断結果を導出する余地を認めない立場

ア　箭野章五郎の見解

混合的方法の下での「精神の障害」要件について箭野章五郎は、責任能力の第一段階要素として、いわば「ふるい」の役割を果たすものであり、「法的な観点から、責任主義のあるべき帰結に配慮し、この『精神の障害』概念の範囲を確定する方策[233]」が採られなければならないと指摘する。箭野によれば、「精神の障害」を精神医学や心理学における何らかの障害としたのでは、責任能力基準の第一段階要素として不明確となる一方[234]で、医学や心理学の特定の立場から「精神の障害」に何らかの限定を加える方策は責任原則違反になることから、「精神

(232)　山口ほか［2006］93頁［河本］。
(233)　箭野［2008b］292頁。
(234)　箭野［2008b］289頁参照。

の障害」の外延は法的見地から構成されなければならない[235]。

箭野の分析によれば、「精神の障害」の法的構成には、以下の２つの考え方が存在する。第一は、認識・制御能力を喪失ないし著しく減少させうるすべての精神状態を「精神の障害」にあたるものとし、最も純粋な形で法的見地からの再構成を図る見解（安田）であり、第二は、認識・制御能力への影響という法的・規範的観点から「精神の障害」を捉え直すものの、その際には医学的・心理学的な意味での精神の障害を不可欠な分母とすることで複合的な法的・規範的病気概念とする見解（西山）である[236]。

第一の考え方について箭野は、精神疾患間の法的平等が図られることによって責任主義のあるべき帰結が不足なく導かれるものの、①責任能力と他の責任要素の差異が曖昧化し、②実質的に心理学的方法を採ることによって混合的方法の意義が失われるとともに、③医学的・心理学的な知見を経由することを担保しえないという欠点を抱えていると批判を加え[237]、これらの難点を回避する第二の考え方の妥当性を主張する[238]。

箭野によれば、責任能力基準に混合的方法が採用されている理由は、精神医学や心理学によって明らかとされた一定の精神的欠陥という前提条件を法によって指定し、裁判官の恣意的判断を排するとともに、不毛な原因探求を回避させることで不安定な状態に陥るのを避けること（法的安定性）に求められる[239]。こうした混合的方法の目的が達成されるためには、「法的・規範的なもの」とは異なる次元に属するものを、「精神の障害」が内包しなければならないことになる[240]。

かようにして箭野は、「精神の障害」概念を法的見地から再構成しなければならないとしても、その際には医学・心理学の知見を参照する必要性があることを強調する。箭野によれば、戦後（西）ドイツの刑法学説や判例実務において法的病気概念が発達したのは、シュナイダー流の狭隘な医学的病気概念から離れることを意図したからであり[241]、法的見地から純化した形で「精神の障害」要件を再構成する必然性はない。

(235)　箭野［2008b］292頁参照。
(236)　箭野［2008b］292頁以下参照。
(237)　箭野［2008b］296頁参照。
(238)　箭野［2008b］297頁参照
(239)　箭野［2008b］308頁参照。
(240)　箭野［2008b］309頁参照。

他方で箭野は、「精神の障害」を原因としない場合であっても、違法性の意識の可能性論や適法行為の期待可能性論による責任非難の減免が可能であることを念頭に、第一の考え方の根底にある精神疾患間の法的平等という観点について、「解釈論上の帰結をより正面から採用することを求めたり、立法上の提案をおこなうなどといった方法が本来とられるべき[242]」であり、責任能力以外の責任阻却事由が機能不全に陥っていることを理由として、混合的方法の意義を没却するような解釈はなされるべきではないと指摘する。すなわち、箭野によれば、「精神の障害」以外の原因によって認識・制御能力（あるいはそれに対応する能力）が損なわれていた場合には、違法性の意識の可能性や適法行為の期待可能性による責任非難の減免が可能であり、第一の考え方のように実質的に心理学的方法を採用し、混合的方法から離れる意義は存在しない[243]。

このように、箭野説において「精神の障害」は、医学・心理学において広い意味で精神の障害とされるものの中で、認識・制御能力を少なくとも著しく減少させる可能性があるほどの障害として位置づけられることになるのである[244]。

イ　検　討

以上に見た箭野説の背景には、精神医学や心理学において疾病や障害とされる対象が顕著に拡大する中[245]で、責任能力の第一段階要素としての「精神の障害」に限定を加える何らかの方策が採られなければならない一方、「精神の障害」を純医学的概念として理解することも、また、純刑法学的概念として理解することも妥当でないとの問題意識がある。この問題意識の下で箭野は、広範な医学的・心理学的意味での障害を最大限の母体としながらも、刑法的意味における認識・制御能力への影響の観点から絞りをかけることによって、「精神の障害」を医学・心理学と法学の複合的概念として理解する。

筆者は、この結論自体は穏当だと考えるが、「精神の障害」を複合的概念と位置づけることの実益については疑問を感じている。箭野の見解においても、「精神の障害」は認識・制御能力という法的観点から再記述される以上、純粋に法的見地から構成する見解との間で、実際の帰結に差異は生じないように思われる[246]。

---

(241)　箭野［2008b］298頁以下参照。
(242)　箭野［2008b］314頁。
(243)　箭野［2008b］313頁参照。
(244)　箭野［2008b］316頁参照。
(245)　西山［1998］40頁参照。

というのも、医学的・心理学的な疾病や障害として箭野が意図していたのは、（たとえばシュナイダー理論のような）特定の狭い意味での医学的な疾患概念ではなく、（認識・制御能力に少なくとも著しく影響を与える）広範な意味における疾病や障害であり、「医学的・心理学的に広い意味で精神の障害が存するか否かが問われるとすると、当初の意図である鑑定対象の限定は無理ではないかという疑問(247)」に繋がりうるからである。

この箭野説に対する疑問は、同説において、①混合的方法の正当性を議論の前提に据えながら、②医学・心理学的な観点を「精神の障害」の解釈に導入することで専門知識の経由が可能となるとし、さらに、③生物学的要素の従来的な枠組みの中で法的疾病概念を構成する点の問題性に起因する。

①の点について箭野は、混合的方法の本来的な目的は責任能力判断の安定化にあり、その目的が達成されるためには生物学的要素と心理学的要素の意味内容に差を設ける必要がある——つまり、「精神の障害」を純粋に法的な概念として位置づけるべきではない——ものの、「精神の障害」を純粋に医学的な疾患概念として理解することもできないため、医学・心理学と法学の複合的概念として理解する。

箭野説における上記の思考プロセスは、混合的方法による責任能力基準が正しいことを前提に議論が展開されており、責任能力の実体要件として「精神の障害」を存置すべきか否かという、混合的方法の妥当性に再検討を迫る文脈においては必ずしも説得的ではない。換言すれば、「精神の障害」の外枠を「責任能力基準の第一段階要素」として先に確定した上で、混合的方法が真価を発揮するために第二段階要素（弁識・制御能力）とは異なる意味づけを「精神の障害」に与えるというのではなく、むしろ、「精神の障害」という要素のあるべき意味内容を確定した上で、それに見合った責任能力基準における地位を考えるべきなのである。

筆者の見立てでは、責任能力判断の安定化という混合的方法の目的は、かつて生物学的要素が医学的な疾患概念と同視されていた時代の残滓である。「精神の障害」に関する議論進展を経て、㋐「精神の障害」を法的観点から再構成し、㋑責任原則違反とならぬよう弁識・制御能力に問題が生じた精神状態をあまねく含

(246)　安田［2009a］31頁参照。
(247)　浅田［2009a］132頁。

むような解釈が要請される現在にあっては、「精神の障害」の意味内容は相当程度変容しており、その結果として、混合的方法の妥当性が揺らいでいるのである。

たしかに、混合的方法の目的が達成されるためには、箭野が指摘するように生物学的要素と心理学的要素とで異なる内容が含まれなければならないだろう。しかし、上記のように混合的方法の妥当性に疑問を抱く筆者の立場からは、この記述方法による責任能力基準を所与のものとし、「精神の障害」の議論進展による知見を未整理のままこの要素に取り込むことで、医学・心理学と法学の複合的概念として記述する同説には疑問が残るのである。

また、②の点については、「精神の障害」の外延や内実を法的見地から再構成することと、この意味での「精神の障害」の有無や程度を医学的・心理学的な見地から説明することの間には違いがある。既述のように、医学・心理学と法学の間には関心対象の相違があり、「精神の障害」を医学・心理学領域における疾患概念と一致させることは妥当でない。他方で、「精神の障害」は弁識・制御能力の有無や程度といった法的観点から構成されるべきであり、治療の必要性といった他の考慮要素が入り込む余地は存しない。

かようにして、「精神の障害」の法的再構成は、精神医学や心理学における疾患該当性と「精神の障害」該当性が無関係であり、その有無や程度が弁識・制御能力といった法的観点から判断されなければならない、という二重の性質を有することになる。その帰結として、第一段階要素としての「精神の障害」に弁識・制御能力と区別された実体要件としての位置づけを与える理由を実体論的な理由に求めることは困難となる。

これに対して箭野は、「精神の障害」の法的再構成を認めながらも、これを純粋に法的見地から記述した場合には混合的方法の目的に背理し、精神医学や心理学の知見を確実に経由する途が断たれるとして、「精神の障害」を医学・心理学と法学の複合概念として理解する。しかし、「精神の障害」の外延や内実を法的見地から構成するとしても、「精神の障害」の判断に際して医学的・心理学的な専門的知見の経由が回避されることを意味しない。Fingarette の指摘に見られたように、「精神の障害」概念を確定する権限が精神医学の側に存しないとしても、精神鑑定人の役割が消失することにはならないのであって、「専門的知識の経由の有無」という問題は、責任能力基準における「精神の障害」に医学・心理学の概念が用いられているかという問題とは別の次元に属している[(248)]。実際にも、純粋に法的見地から「精神の障害」を再構成する安田の見解においても、「精神の障害」の有無や程度は「精神医学ないし心理学的専門知識に基づいて判断するもの[(249)]」と強調されていることを考慮すれば、「精神の障害」の複合的理解の意義も薄らいでしまうように思われる[(250)]。

さらに、③の点について箭野は、自身と同様に「精神の障害」を複合的概念として構成する論者として、精神医学者の西山詮を挙げる。しかし、第3部第1章第4節で概観したように、西山は「精神の障害」の多義性を指摘する中で、㋐弁識・制御能力の認定資料としての「精神の障害」と、㋑弁識・制御能力が喪失ないし著しく減退した精神状態としての「精神の障害」（心神喪失・心神耗弱）を区別し、後者を法的疾病概念と理解する点で、箭野の理解とは距離がある。すなわち、箭野説は、西山説において異なる次元に位置づけられていた、㋐「精神医学的疾病概念またはそれにきわめて近い概念」として理解される生物学的要素と、㋑弁識・制御能力が喪失ないし著しく減退した精神状態（法的疾病、心神喪失・心神耗弱）を混合させ、第一段階要素としての「精神の障害」の理解に換骨奪胎して用いるものと評しうる[(251)]。

しかし、西山説における法的疾病としての「精神の障害」は、心神喪失や心神耗弱といった責任能力の判断結果の言い換えであり、これを第一段階要素としての「精神の障害」の内容として援用することは不適切である。「弁識・制御能力を少なくとも著しく減退させる精神状態」を責任能力基準の第一段階要素に位置づけることにどのような意義が認められるのか、説得的な理由が示される必要があるだろう。

---

(248)　精神鑑定人には、「精神の障害」の有無や程度のみならず、弁識・制御能力といった規範的要素の有無や程度についても、その専門知識の及ぶ範囲で意見を述べることが求められる。このことを前提とすれば、「精神の障害」という要素に医学・心理学の観点を付加したところで専門的知識の経由が確実になるとは言えないだろう。

(249)　安田［2009a］32頁。

(250)　さらに、医学・心理学的な観点を「精神の障害」に導入するとしても、箭野説において考慮されるのは広範な意味での医学的・心理学的な疾病や障害であり、これらを分母に配したところで、「精神の障害」を純粋に法的な見地から構成する見解と比べて専門的知見の経由が確実になるといえるのか疑問である。

(251)　箭野は、「これ［西山の指摘］を文字どおりに解すると、『心神喪失という精神障害の態様』が法的疾病概念であるということになるが、『心神喪失』をあえて法的疾病と呼ぶことに大きな意義があるようには思われない」（箭野［2008b］325頁注36）として、上記の理解を排斥する。

先述のように筆者は、「精神の障害」が法的見地から再構成されなければならないという命題には、精神医学や心理学における疾患該当性と「精神の障害」該当性が無関係であり、その有無や程度が弁識・制御能力の観点から判断されなければならないという2つの内容が含まれると考える。この両者を肯定した上で、町野や水留の見解とは異なり、「精神の障害」から責任能力の判断結果を直接導出する余地を認めないのであれば、責任能力判断の第一段階要素として「精神の障害」が果たす実体論上の役割は消失するように思われるのである。

第3項　検　討

以上、本節では、「精神の障害」に責任能力の実体要件として独自の意義を認める立場に検討を加えた。これらの見解は、「精神の障害」の法的構成を認めながらも、弁識・制御能力要件との完全な重なり合いを否定する点に共通性が認められる。

すなわち、心理学的要素の認定上の困難性や他行為可能性に基づく判断の弊害を問題とする立場（町野、水留）からは、「精神の障害」に第一義的な重要性を認め、弁識・制御能力の個別判断を経ずに責任能力の判断結果を導出する余地を認めるという形で、また、混合的方法の本来的な目的を考慮し、「精神の障害」には弁識・制御能力とは異なる内容が含まれなければならないとする立場（箭野）からは、「精神の障害」に医学的・心理学的な見地を付加するという形で、「精神の障害」と弁識・制御能力の間の差別化が図られている。

既述のように、前者の考え方については、弁識・制御能力に基づいた判断の困難性や不適切さは、弁識・制御能力の意味内容を再考することで克服されるべきであり、「精神の障害」という要素を重視することで問題に対処することは、責任能力の実体要件や判断プロセスの明確性を犠牲とすることになって妥当でない。また、後者の考え方については、混合的方法の正当性を前提に据えつつ、それに沿った形で「精神の障害」の外延や内実を確定させるのでは議論の順序が逆転しており、「精神の障害」の法的構成を認め、（前者の考え方とは異なり）弁識・制御能力の個別判断を省略する余地を認めない以上、この意味での「精神の障害」に独自の意義を認めることは困難なように思われる。

かようにして、本節での検討からは、以下のような分析結果が得られた。まず、犯罪の実体的要素として弁識・制御能力要件に第一義的な重要性を認める通説的な立場を前提とする以上、（弁識・制御能力に関する従来の理解に再考の余地があるとしても）「精神の障害」を責任能力の決定的要素とし、この意味内容を拡充することで問題解決を図るアプローチは採り得ない。他方で、精神医学や心理学における疾患該当性と「精神の障害」該当性が無関係であり、その有無や程度が弁識・制御能力といった法的観点から判断されなければならないという意味で「精神の障害」の法的再構成を認めるのであれば、第一段階要素としての「精神の障害」に弁識・制御能力と異なる独自の意義を認めることは困難となる。

次節では、上記の見解とは異なり、「精神の障害」に弁識・制御能力と区別された独自の意義を認めない立場に検討を加える。そこで中核的な問題となるのは、「精神の障害」に刑法理論上独自の意義を認めない場合に、この要素をなお責任能力の実体要件として存置すべきか否かである。

第2節　責任能力の実体要件として「精神の障害」に独自の意義を認めない立場

第2部で検討したように、わが国の通説的見解は責任要素を、行為者が備える精神的・心理的能力に関わる面と、具体的な行為事情に関わる面に二分した上で、それぞれの面で「その行為が違法であることの認識可能性」と「その違法性の認識に従って違法行為への意思決定を思いとどまる動機づけの制御可能性」の両者が問題になるとする思考枠組みを採用する。この枠組みの下では、「弁識能力といわゆる違法性の意識の可能性、そして、制御能力と期待可能性とは、原理的には同じもの[(252)]」と解され、「精神障害に罹患していなくても、違法性の認識の可能性を欠く場合や期待可能性がない場合に責任阻却が認められるのであれば、『精神の障害』の場合の特別の規定は不要[(253)]」となるようにも思われる。

しかし、責任能力と他の責任阻却事由の完全な平行理解を認める立場からも、「精神の障害」を責任能力の実体要件として不要と解する論者は見当たらない。既述のように水留は、わが国の通説的見解が責任能力と他の責任要素の平行理解を認めながらも実体要件としての「精神の障害」を存置する理由を、以下のように整理する。

---

(252)　林（幹）［2009］44頁。
(253)　水留［2014a］8頁。

第一は、刑法39条に基づく責任能力の喪失や減退が、保安処分等の特別な処遇の前提として機能することを理由に挙げるものである。すなわち、責任無能力による免責は保安処分等につながることから、責任無能力による責任阻却は一般的な責任阻却事由から区別され、こうした見地から「責任能力の規定には、やはり心理学的方法とあわせて生物学的方法が必要[254]」と解する立場が存在する。

しかし、保安処分は責任能力の喪失や減退を必ずしも要件とせず、責任能力の要件として「精神の障害」を存置する理由としては説得性を欠くように思われる[255]。責任能力が行為者への刑罰による法的非難可能性の問題であるとすれば、「たとえば対象者の危険性を理由とする保安処分の問題とは、本来別の問題[256]」として区別されるはずである。わが国の心神喪失者等医療観察法についても、「心神喪失・心神耗弱という申立要件は、この法律による強制的な処遇の発動を制約する要件であるにすぎ[257]」ず、「保安処分、あるいは心神喪失者等医療観察法の処遇のみを理由として、責任能力を阻却・限定する要件として『精神の障害』が要求されるということはできない[258]」であろう。

第二は、「精神の障害」を要件としなければ責任能力の判断が不明確になるとするものである。すなわち、純粋な心理学的方法によった場合には、「形而上学的非決定論を採るものの如く解され易いのみならず、責任能力や限定責任能力の原因が無限定になり過ぎて、法的安定を害するおそれがある[259]」と指摘される。この立場からは、犯罪の実体的要素としては心理学的要素のみだが、「生物学的要素は、その不存在を推定させる、その意味で証拠上の意義をもつ[260]」ことを理由に、実体要件に組み込まれることになる。

わが国の学説の多数は、責任能力基準の本体を弁識・制御能力に求めながら、実体要件としての「精神の障害」が必要とされる理由をこの第二の点に求める傾向があるように見受けられる[261]。以下では、弁識・制御能力と「精神の障害」の意味上の重なりを認めながらも、この論拠から「精神の障害」に実体要件としての

---

(254)　団藤［1963］46頁。
(255)　町野［1993］39頁（注12）参照。
(256)　水留［2014a］8頁。
(257)　水留［2007b］200頁以下。
(258)　水留［2007b］201頁。
(259)　墨谷［1994］244頁。
(260)　林（幹）［2009］43頁。
(261)　たとえば、団藤［1963］45頁以下、平野［1975］283頁以下、浅田［1999］90頁（生物学的要

地位を認める安田拓人の見解に検討を加え、私見の立場を提示する。

第1項　安田拓人の見解

ドイツ刑法学の知見をわが国の責任能力論解釈へ応用しようと試みる安田拓人は、ドイツの判例・学説が「精神の障害」を法的見地から再構成するに至った議論過程を分析したうえで、わが国における「精神の障害」にも同様の理解が妥当すると主張する。

安田によれば、（シュナイダー流の伝統的な）医学的疾患概念を責任能力の要件として採用した場合には、人格障害などの精神的変性が「精神の障害」に含まれず、弁識・制御能力に問題があったとしても危険な犯罪者を正常者として処罰することが可能となる(262)。このことから安田は、「精神の障害」解釈に際して医学的病気概念が支持されてきたのには、この解釈によって刑事政策的な考慮を正面から認めることが可能となり、あまりに多くの犯罪者が責任能力規定の適用対象となることを防ぐという目的があったと指摘する(263)。

他方で、脳科学などの進歩により、重大な犯行に及んだ行為者の脳に微細な障害が見出されるケースが増えていることを考慮すれば、「いずれは『精神の障害』による限定は不可能となり、法の立場から認識・制御能力のどの程度の障害を心神喪失・心神耗弱と評価するかが決定的(264)」とならざるを得ない。安田によれば、弁識・制御能力を少なくとも著しく減少させる可能性があり、このことに合理性がある場合に、こうした精神状態を「精神の障害」から外すことは妥当でなく、特定の精神医学の立場を採用し、「狭い医学的病気概念を適用することは、責任原則違反になりうる(265)」のである(266)。

わが国の判例や学説が混合的方法を採用する理由について、安田は、「一定の

件と心理学的要件との間に、ゆるやかな事実上の推定関係が認められることによって、裁判官の自由心証を合理的にコントロールすることが可能になるとする）など。

(262)　安田［2009a］28頁以下参照。

(263)　安田は、シュナイダー流の伝統的な疾患概念を「精神の障害」該当性と一致させるべきではない他の理由として、身体的な基礎を有する精神病が、神経症や情動などといった「精神的変性」よりも人間行動に強い影響を与える科学的証明がなされていない点を挙げる（安田［2009a］29頁参照）。なお、戦後（西）ドイツにおいては、「精神の障害」はBGHによって医学的病気概念から法的病気概念へと変容され、この法的病気概念が1975年より妥当している現行法によって立法化されているとの理解が一般的である。この経緯については、仲宗根［1976］27頁以下参照。

(264)　安田［2002a］35頁。

(265)　安田［2006］32頁。

コントロール機能を満足する生物学的要素を考慮せずに判断した場合にもたらされるであろうカオス状態を避けることにあり、その主たる理由が、具体的事案における行為者心理に関する我々の判断能力が限られていることにあるのだとすれば、たしかに、そのことには実際上の説得性は認められる[(267)]」としながらも、「免責の可否は最終的には認識能力・制御能力の判断において行われるのであり、そこで無能力ないし限定責任能力と判断されるべき実体がある場合に、それを排除してしまうような『精神の障害』の解釈は妥当でない[(268)]」と指摘する。

このことから安田によれば、第一段階要素としての「精神の障害」は、他行為可能性の基盤として問題になりうるあらゆる状態を把握しなければならず、「第１段階に挙げられた精神状態の前提要件が存在しない場合には、認識・制御無能力（限定認識・制御能力）の場合はもはや考えられないということが確認されなければならない[(269)]」。この点について安田は、以下のように述べる。

「わが国の刑法39条においては、心神喪失者・心神耗弱者という簡単な規定ぶりがみられるにすぎず、『精神の障害』は、判例・学説による解釈により得られた概念であるにとどまる。それゆえ、認識能力もしくは制御能力を少なくとも著しく減少させうる精神状態をあますところなく把握できるよう解釈することを妨げるものは何もないのである[(270)]。」

こうした安田説の背景には、人格障害など、行為者の素質と環境が相互に作用して形成される精神障害の類型の場合に、行為者の内にある事情だとみれば刑法39条の適用対象となるのに対し、外部的な事情だけでは超法規的な責任阻却事由（期待可能性）に依拠せざるを得ないことへの疑問がある[(271)]。すなわち、伝統的な疾患概念の下では人格障害や情動行為などが精神障害として認められず、適法行為の期待可能性など他の責任阻却事由が十分に機能していない実態を踏まえ、これらを含みうる刑法39条の解釈論を展開しようと試みるのである[(272)]。

(266)　もっとも、現代的な精神疾患概念を念頭に置いた場合には、医学的病気概念と法律的病気概念の射程の広さは逆転する。この点につき、安田［2013］９頁参照。
(267)　安田［2006］33頁。
(268)　安田［2006］42頁。
(269)　安田［2006］34頁。
(270)　安田［2006］66頁以下。
(271)　安田［2006］167頁参照。

かようにして安田は、責任阻却事由は期待可能性の観点によって統一的に理解されることから、外部的な事情であっても、単に個別の意思決定を強制するのみならず、行為者の人格・精神機能に影響を及ぼすものであれば、超法規的責任阻却事由としての（狭義の）期待可能性の領域にとどめておくべきではないと理解する[(273)]。安田によれば、こうした思考方法を採ることによって、「認識・制御能力に影響を及ぼしうる精神状態の中で、責任主義あるいは平等原則の観点からみれば到底正当化されえないような区別を避け、同じ精神状態には同じ法的結論を導くこと[(274)]」が可能となるのである。

第2項　検　討

以上の安田説は、「精神の障害」要件を、最も純粋な形で法的見地から構成しようと試みるものである。安田説における「精神の障害」には、責任主義の観点から、少なくとも著しい弁識・制御能力の低下をもたらしうる精神状態がすべて包摂されている。このことから、安田自身も以下で認めるように、純粋な心理学的方法を採った場合と比べて結論に相違が生じる場面は想定できない。

> 「法律的病気概念による場合には、……認識・制御能力に責任能力の適用が問題となるような低下を生じさせる精神の障害を列挙して見かけ上は混合的方法により規定するか、……見かけ上は心理学的方法により規定するかは、結論に全く影響を及ぼさず、いずれにせよ認識・制御能力の有無・程度が決定的だということになる……[(275)]。」

混合的方法の枠組みを維持したまま、第一段階要素としての「精神の障害」を法的見地から再構成した場合には、この要件の有無によって責任能力の判断結果に差異は生じず、「精神の障害」が問題解決のツールとして何ら作用しないことになる[(276)]。既述のように安田は、弁識・制御能力の有無や程度のみで判断した場合に心神喪失や耗弱の範囲が無限定かつ不安定になるとして、混合的方法の枠組み

---

(272)　安田［2006］167頁参照。
(273)　安田［2006］167頁参照。
(274)　安田［2009a］37頁。安田は、このような広範な「精神の障害」要件を採用することの反射的効果として、「精神障害者をそのことのみを理由にして不当に扱うことの反面において生じる偏見や差別を解消することにもつながり、これを避けるために主張されている、ややも安易な刑法39条廃止論に対する歯止めになる」（同頁）と指摘する。
(275)　安田［2013］10頁以下。

自体を維持する一方[277]、法的病気概念を採用することの帰結として、「『精神の障害』は、認識・制御能力の有無・程度を類型的かつ安定的に判断することを可能にする基盤を提供するに過ぎないもの[278]」と理解される。

しかし、この意味での「精神の障害」に実体要件としての地位を認めることによって、責任能力の判断基盤の安定化・類型化が図られうるかは疑問である。安田説の下では、弁識・制御能力に影響を与えうるものであれば、すべての精神状態が「精神の障害」に含まれることで、同じ精神状態には同じ法的結論を導出することが志向されている。そうだとすれば、水留が指摘するように、安田説における「精神の障害」は、「弁識・制御能力の判断結果の言い換えに過ぎない」ことになり、「そのような『精神の障害』に、判断基盤の安定化・類型化という任務を負わせることは困難[279]」だと思われる。

既述のように、安田が法的病気概念を採用した背景には、精神障害以外の事情に由来して弁識・制御能力が害された場合にも、精神障害による場合と同一の法的効果が認められなければならないという問題意識がある。こうした前提の下で、「精神の障害」が能力を害する理由となるときに限って判断基盤の明確化を図ろうとするのは、同説の出発点に反することにもなるだろう[280]。

箭野の指摘に見られたように、責任能力判断の安定化という混合的方法の目的が達成されるためには、生物学的要素と心理学的要素とで異なる内容が含まれることが必要となる。「精神の障害」と弁識・制御能力の意味上の重なり合いを認め、弁識・制御能力に問題が生じうる精神状態をあまねく含むような「精神の障害」解釈の下では、判断基盤の明確化という論拠の説得性は相当程度後退せざるを得ないのである。

---

(276)　安田［2013］10頁参照。
(277)　安田［2002a］35頁参照。
(278)　安田［2002a］35頁。
(279)　水留［2007b］198頁。
(280)　水留［2007b］198頁参照。

第3節　検　討

第1項　「精神の障害」を実体要件として認めた場合の不整合性について

本章では、責任能力基準における「精神の障害」の位置づけを明らかにするために、わが国の代表的な見解を概観し、「精神の障害」を実体要件として存置する諸説に検討を加えた。

これによれば、第一段階要素としての「精神の障害」を、医学的な疾患概念と区別された法的概念として構成すべきとする点において、見解の相違は見られない。行為者の弁識・制御能力が刑法的な意味で喪失・減弱していた場合に、精神医学など他の学術領域において疾患と見なされるか否かによって、責任能力の結論に相違が生じると考えるのは不合理である。この意味で、同じ精神状態には同じ法的帰結が導出されなければならないとの安田の指摘は、正鵠を射ている。

このことから、わが国の刑法学説は、「精神の障害」を医学的な疾患概念から切り離すとともにこれを弁識・制御能力といった法的見地から再構成するものの、責任能力基準から「精神の障害」を排除することについては躊躇してきた。筆者の見立てでは、この意味での「精神の障害」を実体要件として存置する根拠は、生物学的要素と心理学的要素の関係性の理解に依存し、以下の二つの方向性に大別できる。

第一は、町野や水留のように、責任能力を他の責任要素（違法性の意識の可能性、適法行為の期待可能性）と区別された、「精神の障害」をメルクマールとする特別な責任阻却事由と解し、責任能力基準において「精神の障害」に第一義的な重要性を認めることで、「精神の障害」から責任能力の判断結果を直接に導出する余地を認める立場である。この立場の背景には、責任能力と他の責任要素の平行理解を認めて「精神の障害」の意義を相対化した場合には、責任能力判断が適切になされ得ないとの問題意識がある。

しかし、既述のように、責任能力と他の責任要素の本来的な意味での差別化は、弁識・制御能力要件の内容が他の責任要素のそれとは異なることを提示することで図るべきであり、「精神の障害」という要素を重視することで問題に対処することは、責任能力の実体要件や判断プロセスの明確性を犠牲とすることとなり妥当でない。

第二は、箭野や安田のように、責任能力と他の責任要素は、「行為の違法性の認識可能性」と「違法行為への意思決定を思いとどまる動機づけの制御可能性」が問題となる点で変わりがなく、「精神の障害」は当該精神状態が生物学的要因に基づいていたという意味で、原因の違いを示す要素にすぎないとする立場である。

この立場からは、広い意味での医学的・心理学的な疾患や障害を「精神の障害」の母体とすることで純粋な心理学的方法とは距離を置くアプローチ（箭野）や、「精神の障害」を純粋に法的見地から構成しつつも判断基盤の明確化に資することから実体要件として維持するアプローチ（安田）が展開されている。しかし、「精神の障害」を実体要件として存置する理由として、これらの論拠が説得性を欠くことは既述の通りである。

かようにして、いずれの立場からも、法的に解釈された「精神の障害」を実体要件として維持した場合には、何らかの形で不整合が生じることになる。この不整合性は、混合的方法という従前の規定方式を維持したまま、生物学的要素に関する議論進展を通じて「精神の障害」に従来とは異なる意味内容を与えたことに起因するものである。

ダラム・ルールをめぐるアメリカの議論でも示唆されていたように、「精神の障害」を弁識・制御能力といった法的見地から再構成する以上、実体要件としての「精神の障害」の位置づけを再考する必要が生じるのではないだろうか。第一段階要素としての「精神の障害」において、行為者の精神状態を弁識・制御能力の観点から再記述した場合には、弁識・制御能力が喪失・減弱した精神状態（心神喪失・心神耗弱）との差異は曖昧化し、実体要件としての役割を何ら果たしていないのではないかとの疑問に繋がりうる。

既述のように、裁判実務では、被告人の疾病の種類や程度に加え、犯行の動機や態様、犯行前後の行動や、被告人の記憶の有無などを総合的に考察して責任能力を判断しているとされる[(281)]。こうした点を考え合わせると、「精神の障害」のみに実体要件として特別の地位を与える説得的な理由を提示することは、一層困難となる。

(281)　松藤［2013］118頁以下参照。

第2項 「精神の障害」不要説について

上記の点から本書は、法的概念として再構成された「精神の障害」を、弁識・制御能力に並ぶ実体要件として維持することはできないとの立場を採用する。法的概念としての「精神の障害」の外延や内実は、「弁識・制御能力に影響を与えうる精神状態」などという形で心理学的要素によって規定されることから、責任能力基準において両者を別個の要件として並置する合理的な理由は見出せない。「精神の障害」と弁識・制御能力の並置は、前者が医学的概念として理解される限りで意義を有していたのであり、実体要件としての「精神の障害」を医学的な疾患概念と同視する旧来的な理論が採りえないとすれば、「精神の障害」を弁識・制御能力の認定資料として正面から位置づけるとともに、これを責任能力基準から除外する以外に、上記の問題を解決する方策は存在しない。

「精神の障害」を実体要件として承認しない本書の立場からは、「精神の障害」をめぐる前記の不整合性が解消されるのみならず、①弁識・制御能力の内実に関する議論進展（第2部の分析結果）や、②精神鑑定人と裁判所の役割をめぐる議論から得られた帰結（第1部の分析結果）を見据えた場合にも、首尾一貫した説明を提示することが可能となる。

まず、①の点については、心理学的要素の内実に関する議論進展に平行する形で、生物学的要素の位置づけが変化する可能性を指摘しなければならない。

既述のように筆者は、刑事責任能力論において弁識能力と制御能力を区別することには理論的・実践的な意義や根拠が存在せず、行為者の弁識プロセスに着目することでその意味内容が豊富化された、「実質的弁識能力」とも言うべき統一基準によって心理学的要素の内実が規定されるべきとの立場を採用する。(282)

行為者の弁識内容ではなく弁識プロセスの異常性を重視する本書の立場を前提とした場合には、症状論が説くような個々の「精神状態像」によって心理学的要素の有無や程度を明らかにすることはできず、第一段階要素としての「精神の障害」に求められる内実は、行為者の全体像を基底とする診断論の思考方法と親和性を有することになる。

この点、従来の診断論は一般に、弁識・制御能力と他の責任要素（違法性の意識の可能性、適法行為の期待可能性）の平行理解を認めながら、実体要件としての「精

(282)　本書第2部第4章第2節第3項参照。

神の障害」を特別のメルクマールとすることで責任能力と他の責任阻却事由が区別されると主張する。その際には、弁識・制御能力要件のみに依拠した判断の困難性・不適切性を根拠に、実体要件としての「精神の障害」には弁識・制御能力の認定資料にとどまらない豊富な意味内容が与えられるべきだと指摘される。

これに対して筆者は、弁識・制御能力の内実を（違法性の意識の可能性や適法行為の期待可能性に対応する）個別具体的な心理内容とする従来の理解を共有しない。責任能力論において弁識・制御の二分法を採用せず、弁識プロセスの異常性に着目する本書の立場を前提とした場合には、診断論の意味で「精神の障害」を理解したとしても、心理学的要素（実質的弁識能力）との間に意味上の齟齬は生じない。このことから、従来の診断論とは異なり、「精神の障害」を実体要件として存置する意義は存在せず、これを心理学的要素の認定資料に正面から位置づけることが可能となるのである。

また、②の点については、責任能力の判断場面において、生物学的要素と心理学的要素を峻別し、この区別を鑑定人と裁判所の任務分担に反映する思考方法は過去のものとなっている。すなわち、経験科学的な方法によって把握可能な生物学的要素の判断を精神鑑定人に、法の目的などを考慮した規範的見地からなされる心理学的要素の判断を裁判所に割り振る形式的な枠組みは支持を失い、現在では、生物学的要素の有無や程度のみならず、それが心理学的要素に与えた影響の有無や程度についても、その専門知識の及ぶ範囲で意見を述べることが精神鑑定人に期待されている[(283)]。

こうした理解を前提とした場合、生物学的要素と心理学的要素を峻別した上で別個の要件として存置する現行の責任能力基準は、責任能力判断の実態に即さない不自然な規定のようにも思われないだろうか。精神鑑定人の役割は、臨床精神医学的な疾患概念への該当性判断ではなく、被告人の精神状態を実質的弁識能力という法的文脈に引き直し、裁判所の規範的評価（心神喪失・心神耗弱・完全責任能力）を補助する点に認められる。そうだとすれば、従来の学説が「精神の障害」と呼んでいた実体は、ある病的な精神状態が弁識・制御能力の喪失や減弱と関連性を有するかという問題であり、これを弁識・制御能力から区別された実体要件

(283)　この帰結は、従来わが国において展開されてきた、精神鑑定人の役割に関する形式的な議論のみならず、第１部で示したように、「事実認定者に与える影響」を加味した実質的な議論によっても支持される。

として位置づけることは困難であろう。

かようにして、「精神の障害」を実体要件に位置づけず、心理学的要素の認定資料として理解する本書の立場からは、法的概念としての「精神の障害」をめぐる従来の学説の不整合性が回避されると同時に、心理学的要素に関する議論進展や精神鑑定人と裁判所の役割をめぐる議論とも親和的な説明を提示することが可能となる。

こうした帰結は、責任能力の実体要件を一元化するという意味で、Fingarette説や町野説などに見られる「精神の障害」一元説に類似したものと受け取られるかもしれない。しかし、ダラム・ルールをめぐる議論過程からも明らかとなったように、「精神の障害」を重視するアプローチを採用した場合には、この概念に含まれる多様な側面――たとえば、①精神医学における疾患概念への該当性の有無や、②心理学的要素の認定資料として精神鑑定人が述べる意見、さらに、③「法的見地から非難を加えられるほどの精神状態か」という事実認定者による判断など――が見失われるおそれがある。このことから、責任能力の実体要件としては、あくまで心理学的要素（実質的弁識能力）を定位するアプローチが採られるべきだと筆者は考える。

責任能力の実体要件として記述されるべきは心理学的要素（実質的弁識能力）のみであり、「精神の障害」は多岐にわたる心理学的要素の認定資料のうち、特に精神鑑定人がその専門性を発揮できる領域として位置づけられる、というのが第3部の結論である。

小　括

第3部では、わが国の判例・学説が責任能力基準の第一段階要素に位置づける、「精神の障害」の意味内容と実体論上の地位を考察した。わが国の通説的見解は、「精神の障害」を弁識・制御能力といった法的見地から再構成する必要性を強調する一方で、混合的方法による従前の理論枠組みを維持することで、この意味での「精神の障害」に弁識・制御能力と並ぶ実体要件としての地位を与えてきた。本書では、こうした理解を前提とした場合に、「精神の障害」が責任能力基準の第一段階要素として何ら機能していないのではないかとの疑問から、純粋な生物学的方法として知られるダラム・ルールに関するアメリカの議論を素材とし、疾患概念をめぐる精神医学領域の議論にも踏み込んだ形で検討を加えた。

第1章では、「精神の障害」という要素について精神鑑定人と事実認定者のそれぞれが果たすべき役割という視点から、ダラム・ルールをめぐる議論を分析した。「精神の障害」のみを要件とする同基準に対し、その運用上の困難性から修正が加えられた過程を辿ることで得られた示唆としては、以下の点が挙げられよう。すなわち、①責任能力の判断場面における「精神の障害」は、医学領域の疾患該当性判断とは無関係であって法的見地から再構成されなければならず、②精神鑑定人の役割は、事実認定者が「法的に心神喪失とするのに十分な能力低下か否か」を判断するための補助であり、(弁識・制御能力の喪失や減弱といった) 法的観点から行為者の精神状態について、その専門知識の及ぶ範囲で意見を述べることに認められる。さらに、③「精神の障害」を法的見地から再構成した場合には、混合的方法による責任能力基準の妥当性に再考の余地が生じることになる。

この分析結果を受けて、第2章では、責任能力論における「精神の障害」の意味内容を明らかにするために、疾患概念に関する精神医学の議論を援用しながら刑法学における症状論と診断論をめぐる議論に検討を加えた。精神医学においては、行為者の精神状態を総体的に捉える伝統的精神医学の思考方法と、個別具体的な症状を分析的に捉える現代的精神医学の思考方法が対照的に捉えられているが、近時では、ある症例の全体像をどのように捉えるべきかという視点を欠く後者の難点を回避するため、(特に精神鑑定では) 両者の視点を相補的に用いるべきとの主張が有力に展開されている。

こうした理解を刑法学における「精神の障害」解釈に応用すると、過去の一回限りの事象への意味づけとして理解される責任能力判断にとって重要なのは、個別の心理状態 (精神症状・精神状態像) の提示ではなく、「判断者が捉えた病態と、そこから推論される行為者の精神状態が高い説得力を持って語られること[(284)]」であり、責任能力論における「精神の障害」の判断基盤は、診断によって精神医学的に評価・解釈された行為者の全体像として理解されるべき (診断論) との結論に至った。この診断論の思考方法は、心理学的要素に関する私見の立場——責任能力論において弁識・制御の二分法は妥当せず、弁識プロセスに着目することで意味内容が豊富化された「実質的弁識能力」に一元化されるとの考え——とも整合的であり、「精神の障害」の判断基盤として診断論の立場を採用することが、実質面のみならず理論面においても合理的であることを明らかにした。

さらに第3章では、上記の意味で理解される「精神の障害」の刑法理論上の地位を探るために、わが国の刑法学説が「精神の障害」を実体要件として存置する根拠を比較検討し、いずれの立場からも、法的に解釈された「精神の障害」を実体要件として維持した場合には、何らかの形で不整合が生じるとの結論を得た。

これによれば、責任能力を他の責任要素 (違法性の意識の可能性、適法行為の期待可能性) と区別し、「精神の障害」をメルクマールとする特別な責任阻却事由と解する立場に対しては、責任能力と他の責任要素の平行理解の非妥当性は、弁識・制御能力の意味内容が他の責任要素と異なることに由来するのであって、「精神の障害」という要素を重視することで問題に対処することは、責任能力の実体要件や判断プロセスの明確性が犠牲となって適切でないとの疑問が生じうる。

他方で、責任能力と他の責任要素の平行理解を認め、「精神の障害」は当該精神状態が生物学的要因に基づいていたという意味で、原因の違いを示す要素にすぎないとする立場からは、「精神の障害」を医学・心理学と法学の複合概念として理解することで純粋な心理学的方法とは距離を置く考え方や、「精神の障害」の刑法理論上の意義を否定しつつも責任能力判断の明確化のために実体要件としての「精神の障害」を存置する考え方が提示されている。しかし、「精神の障

(284)　水留［2007b］230頁。

害」を複合概念と理解しても結局は純粋な法的構成説と帰結に差異は生じ得ず、また、この意味での「精神の障害」を第一段階要素に存置しても判断の明確化に資するとは考えられないことから、これらの論拠はいずれも説得性を欠いている。

かようにして筆者は、法的概念として再構成された「精神の障害」を、弁識・制御能力に並ぶ実体要件として維持することはできないとの結論に達した。法的概念としての「精神の障害」の外延や内実は、「弁識・制御能力に影響を与えうる精神状態」などという形で心理学的要素によって規定されることから、この意味での「精神の障害」は弁識・制御能力と並ぶ実体要件としてではなく、弁識・制御能力の認定資料として正面から位置づけられなければならない。「精神の障害」を実体要件として認めない筆者の立場からは、この要素に関する従来の学説の不整合性が解消されるのみならず、①弁識・制御能力の内実に関する議論進展（第２部の分析結果）や、②精神鑑定人と裁判所の役割をめぐる議論から得られた帰結（第１部の分析結果）を見据えた場合にも、首尾一貫した説明を提示することが可能となるのである。

第４部では、第３部までに導出した私見の理論枠組みの妥当性を検証するために、裁判実務における責任能力の認定手法を分析する。

第４部　責任能力の認定手法について

第４部では、裁判実務における責任能力の認定手法を考察する。

このうち第１章では、責任能力に関する最高裁判例を概観し、裁判実務における責任能力の判断方法の大枠を確認する。また、分析対象となる裁判例の抽出方法や考慮要素の選択理由を明らかにする。

続く第２章では、責任能力が争点となった国内の裁判例91例において、総合的判断方法における11要素が責任能力の評価にいかに作用しているのかを明らかにする。特に、責任能力判断においてどの要素が重視されているのか（評価の重み）、これらの要素を責任能力の肯定・否定のいずれの方向に評価しているのか（評価方向）、各要素間の相互関連性にも配慮しながら分析することで、裁判実務における責任能力の認定手法を明確にする。

さらに第３章では、責任能力の実体要件と認定基準の関係性を考察する。この過程では、まず、従来の学説における責任能力の実体要件と裁判実務における責任能力の認定基準が乖離にとどまらず、矛盾していることを提示する。それを踏まえ、裁判実務における認定基準が私見の理論枠組みから整合的に説明可能であることを明らかにし、第３部までに導出した私見の理論枠組みが実用に耐えることを提示する。

第1章　問題の所在

第1節　最高裁判例の立場——裁判例における総合的判断方法

責任能力の認定手法について言及した最高裁判例の要旨は、以下のように整理できる。

すなわち、①心神喪失・心神耗弱の判断は法律判断であって、専ら裁判所にゆだねられるべき問題であり、その前提となる生物学的、心理学的要素についても、上記法律判断との関係で究極的には裁判所の評価にゆだねられるべき問題であり（最決昭和58年9月13日判時1100号156頁）、②精神鑑定書の結論部分に被告人が犯行当時心神喪失であった旨の記載があったとしても、その責任能力の有無・程度は、被告人の犯行当時の病状、犯行前の生活状態、犯行の動機・態様等を総合して判定すべきである（最決昭和59年7月3日刑集38巻8号2783頁）。さらに、③生物学的要素である精神障害の有無及び程度並びにこれが心理学的要素に与えた影響の有無及び程度については、その診断が臨床精神医学の本分であることにかんがみれば、専門家たる精神医学者の意見が鑑定等として証拠となっている場合には、鑑定人の公正さや能力に疑いが生じたり、鑑定の前提条件に問題があったりするなど、これを採用し得ない合理的な事情が認められるのでない限り、その意見を十分に尊重して認定すべきであり（最判平成20年4月25日刑集62巻5号1559頁）、④裁判所は、特定の精神鑑定の意見の一部を採用した場合においても、責任能力の有無・程度について、当該意見の他の部分に事実上拘束されることなく、犯行当時の病状、犯行前の生活状態、犯行の動機・態様等を総合して判定することができる（最決平成21年12月8日刑集63巻11号2829頁）。

昭和59年決定（②）、平成21年決定（④）で明示されたように、裁判実務においては、統合失調症といった精神医学上のカテゴリーへの該当性は責任能力判断において決定的な意義を有さず、その他の事情を総合考慮して責任能力を判断するとの理解が一般である。

総合的判断における具体的な考慮要素について昭和59年決定は、「右鑑定書全体の記載内容とその余の精神鑑定の結果、並びに記録により認められる被告人の犯行当時の病状、犯行前の生活状態、犯行の動機・態様等」を総合考慮して、心神耗弱にとどまるとした原審の判断を是認した。

また、平成21年決定については、同決定が是認する原判決が「中間的な判断要素として『統合失調症による病的体験と犯行との関係、被告人の本来の人格傾向と犯行との関連性の程度』という、より抽象的なものを提示して検討している[(1)]」点は注目に値する。

もっとも、「59年判例によっても、それらの諸事情を総合して最終結論に至る道筋、判断の基準や指標となるものが示されたわけではなかったから、総合的判断方法を用いたとしても、責任能力の有無・程度を判断するのは容易なことではなかった[(2)]」と指摘されるように、総合的判断方法における各考慮事情の重みや評価方向は、必ずしも明らかではない。

たとえば、幻覚妄想に支配された犯行の場合には、後述のように、犯行態様の合目的性・一貫性や当該犯行の計画性といった、通常であれば責任能力肯定の方向に作用する他の事情を考慮すべきではないと理解される。というのも、幻覚妄想が正確な事実認識を歪めるものであることから、犯行の合目的性・一貫性や計画性を、責任能力を肯定する方向に評価すべきではなく、むしろ、幻覚妄想が強固で修正不可能であったことを示唆しているとも理解できるからである。

以下では、総合的判断方法に内在する上記の複雑性・困難性を念頭に置きつつ、裁判実務における責任能力の認定手法を理論的に分析する。具体的には、責任能力が争われた裁判例において、昭和59年決定によって明示された考慮要素、および重要と考えられる他の要素がどのように取り扱われているのかを考察する。分析対象となる裁判例の絞込み手法は、以下の通りである。

第２節　分析視角・分析対象について

序論で述べたように、責任能力に関する裁判例の分析については、限界事例が扱われた少数の裁判例を取り上げることで裁判実務の考え方の外延・輪郭を描き出すという、犯罪論の他の領域では有効とされる手法を用いることができない。

---

(1)　稗田［2014］174頁。
(2)　松藤［2014］117頁。

このことから、裁判実務における責任能力の認定手法を明らかにするためには、ある程度の分量の裁判例を総合的に分析することが求められる。

他方で、分析対象となる裁判例の絞込みに際しては、恣意性の排除が課題となる。というのも、自説に有利な裁判例を収集し――たとえば、筆者の立場からは「行為者の合理性」に着目した裁判例を多く集めて――、それを自説の根拠として援用するという裁判例分析の態度は、（客観的見地からの）自説の検証という意味では妥当でないと考えられるからである。

そこで本書では、分析対象となる裁判例の選定に際して、第三者によって作成された裁判例集を用いることにする。具体的には、①（責任能力に関する裁判例集としては比較的近時に公刊された）平成19年度司法研究『難解な法律概念と裁判員裁判』において取り上げられた裁判例（55例）、および、②同司法研究が公表された以降の公刊物登載[3]の裁判例（36例）に分析対象を設定する（計91例、分析対象裁判例は、表3および表4に記載の通りである。）。

その際には、責任能力判断において重視されていると考えられる、総合的判断方法における11要素（①犯行当時の病状・精神状態、②幻覚妄想の有無、③動機、④犯行前の生活状況・犯行前の事情、⑤犯行の態様、⑥もともとの人格との関係、⑦犯行後の行動、⑧犯罪性の認識、⑨計画性の有無、⑩記憶の有無、⑪意識障害の有無）が責任能力の評価にどのような形で影響を与えているのかを分析する。

特に、責任能力判断においてどの要素が重視されているのか（評価の重み）、各要素を責任能力の肯定・否定のいずれの方向に評価しているのか（評価方向）、各要素間の相互関連性にも配慮しながら検討を加えることで、実体要件と認定基準の関係性を考察するための素地を整える。

---

(3)　分析対象は、2016年6月30日までに公刊された判例集に登載の裁判例である。なお、裁判所HPやLEX/DB、D1-Lawといったデータベースにのみ登載されている裁判例は除外した。

表3　分析対象裁判例一覧（『難解な法律概念と裁判員裁判』に引用された裁判例）[(4)]

事例番号	裁判所名・判決日	認定犯罪	39条の適用	掲載文献
①－1	最判平成20年4月25日	傷害致死	心神喪失（但し、自判ではない）	刑集62巻5号1559頁
①－2	釧路地判平成19年2月26日	現住建造物等放火	心神喪失	裁判所 HP
①－3	福岡高那覇支判平成16年11月25日	殺人未遂、殺人等	心神喪失	高検速報1446号
①－4	大阪地判平成15年9月16日	殺人未遂、殺人	心神喪失	判タ1155号307頁
①－5	名古屋高判平成13年9月19日	殺人	心神喪失	判時1765号149頁
①－6	京都地判平成8年11月28日	殺人	心神喪失	判時1602号150頁
①－7	岡山地判平成7年12月18日	現住建造物等放火	心神喪失	判時1565号149頁
①－8	大阪高判平成4年10月29日	殺人	心神喪失	判時1508号170頁
①－9	東京地八王子支判平成1年6月26日	強盗致傷	心神喪失	判タ713号278頁
①－10	東京地判平成9年8月12日	殺人、銃砲刀剣類所持等取締法違反	心神耗弱	判時1629号156頁
①－11	広島高判平成1年3月23日	殺人未遂	心神耗弱	高検速報（平元）3号
①－12	最判昭和59年7月3日	殺人、殺人未遂	心神耗弱	刑集38巻8号2783頁
①－13	東京地判昭和39年11月20日	殺人	心神耗弱	判タ172号242頁
①－14	青森地判平成18年2月15日	殺人未遂	完全責任能力	裁判所 HP
①－15	仙台地判平成17年8月18日	殺人	完全責任能力	裁判所 HP
②－1	東京地判平成5年4月14日	殺人	心神喪失	判時1477号155頁
②－2	浦和地判平成1年8月23日	殺人	心神喪失	判タ717号225頁
②－3	東京地判平成1年5月19日	殺人	心神喪失	判タ705号262頁
②－4	東京地八王子支判平成10年10月26日	殺人	心神耗弱	判時1660号159頁
②－5	東京地判昭和63年7月28日	殺人、殺人未遂	心神耗弱	判時1285号149頁
②－6	大阪地判昭和60年8月27日	殺人	心神耗弱	判タ621号219頁
②－7	東京地判平成2年5月15日	現住建造物等放火、殺人未遂	完全責任能力	判タ734号246頁
③－1	大阪地判平成5年9月24日	強盗傷人	心神喪失	判時1477号155頁
③－2	東京地判平成15年7月8日	強制わいせつ致傷	心神耗弱	判時1850号145頁
③－3	福岡高判平成10年9月28日	殺人、殺人未遂	心神耗弱	判タ998号267頁
③－4	札幌地判平成6年2月7日	非現住建造物等放火	心神耗弱	判タ873号288頁

(4)　本表における事例番号は、司法研修所編［2009］177頁以下に対応している。なお、事例番号における丸囲み数字は、精神障害の類型を表している（①：統合失調症、②：躁うつ病、③：アルコール関連障害、④：薬物関連障害、⑤：広汎性発達障害、⑥：人格障害）。

③－5	札幌高判平成4年10月29日	殺人	心神耗弱	判時1508号163頁
③－6	東京高判平成1年4月24日	殺人等	心神耗弱	判タ708号264頁
③－7	札幌高判平成8年4月25日	傷害致死	完全責任能力	判時1583号149頁
③－8	福岡地判平成7年10月12日	現住建造物等放火未遂	完全責任能力	判タ910号242頁
③－9	長崎地判平成4年1月14日	傷害致死	心神耗弱（但し、39条2項の適用を否定）	判時1415号142頁
③－10	東京高判平成3年10月22日	殺人、殺人未遂	完全責任能力	判時1422号142頁
④－1	横浜地判平成13年9月20日	殺人、殺人未遂	心神喪失	判タ1088号265頁
④－2	東京地判平成14年3月25日	強盗致傷、傷害、道路交通法違反	心神耗弱	判時1801号156頁
④－3	名古屋高金沢支判平成7年2月9日	殺人	心神耗弱	判時1542号26頁
④－4	東京高判平成6年3月25日	殺人	心神耗弱	判タ870号277頁
④－5	浦和地川越支判平成2年10月11日	覚せい剤取締法違反、殺人等	心神耗弱	判時1382号137頁
④－6	東京地判平成15年6月10日	殺人、死体遺棄等	完全責任能力	判時1836号117頁
④－7	東京高判平成13年8月27日	覚せい剤取締法違反、殺人	完全責任能力	高検速報3149号
⑤－1	東京高判平成19年5月29日	殺人未遂、鉄砲刀剣類所持等取締法違反	心神耗弱	東高刑時報58巻12号32頁
⑤－2	東京高判平成19年8月9日	殺人未遂、傷害等	完全責任能力	東高刑時報58巻20号59頁
⑤－3	大阪地判平成18年10月19日	建造物侵入、殺人等	完全責任能力	裁判所 HP
⑤－4	富山地判平成17年9月6日	現住建造物等放火、殺人	完全責任能力	裁判所 HP
⑤－5	東京高判平成13年8月30日	器物損壊	完全責任能力	高検速報3155号
⑥－1	広島高松江支判平成18年9月25日	殺人	心神耗弱	判タ1233号344頁
⑥－2	東京高判平成6年3月25日	殺人	心神耗弱	判タ870号277頁
⑥－3	横浜地判平成16年5月25日	現住建造物等放火、住居侵入等	完全責任能力	判タ1183号341頁
⑥－4	大阪地判平成15年8月28日	建造物侵入、殺人、殺人未遂等	完全責任能力	判時1837号13頁
⑥－5	東京地判平成15年6月10日	殺人、死体遺棄、殺人未遂等	完全責任能力	判時1836号117頁
⑥－6	東京高判平成13年6月28日	誘拐、殺人、死体損壊、強制わいせつ等	完全責任能力	判タ1071号108頁
⑥－7	名古屋地判平成12年10月16日	殺人、殺人未遂等	完全責任能力	判タ1055号283頁
⑥－8	名古屋地岡崎支判平成12年5月15日	窃盗、器物損壊、殺人等	完全責任能力	判時1720号171頁
⑥－9	東京高判平成12年1月24日	殺人、窃盗	完全責任能力	判タ1055号294頁

⑥－10	札幌高判平成11年９月30日	航空機の強取等の処罰に関する法律違反	完全責任能力	判時1693号156頁
⑥－11	広島高判平成10年２月10日	殺人予備、殺人等	完全責任能力	判時1639号143頁
⑥－12	東京高判平成８年７月２日	強姦致傷、強盗殺人、強盗強姦等	完全責任能力	判タ924号283頁
⑥－13	札幌高判平成８年４月25日	傷害致死	完全責任能力	判時1583号149頁
⑥－14	東京地判平成１年12月21日	殺人、死体遺棄、窃盗	完全責任能力	判タ730号246頁

表４　分析対象裁判例一覧（『難解な法律概念と裁判員裁判』公刊後の判例集登載裁判例）

事例番号	裁判所名・判決日	認定犯罪	39条の適用	掲載文献
［１］	山口地判平成27年７月28日	殺人、非現住建造物等放火	完全責任能力	判時2285号137頁
［２］	大阪地判平成27年６月26日	殺人、銃砲刀剣類所持等取締法違反	完全責任能力	判時2280号136頁
［３］	最判平成27年５月25日	殺人、殺人未遂、現住建造物等放火	完全責任能力	判時2265号123頁
［４］	東京地立川支判平成27年４月14日	窃盗	心神喪失	判時2283号142頁
［５］	京都地判平成25年８月30日	常習累犯窃盗	心神喪失	判時2204号142頁
［６］	大阪高判平成25年７月31日	現住建造物等放火、殺人、殺人未遂	完全責任能力	判タ1417号174頁
［７］	名古屋地判平成25年６月10日	危険運転致死、道路交通法違反	完全責任能力	判時2198号142頁
［８］	東京高判平成25年６月４日	常習累犯窃盗	少なくとも心神耗弱（但し、自判ではない）	東高刑時報64巻116頁
［９］	東京高判平成25年３月28日	公務執行妨害、傷害	心神喪失	東高刑時報64巻90号
［10］	大阪高判平成25年２月26日	殺人	完全責任能力	判タ1390号375頁
［11］	東京高判平成24年10月３日	強盗傷人	完全責任能力	高刑速（平24）137頁
［12］	青森家裁八戸支部平成24年９月27日決定	建造物侵入	心神喪失	家裁月報65巻２号92頁
［13］	東京高判平成24年９月12日	殺人、殺人未遂、公務執行妨害、銃砲刀剣類所持等取締法違反	完全責任能力	東高刑時報63巻189頁
［14］	福岡高判平成24年９月６日	道路交通法違反、自動車運転過失傷害	完全責任能力	高刑速（平24）250頁
［15］	東京高判平成24年３月５日	傷害、傷害致死	完全責任能力	高刑速（平24）81頁
［16］	大阪地判平成23年10月31日	現住建造物等放火、殺人、殺人未遂	完全責任能力	判タ1397号104頁
［17］	東京高判平成23年８月30日	傷害致死	完全責任能力	高刑速（平23）129頁

[18]	東京高判平成23年５月12日	殺人	心神耗弱	東高刑時報62巻46頁
[19]	福岡高判平成23年４月13日	現住建造物等放火	完全責任能力	刑集66巻４号631頁
[20]	東京高判平成22年10月28日	窃盗	完全責任能力	判タ1377号249頁
[21]	東京高判平成22年10月４日	強盗致傷、強盗未遂	完全責任能力	東高刑時報61巻224頁
[22]	東京高判平成22年７月14日	殺人	心神耗弱	東高刑時報61巻176頁
[23]	神戸地尼崎支判平成22年４月19日	現住建造物等放火	心神喪失	判タ1360号246頁
[24]	福岡高那覇支判平成22年３月９日	殺人	心神耗弱	判時2073号153頁
[25]	東京高判平成21年12月10日	窃盗	完全責任能力	判タ1347号74頁
[26]	最決平成21年12月８日	殺人、殺人未遂、銃砲刀剣類所持等取締法違反	心神耗弱	刑集63巻11号2829頁
[27]	東京高判平成21年９月16日	殺人	心神耗弱	高刑速（平21）129頁
[28]	東京地判平成21年６月４日	殺人、殺人未遂	完全責任能力	判タ1315号282頁
[29]	神戸地判平成21年５月29日	殺人、殺人未遂、現住建造物等放火	完全責任能力	判時2053号150頁
[30]	東京高判平成21年５月25日	傷害致死	心神耗弱	高刑集62巻２号１頁
[31]	東京地判平成21年３月26日	殺人未遂	完全責任能力	判時2051号157頁
[32]	東京高判平成21年３月２日	殺人	完全責任能力	高刑速（平21）94頁
[33]	名古屋高判平成20年９月18日	窃盗、殺人、傷害	心神耗弱	高刑速（平20）177頁
[34]	大阪高判平成20年７月23日	殺人、殺人未遂、銃砲刀剣類所持等取締法違反	心神耗弱	刑集63巻11号2873頁
[35]	東京地判平成20年５月27日	殺人、死体損壊	（殺人について）完全責任能力、（死体損壊について）心神喪失	判時2023号158頁
[36]	東京高判平成20年５月15日	現住建造物等放火未遂、窃盗、建造物損壊、建造物侵入、現住建造物等放火	完全責任能力	判時2019号127頁

第２章　総合判断定式における考慮要素の分析

第１節　犯行当時の病状･精神状態

責任能力が争われた裁判例では、精神鑑定人の意見を踏まえたうえで、犯行当時の病状ないし精神状態についての判断が下されるのが通常である。もっとも、「統合失調症であるから責任無能力」あるいは「人格障害であるから完全責任能力」などとして、特定の病気類型への該当性を責任能力の最終的な判断に直接結びつける裁判例は見られなかった(5)。

このことは、責任能力の判断場面において、「最終的には心理学的要素から責任能力の有無及び程度に関する法的判断がされるのであって、主に、生物学的要素はこの心理学的要素にどのような影響を与えたか（機序）という観点から問題」となり、「精神の障害がどのようなもので、それが事理弁識能力や行動制御能力にどのような影響を与えたかを、証拠上認定できる動機、経緯、態様等の客観的事情を踏まえつつ判断する手法がとられる(6)」との刑事裁判官による指摘とも整合的と評しうる。

以下では、責任能力が問題となりうる代表的な疾患類型(7)ごとに、責任能力の判断手法の特徴を概観するとともに、重視されている認定要素を提示する。

第１項　統合失調症

統合失調症は、躁うつ病と並ぶ内因性精神病の代表的な類型である。青年期に発症し、「知覚、思考、感情、意欲など多くの精神機能領域の障害として現れ、

---

(5)　同様の指摘として、安田［2016］15頁。なお、安田論文は、「精神の障害」に当たらないことのみを理由として39条の適用を排除した例外的な裁判例として、神戸地判平成25年10月31日 LEX/DB25502421を挙げる（同・15頁。控訴審の大阪高判平成26年10月３日 LEX/DB25505292は、原審の結論を支持したものの、「精神の障害」に該当しないとして完全責任能力を認めた認定手法については疑問を呈している）。

(6)　青沼［2016a］168頁。

(7)　本書では、司法研修所編［2009］によって取り上げられた６つの疾患類型を取り上げる。

幻覚、妄想、自我障害などの陽性症状と、感情鈍麻、自発性減退、社会的ひきこもりなどの陰性症状からなる特有の症候群を呈する[8]」とされ、症状が多岐にわたるのが特徴である。

統合失調症者の責任能力が争われる場面では、「従来の裁判例の動向によっても近時の研究によっても、統合失調症の病状が重ければ重いほど、その影響下で犯罪を犯したと認めやすくなるから、責任能力の有無・程度を判断する上で、統合失調症による病的体験と犯行との関係は決定的な重みを持っている」とされ、「被疑者・被告人の病状や精神状態を正確に把握することが非常に重要[9]」とされる。

実際の判断場面では、（統合失調症の病状と併せて）幻覚妄想の影響の程度、および動機の了解可能性が重視されている。特に、訂正不可能あるいは困難な幻覚妄想により、誤った事実認識や誤った推論過程によって動機が形成されたことは、責任能力の不存在を強く推認させる方向に働いているように見受けられる。他方で、幻覚妄想による支配が認められる場合には、犯行の計画性や犯罪性の認識など、責任能力の存在を推認させる他の事情が存在しても、それらを重視すべきではないと解されている点が注目に値する。

第2項　躁うつ病

躁うつ病は、「躁状態あるいはうつ状態という気分の障害を基礎とする病態が明確な病期（episode）を限って交代性または周期性に出現[10]」するものと定義づけられる。

躁うつ病の被疑者・被告人の責任能力が問題となる場合には、希死念慮（死ななければならないという観念にとらわれること）によって支配されていたか否かが重視されている。躁うつ病類型の場合は一般に、感情移入の容易性ゆえに動機の了解可能性が認められやすいため、動機の了解不可能性、犯行態様の異常性を「被告人の本来の人格と明らかに異質のものであるか」という観点から、自殺や無理心中を決意するに至った経緯に飛躍はないか、あるいは犯行前に通常の日常生活を送れていたかに着目して責任能力を判断しているように見受けられる[11]。

---

(8)　野村＝樋口監修［2015］300頁［鈴木］。
(9)　松藤［2014］119頁。
(10)　加藤ほか編［2016］640頁［中根］。

第3項　アルコール関連障害

精神医学においてアルコールの急性薬理作用としての酩酊は、アルコールの血中濃度上昇に伴う一般的な反応（単純酩酊）と、情緒不安定で衝動的、攻撃的となる異常な反応（異常酩酊）に区分される[12]。後者はさらに、複雑酩酊と病的酩酊に分けられ、複雑酩酊については、「酩酊による興奮が著明で長く続くが、その行動は周囲の状況からある程度了解可能で、はっきりした幻覚・妄想はみられず、部分的な健忘がみられることがある」状態とされ、病的酩酊については、「少量の飲酒から数分以内に非常に攻撃的で情緒不安定性な状態となるきわめて異常な酩酊」であり、「意識障害が著明で見当識障害や了解不能な行為、全健忘がみられ」、「意識狭窄で特徴づけられるもうろう型病的酩酊と、多彩な妄覚と精神運動興奮で特徴づけられるせん妄型病的酩酊」に区別される[13]。

責任能力が問題となる場合には、酩酊の程度が重視されているものの、飲酒量や血中アルコール濃度を形式的に判断するのではなく、病的な精神障害の発現の有無が重要視されている。他方で、犯行前後の事情や犯行態様の了解可能性も重要な考慮要素とされており、当該犯行が被告人の人格傾向の発露として説明できるかという観点も重視されている。

第4項　薬物関連障害

薬物の中では覚せい剤の裁判例が多く、覚せい剤の慢性的習慣的使用により惹起される幻覚妄想状態を主とする精神病（覚せい剤精神病）、覚せい剤の急性薬理作用（急性中毒）、再燃状態（フラッシュバック）等が問題となる[14]。

責任能力が問題となる場合には、幻覚妄想の影響の程度を軸にしながら、動機の了解可能性が重視されているように見受けられる。この点については、「総合判断方法を採用した上、妄想等による人格支配性の程度を指標として覚せい剤中毒者の責任能力の有無・程度を判断するという手法が裁判実務上ほぼ確立されている[15]」と言えるだろう。

---

(11)　司法研修所編［2009］270頁参照。
(12)　野村＝樋口監修［2015］482頁［伊豫］。
(13)　野村＝樋口監修［2015］482頁［伊豫］。
(14)　司法研修所編［2009］276頁参照。
(15)　高橋［1994］469頁。

第5項　広汎性発達障害

広汎性発達障害は、自閉症、アスペルガー症候群、特定不能の広汎性発達障害等のサブカテゴリーから構成される発達障害の総称である。人生の早い時期に発症し、①社会的な相互交渉の質的障害、②コミュニケーションの質的障害、③行動、興味および活動の限定的・反復的・常同的様式の存在が症状として挙げられる。(16)

一般に、広汎性発達障害には知的障害が伴わないとされるが、「社会性・共感性の欠如、関心の著しい偏り、思考・行動様式へのこだわり、問題解決能力の低さ、実行機能の障害（新しい環境や状況への適応力が不十分で、即座に状況を判断し、予見して的確な行動をとることが不得手で、容易に混乱し、粗暴行為や自傷行為に及びやすい）といった精神医学的特徴(17)」があるとされる。

責任能力が問題となる場合には、犯行の動機や犯行に至る経緯に特殊な価値観が影響していないか、あるいは不測の事態に混乱をきたして衝動的に犯行に出ていないかが特に問題となる。前者の場合（犯行の動機や経緯に特殊な価値観が影響したにすぎない場合）には、犯行前後の行為態様の合理性や犯行の計画性を重視して、責任能力が肯定される傾向があるように見受けられる。

第6項　人格障害

人格障害（パーソナリティ障害）とは、外界との交流において柔軟性がなく、不適応な様式が長年にわたって持続し、その様式が思考や感情、行動や対人関係に表れるものを指す。(18)

人格障害を有する者はしばしば、他者との間で満足感を伴う互恵的で意味のある関係を持続的に保つことができないとされるが、人はすべてパーソナリティをもち、さまざまな偏りを有していることから、「パーソナリティ障害が健康なパーソナリティと完全に異なるわけではな」く、「その人のパーソナリティが障害の水準にあるかどうかを判断するとき、その偏りがその人の属する集団の平均的な概念からどの程度隔たっているかが一つの基準となる(19)」とされる。

---

(16)　加藤ほか編［2016］329頁参照［太田］。
(17)　司法研修所編［2009］279頁。
(18)　加藤ほか編［2016］834頁参照［白波瀬］。
(19)　加藤ほか編［2016］834頁以下［白波瀬］参照。

責任能力が問題となる場面では、他の精神障害が併存し、幻覚妄想や動機の了解不能性が認められる場合に、例外的に責任能力が否定される。この理由としては、「多くの精神病質者の行動は了解可能であり、心神喪失、心神耗弱の心理的要素を満たさない場合が多いので、完全な責任能力を認めることが実際上は大部分」であり、「責任能力の減免の余地を認め得るのは、具体的には、精神病者とほとんど区別がつかない程度のもの（たとえば重い統合失調症質、循環病質、統合失調症型・境界型・妄想型人格障害の一部）か、又は、意識障害や精神薄弱など他の症状が合併する等の特別の事情を伴う場合に限られる[20]」ことが挙げられよう。

もっとも、後述のように、人格障害の影響によって「当該犯行を思いとどまることが困難」（制御能力の喪失・減弱）と一見思われる場合であっても、動機の了解可能性や犯行態様・犯行前後の行動の合理性を根拠に責任能力を肯定していると見受けられる場合が多い点については、別途検討を要するだろう。

以下では、疾患名に基づいた類型的な考察を離れ、責任能力の総合判断定式に現れた各考慮事情を順に検討する。

第２節　幻覚･妄想の有無および犯行との関係

幻覚や妄想に犯行が支配されていたか否かは、動機の了解可能性とともに、責任能力の有無を決定づける重要な役割を果たしている[21]。もっとも、「『幻覚・妄想など病的体験に支配されて』という表現がなされるが、……幻覚・妄想に直接的かつ完全に支配されて遂行された犯罪というものは、それほど多いものではな」く、幻覚・妄想に動機づけられて犯したもの、すなわち、病的な動機が病的な情意障害によって抑制されなかったと正確には評すべき場合が多いとする指摘[22]には留意する必要がある。

以下では、犯行を直接指示する幻覚・妄想とそれ以外の幻覚・妄想とに区別したうえで分析を加える。

---

(20)　大塚ほか編［2015］459頁［島田＝馬場］。
(21)　妄想に関する近時の論考として、小池［2018a］、小池［2018b］、村松［2016］。
(22)　福島［1985］91頁参照。

第1項　犯行と関係のある明確な幻覚・妄想

①－3　「お前以外は悪魔だよ、とにかく全員殺せ」という妄想・幻聴に完全かつ直接に支配されてなされた（心神喪失）

④－1　被告人は、終始自分の体に人が入ってくるなどの多様な体験をし、自分の体に入ってきた人を追い出すために入浴していたところ、浴室に入ってきた被害者（実母）と話した際に「おまえは誰だ」という幻聴を聞き、以前から聞いていた「殺すぞ」という幻聴の影響もあって、「やっちまえ」という幻聴にも刺激されて犯行に及んだ（心神喪失）

以上のように、犯行を直接指示する明確な幻覚・妄想による支配は、責任能力の不存在を強く推認させる事情として理解される(23)。犯行を指示する訂正不可能または困難な妄想が存在したことは、他の適法行為に出る可能性が狭まっていた（制御能力の減退）と評価でき、従来の理論枠組みから説明可能と思われる。しかし、以下に見るように、多くの事例においては、犯行とは直接関係のない幻覚・妄想であっても責任能力判断において重要な考慮要素として捉えられている。

第2項　犯行と直接関係のない幻覚・妄想

①－8　体系化された妄想の中で、妄想によって現実を誤って理解し、外界から迫害されていると思いこみ、妻にまで裏切られたと妄信し、苦しみ続けてきたものであり、その妄想のゆえに妄想に導かれて発作的、衝動的に行われた（心神喪失）

①－10　被害者の執刀による手術後に異常な感覚を覚えるようになったのは被害者に人体実験されたからとの妄想を有していた（心神耗弱）

④－2　強い恐怖感を感じ、被害妄想が生じるなど異常な精神状態にあった一方で、幻覚妄想状態はあるが、それは、ボイラーの音を聞いて爆発するのではないかと思ったといった、現実に起こっている事象をもとに想起されたものであり、人格が妄想により完全に支配されていたような状況にまではなかった（心神耗弱）

(23)　この点につき松藤［2014］121頁は、「幻覚妄想の内容が当該犯行と結びつきやすい場合、すなわち、幻覚妄想の内容からして当該犯行に及ぶことが自然であれば、『精神障害のために犯罪を犯した』と評価しやすいが、それとは逆に、幻覚妄想の内容から考えて、当該犯行に及ぶというのは飛躍があるということになれば、『精神障害のために犯罪を犯した』とは評価しにくくなる」と指摘する。

[23]　被告人は、ラジオのDJの態度が自分の投稿によって変わり、そのDJが自分を茶化しているように感じるという幻聴が始まり、これがラジオの他のDJ、さらにテレビへと拡がっただけでなく、それに止まらず、対象が周囲の通行人らというようにもなったばかりか、自宅の内部でのやりとりも誰かに見られているという妄想（注察妄想）を有しており、明らかに正常ではない（心神喪失）

上記のように、迫害等を受けているとの幻覚・妄想のもとで、迫害者を排除あるいは迫害者に報復するといった動機が形成された場合にも、責任能力の低減が認められる傾向がある。また、後述のように、幻覚・妄想の有無は動機の了解可能性判断に影響を与えているように見受けられる。

他方で、幻覚妄想の影響により、他者から急迫不正の攻撃を受けていると信じた者が正当防衛の意図でその者を殺害した場合に刑罰から免れることに異論はないと思われるが、「迫害者によって名誉を傷つけられた」あるいは「迫害者によって茶化された」といった幻覚妄想の影響により、それを止めさせようとする意図で「迫害者」を殺害した場合にも刑事責任を免れうることを、弁識・制御能力の従来的な枠組みからどのように説明できるのかは不明である。というのも、名誉を傷つけられたことによる殺人や茶化されたことによる殺人は通常、それが誤想に基づくものであったとしても正当化や免責の抗弁を構成せず、責任能力と他の責任要素（違法性の意識の可能性・適法行為の期待可能性）の平行理解を前提とする通説的立場からは、正常者であれば許されないはずの迫害者への報復（という認識内容）が、犯行とは直接関係のない幻覚・妄想であっても統合失調症者であれば「行為を思いとどまることが困難」（制御能力の低減）として免責される理論的根拠が必ずしも明らかではないからである。

なお、①－10・④－2のように、妄想の形成過程に事実的根拠が含まれる場合には、幻覚妄想の影響が低く見積もられる傾向がある。この場面では、違法性の認識可能性ではなく、むしろ周囲の状況を正確に把握する能力が問題となっているように見受けられる。

第3節　動　機

当該犯行に至った原因・動機が一般人から見て了解可能かどうかが問題とされる。以下では、動機の形成過程の了解可能性と動機の内容それ自体の了解可能性に区分した上で分析を加える。

第1項　動機の形成過程の了解可能性

①－7　かねて幻聴から逃れるため死にたいと考えていたところ、幻聴等の症状の出る中で、生活に行き詰まったと受け止め、いよいよ生きることが嫌になって自殺を図った

評　価　本件の動機は、それだけを捉えれば一応了解可能であるものの、被告人の幻聴は統合失調症の主たる症状であり、生活不安も統合失調症と身体障害による就労困難に起因すること、犯行当時、被告人において自殺を決意するほどの切迫した事情があったと認めるに足らず、動機において極めて衝動的、短絡的（心神喪失）

①－10　被害者の人体実験によりこのまま体調が悪化して死んでしまうかもしれないと考えて、自分が死ぬ前に被害者を殺さなければならないと決意した

評　価　被告人の体感異常を中心とする被害妄想は、手術後の体の不調を契機として形成されたと考えられ、妄想の内容自体は奇異で理解困難なものであるが、被告人がそのような妄想を抱くに至った経緯および動機の形成過程は了解可能（心神耗弱）

②－5　エイズに罹患し、家族にも感染させたと思いこみ、一家心中を図ろうと決意した

評　価　自らのエイズ恐怖を親族、友人等に相談することもできず、一人で思い詰め、心身の疲労の度を強めてうつ状態に陥っており、エイズ恐怖が単なる疾病恐怖の域を超えて、疾病妄想ともいえる状態にまで達していた（心神耗弱）

[23]　自室が周囲から見られているから、これを焼き払おうとした

評　価　見られているから、これを燃やしてしまうということも飛躍があり不合理な行動であって、妄想の内容が直接放火に関係するものではなく、命令性の幻聴等がないにしても、被告人が本件住宅への放火による自殺を図ったことには、その手段を含めて妄想の強い影響が認められ、妄想の影響以外に本件犯行の動機は了解不可能（心神喪失）

以上のように、動機の形成過程の了解可能性判断に際しては、幻覚や妄想といった病的プロセスを経た場合に了解不能と解される傾向があるのに対し、動機形成にやや飛躍があるように見られる事例にあっても幻覚・妄想が認められない場合には、了解可能と解される傾向がある。以下では、動機の内容それ自体の了解可能性が問題となった事案を概観する。

第2項　動機の内容の了解可能性

①－2　「自己への嫌悪感」および「妹への嫌悪感」

評　価　自己や妹を嫌悪した理由として挙げる事情は客観的事実とは異なる不可解なものであり、妄想による誤った事実認識が影響したもの（心神喪失）

④－6（⑥－5）　水汲みを拒んだホームレスに憤慨して刺殺し、そのために自暴自棄になって日ごろから自分をバカにしていると思っていたホームレス2人も同様に殺害し、さらに、日ごろうわべは従順でも内心は従っていないのではないかと思っていた他のホームレスについても一方的に憤懣の情等を募らせて殺害しようとした

評　価　各犯行の動機は通常心理の範囲内にとどまる了解可能なもの（完全責任能力）

[30]（①－1の差戻後控訴審）　被害者の幻聴や幻視により、被害者が被告人の仕事に行くのを邪魔しようとしているとして腹を立てていた被告人は、被害者に対する腹立ちが収まらず、被害者を二、三発殴って脅し、自分をばかにするのをやめさせようなどと考えて被害者方に至り、本件犯行に及んだ

評　価　被告人は、同種の幻聴等が頻繁に現れる中で、しかも訂正が不可能又は極めて困難な妄想に導かれて動機を形成しているのであって、被害者に対する葛藤は現実的基盤を全く持たないものであることを考えると、動機形成等が了解可能であると評価することはできない（心神耗弱）

上記のように、一般的には、犯行動機の内容が了解可能であれば責任能力を肯定する方向に作用し、了解不可能な場合には、責任能力を否定する方向に作用する。[(24)] 特に、①－2に見られるように、（幻覚妄想の影響により）行為者の認識内容が客観的事実とは異なる不可解なものと解された場合に、了解可能性が認められない傾向にある。これに対して、動機の内容が理不尽・突飛・身勝手・短絡的等である場合であっても、被告人の平素の人格の延長線上の行為と見なしうる場合に

(24)　松藤［2014］121頁参照。

は、責任能力に影響を与えないと解される場合が多い[25]。

動機の了解可能性については、「他に比べて総合的評価における比重が大きくなることが多い[26]」とされ、「被告人の行為が了解しえない場合が心神喪失であり、了解し難い場合が心神耗弱であるといわれることがあるくらい、了解可能性が責任能力の重要な判断要素の一つ[27]」と位置づけられる。

もっとも、「動機から了解できるかどうかは、立場によってはどうにでもとれる[28]」との精神医学者による指摘にも見て取れるように、動機の了解可能性判断には困難が伴う。たとえば、統合失調症者の場合には、了解可能なように見えて、実際には不合理な動機に突き動かされていることも見受けられるとされ、「動機が了解可能だからといって、安易に責任能力を肯定してはならない[29]」と指摘される。すなわち、統合失調症が重度である場合や犯行が幻覚妄想に支配されていた場合には、「了解が可能であると思われる場合でも、心神喪失を認定することの妨げとはなら」ず、「犯行当時の記憶があったり、意識が清明である場合も同様[30]」と解されている。

かようにして、「動機の了解可能性といっても、判断者によって、見解が分かれる可能性があり、この概念が相対的なものでしかないことを十分踏まえておく必要[31]」があることからすれば[32]、この要素も「結局は総合判断の際の一要素に止どまる」と解され、幻覚妄想や作為体験等に支配された行為の場合に「責任能力否定の方向に相当に決定的に作用している」ものと位置づけることができるだろう[33]。

(25)　分析対象裁判例の中では、特に人格障害類型において、動機の了解不能性を被告人の平素の人格から説明し、責任能力を肯定する傾向が見られた。
(26)　他害行為を行った者の責任能力鑑定に関する研究班編［2009］19頁。
(27)　仙波＝榎本［1991］59頁。
(28)　保崎［1985］45頁。
(29)　松藤［2014］121頁。
(30)　仙波＝榎本［1991］59頁。
(31)　仙波＝榎本［1991］59頁。
(32)　裁判体によって動機の了解可能性の評価が分かれた事案として、最高裁平成20年判決（①－1）および差戻後控訴審（[30]）とその差戻前控訴審（東京高判平成18年3月23日刑集62巻5号1604頁）を挙げることができる。
(33)　大渕［1992］198頁以下参照。

第４節　犯行前の生活状況・犯行前の事情

①－４　飼い犬が人間のように見えたため、歯痛止めの薬を飲ませようとしたり、「死ね」という幻聴を聞き、手首を包丁で切り自殺を試みるなどした

評　価　支離滅裂（心神喪失）

①－９　一応社会に適応した生活を送っていた

評　価　統合失調症患者は常に異常な行動をとっているわけではなく、通常の社会生活を営むことと統合失調症に罹患していることとは特に矛盾しない（心神喪失）

②－１　家事をする意欲が薄れ、食欲もなく、気分も落ち込んで外出もできなくなった

評　価　通常の社会生活を営むことができない状態（心神喪失）

②－２　内因性うつ病に罹患して希死念慮も現れるなどしたが投薬治療等を受けて一度は軽快した被告人は、14歳の長男も精神に変調をきたしたことに思い悩んで再びうつ病の症状を呈した

評　価　家の中で無為に過ごして死ぬことばかり考えるようになった（心神喪失）

[５]　日常生活において被告人は、平仮名しか読めず、数字はあまり読めないし買物で欲しいものは買えるがお釣りは分からない上、店頭にない商品の注文等につき店員との交渉もできず、社会参加は週に一度生活介護事業所に通所してペットボトルをつぶすなどの単純作業をするだけであったこと、食事摂取、排泄等は自立しているが、それ以上の日常生活のほぼ一切について支援を要する状態にあったこと、施設で女性に好意を覚えると管理者に着替えるところが見たいなどと相談し、拒否されると激怒するなど、願望の実現方法について極めて拙劣であった

評　価　被告人の日常生活は、重度精神発達遅滞によってかなりの程度制限されていたとみることができる（心神喪失）

[23]　被告人が、自らの幻聴等を病態と捉えることなく、単にいらいらを鎮める市販薬を服用することで済まし、電話が不通となったことについても、ラジオ局の報復という一般的にはおよそ理解できないとらえ方をして対処しようとし、ラジオから24日が期限であるかのような放送を聴いたという幻聴に関しては、それが具体的に何を意味するかすら明らかでないのに、これを弁護士による法律相談で対処しようとするなどした

評　価　被告人が自己の周囲の状況を的確に認識して相応の行動をとっていたとは評価し難い（心神喪失）

以上のように、犯行前に通常の社会生活を営むことが困難であったことは、責任能力を否定する方向に作用する。特に、②－1や②－2などの躁うつ病類型では、一般に動機の了解可能性が容易に認められやすいという事情から、犯行前の事情を重視した丁寧な検討がなされる場合が多い。また、重度精神発達遅滞の被告人の責任能力が争われた［5］では、犯行前の生活状況につき詳細な検討が加えられており、（一般的な精神疾患とは異なり）精神障害の快癒・寛解が想定できず、犯行時の精神状態と大きな変化が見込まれない場合には、この要素の比重が大きくなることにもなるだろう。

他方で、［23］に見られるように、幻覚妄想が日常生活に影響を及ぼしていたかどうかは、当該幻覚妄想が犯行に与えた影響の有無や程度を評価する際の判断資料としても用いられる。もっとも、①－9に見られるように、統合失調症の場合には、社会に適応した生活を送っていたとしても、そのことを過大視すべきではないとされる点には注意が必要であろう。

第5節　犯行の態様

犯行の態様は、責任能力の判断要素の中で、幻覚妄想の有無（およびそれと密接に関係する動機の了解可能性）と並んで重要な考慮要素である。具体的には、(1)犯行態様の合理性・合目的性、(2)周囲の正確な状況認識の有無、(3)犯行の残虐性、(4)ためらい・躊躇の有無、(5)動機と態様の間の均衡性などが問題とされている。以下では、それぞれの要素ごとに裁判例における評価を概観し、分析を加える。

第1項　犯行態様の合理性・合目的性

①－2　一見すると合理的かつ合目的的な犯行態様 **評　価**　重度の統合失調症患者であっても必ずしも支離滅裂な行動を採ることはなく、行為の合理性から直ちに判断能力を肯定することはできない（心神喪失）

⑤－4　被告人は、心中の方法として自宅に対する放火を思い立ち、勝手口付近で自宅にあった草刈機の燃料を染み込ませた新聞紙にライターで点火して火勢を確認した後、自宅2階の父の寝室前に燃料を入れたプラスチック製バケツを運び、その中の燃料を新聞紙に染み込ませた上、これにライターで点火した

評　価　犯行の準備状況や態様等には、合目的性が認められる（完全責任能力）

［8］　10年以内に3回にわたり、常習累犯窃盗罪により6月以上の懲役刑の執行を受けた被告人が、さらに常習として、スーパーマーケットにおいて、雑誌3冊等16点（販売価格合計2826円）を窃取した

評　価　被告人は、商品を隠すのに適したバッグを持っていたにもかかわらず、それに入れることをせず、店員等に見つかることを全く意に介することなく、商品を抱えたまま店外に出ているのであって、通常の判断能力を持った万引犯の行動としては異常というほかないし、万引きした商品も被告人の年齢を考えると、やや幼なすぎる感がある（被告人の犯行態様を合理的とした原審の判断を否定、少なくとも心神耗弱として破棄差戻し）

［28］　被告人が、その経営する会社の将来を悲観し、家族を道連れにした無理心中を企て、就寝中の家族5人を殺害するべく、次々に包丁で刺突するなどして、両親と妻を殺害したほか、長男及び次男に対しては傷害を負わせた

評　価　家族全員を殺害するための合理的な順序を考え、その計画に従って行動しており、包丁による殺害に手間取って絞殺に切り替え、犯行をたしなめる長女に対して取り繕うような返答をしながら、計画どおり首尾よく目的を遂げている。拡大自殺という目的に向けた冷静かつ合理的な行動をとっており、自己の行動をおおむね正しく制御していた（完全責任能力）

犯行態様が合理的・合目的的と評しうることは一般に、責任能力を肯定する事情として理解される。もっとも、①－2に見られるように、犯行態様の合理性・合目的性は、動機や動機形成過程の了解可能性と合わせて考慮されなければならない。幻覚妄想に支配され、動機や動機形成過程が了解不能と評しうる場合には、その不合理な動機を前提とした場合に犯行態様が合理的・合目的的と解される事態が想定できるからである。

他方で、（幻覚妄想の欠如ゆえに）動機や動機形成過程の了解可能性が肯定された場合に、犯行態様（ないし犯行前後の行動）の合理性に言及しながら責任能力を肯定した事例が多いことが指摘できる。たとえば、［28］は、犯行の目的に向けて

合理的で一貫した行動がとられていることを挙げつつ、責任能力を肯定する事情として考慮している。精神疾患の類型別には、⑤－4（ないし、上記の枠内で引用しなかった、⑤－2、⑤－5、⑥－3、⑥－4、⑥－10、⑥－11、⑥－12、⑥－14）に見られるように、広範性発達障害や人格障害類型において、犯行態様の合理性・合目的性に着目して、いずれも完全責任能力を認めていることが注目される。しかし、後述のように、「合理的・合目的的に犯罪を行うこと」は、「行為を思いとどまる能力」（制御能力）とは無関係の観点ではないかが別途問題となる。

さらに、（幻覚妄想が認められず）動機や動機形成過程の了解可能性が認められやすい場合であっても、［8］に見られるように、犯行発覚回避行動をとっておらず、稚拙な計画性・場当たり的な合目的性と評しうる場合には、犯行態様が（大胆というよりはむしろ）異常・不自然と評価され、責任能力を否定する方向に作用する。

第2項　周囲の正確な状況認識の有無

①－6　当時17歳の少年であった被告人が、隣家の主婦らをけん銃で殺害することを企て、警ら中の警察官を襲って鋭利なナイフで刺し、重傷を負わせてけん銃を強奪し、そのけん銃を用いて隣家の主婦と義理の叔母に相次いで発砲し、主婦を殺害し、叔母に重傷を負わせるなどした

評　価　その場での思いつきとも評すべき動機によって重大な犯行を重ねており、そこに見られる被告人の行為は、その貫徹性の点でも通常人には了解不能な常軌を逸したものであり、周囲の状況や行為の是非についての考慮判断は全くなされておらず、その行為が社会的に是認されるか否かも、被告人には意味をなさない（心神喪失）

④－2　駐車していた大型観光バスを窃取し、その取還を防ぐ目的で、バスを止めようとした運転手に同バスを衝突させ、同人の両足を轢過して全治約三か月間の傷害を負わせ、無免許であるにもかかわらず、同バスを運転して公道を3キロメートル以上にわたり走行し、その途中で、次々と普通乗用自動車などに同バスを衝突させ、合計9名に加療10日間から加療6週間の傷害をそれぞれ負わせた

評　価　一連の行動を全体としてみると、あまりにも脈絡が欠けている一方で、周囲の状況を認識し、その状況に応じて自己の意思で行動している（心神耗弱）

⑥－5（④－6）　被告人同様にホームレスの境遇にあった3人をバタフライナイフで突き刺すなどして立て続けに殺害し、その夜、住宅街の路上で出会った友人のホームレ

スに同ナイフを突き出すなどして殺害しようとし、翌朝、殺害した３人の死体を次々と荒川の水中に投棄して死体を遺棄した
評　価　見当識をおおむね保っており、周囲の状況を把握し、これに対応して行動する能力も保持していた（完全責任能力）

上記の犯行態様の合理性・合目的性（本節第１項）を担保するための前提条件として、具体的な事態の推移を正しく認識しているかが問題とされる。犯行態様の合理性・合目的性と併せて、特に（幻覚妄想が認められず）動機や動機形成過程の了解可能性が認められる場合に、責任能力を肯定する要素として重視されている。もっとも、後述のように、「周囲の状況を正確に認識すること」は、「違法性を認識する能力」（弁識能力）とは無関係な観点ではないかが別途問題となる。

第３項　犯行の残虐性

①−４　横になっていた父に対して唐突に包丁で攻撃を加え、止めに入った母を殺害し、血を流している母を気にもとめず、約２時間もの長時間にわたって、虚ろな表情のまま一言も発せずに父に対して執拗に攻撃をつづけた
評　価　感情鈍麻および異常な緊張状態の持続を伴うもの（心神喪失）

③−７（⑥−13）　被告人が酔余、当時六五歳の妻が銀行からおろした預金の使い道を明らかにしなかったことに憤激し、被害者に対し、竹刀を用いるなどして激しい暴行を加えて全身打撲傷の傷害を負わせた結果、右暴行に基づく出血性ショックにより死亡させた
評　価　被告人の本件犯行の際の暴行はこれまでになく激しいものであるが、それでも本件犯行はこれまでの飲酒の上での暴力等の延長線上にあるものと認められる（完全責任能力）

④−４（⑥−２）　犯行の日の前日に知り合ったばかりの若い女性とデートをし、ビアホールとパブで被告人だけが多量に飲酒した上、同女を誘っていわゆるラブホテルに入ったが、同ホテルの客室内で同女の言動から激しい興奮状態に陥り、同女の顔面を殴打するなどの激しい暴行を加えた上頸部を両手で扼して殺害したものであり、その暴行の態様は全裸の同女をベッドの上で多数回にわたり手拳で激しく殴打し、鼻骨骨折等の傷害を与え、またそのために被害者の血液がベッドの上はもとより客室の壁面の大型の鏡や天井にまで飛び散らせており、同女の乳首が傷付くほどに咬み、陰部や肛門に異物を差し込んで傷つけるという極めて残虐なもの

評　価　ホテルに入ってさほど時間もたたないうちに、突如として激しい暴行を加えており、なぜこのような残虐な行動に出たのか、了解困難な部分がある（心神耗弱）

以上のように、常軌を逸した犯行態様の残虐性は一般に、責任能力を否定する方向に働くと考えられる。他方で、③－７（⑥－13）に見られるように、その残虐性が被告人の人格傾向（飲酒時の性格や平素の人格の粗暴性）から説明可能な場合には、犯行態様に了解可能性が認められ、責任能力に影響を与えないと解されているように見受けられる。

第４項　ためらい・躊躇の有無

②－２　犯行の決意から最終的な殺害終了までに相当の時間的経過が存在したにもかかわらず、また、最愛の子供を三人も一挙に絞殺するという衝撃的な犯行形態であるにもかかわらず、その間一度として思い直すことがなく、淡々と何らの気持の高ぶりもなくこれを敢行している
評　価　甚だ異常なもの（心神喪失）

④－１　風呂から出て自分の部屋に戻り、予め押入に隠しておいた出刃包丁を持って両親のいる居間へ赴き、無言のまま、まず実母を襲い、次いでベッドに寝たきりになっていた養父を襲った。この時、被告人は一瞬犯行を躊躇したが、依然として体の中に人が入ってくるという内容の幻覚妄想を有しており、当時体に入ってきていたという人による「やっちまえ」というような内容の幻聴を聞き、これに刺激されて本件犯行に及んだ
評　価　犯行を躊躇したとはいえ幻覚妄想に支配されていたからこそ結果として犯行に及んだという見方も十分可能（心神喪失）

⑥－９　各犯行は、いずれも完全犯罪を意図しながら、冷静に、周到かつ綿密な準備の上になされた計画的なもの
評　価　巧妙であり、実行に当たっては何ら躊躇することなく、沈着に、大胆かつ執拗に殺害行為に及んでいる（完全責任能力）

②－２に見られるように、犯行のためらい・躊躇は、規範意識が残存していることを推認させる事情として考慮されている。しかし、④－１のように、犯行を躊躇したにもかかわらず行為に出たことが幻覚・妄想の強さを裏付ける事情とし

て考慮されうること、また、⑥－9のように、犯行への躊躇の欠如が被告人の人格の悪性を示すものとして認定されうることがあることから、この要素について一面的な評価を下すことは困難である。

第5項　動機と態様の間の均衡性

> ④－3　被害者に対し、ガラス製灰皿でその頭部を数回殴打し、電気コードで首を絞め、包丁でその顔面、頸部、胸部等をめった突きにするなどして殺害した
> **評　価**　いさかい程度の動機から執拗かつ残虐な本件犯行に及んだ点については、了解の余地が全くないというわけではないが、通常人の理解に苦しむところ（心神耗弱）
>
> ［13］　被告人は、掲示板における人間関係に独特の高度な価値観を見出しており、そこで受けた成りすまし等の嫌がらせは、とてつもなく大きな体験であったといえる
> **評　価**　被告人の当時の主観においては、本件で起こした重大な結果と動機との間に、さほど大きな飛躍はなかった（完全責任能力）

上記のように、動機それ自体は了解可能であるものの、一般人からみて些細な動機であるにもかかわらず当該犯行態様が著しく残虐・執拗な場合には、責任能力を否定する方向に働くものと考えられる(34)。

第6項　まとめ

一般的には、犯行態様が合理的・合目的的であり、周囲の正確な状況認識が認められるなど、格別の異常性がなく犯行態様が第三者から見て合理的と評しうる場合には、責任能力が肯定される傾向にある(35)。もっとも、精神医学者の保崎秀夫による以下の指摘に見られるように、その判断・評価には困難が伴う。

「犯行の態様が異常かどうかも、豊富な経験をもつ人にはすぐ判断できるかもしれないが、異様ととれば異様であるが、それほどでないという形のものが多いのではない

(34)　この点につき、山口（雅）［2015］120頁は、「動機の了解可能性や動機と犯行態様の整合性は、近親者や顔見知りの知人に対して殺人や放火あるいは包丁で刺す行為に及ぶに足りる経緯が認められるかどうかというように、一般化して抽象的にとらえるものではないのであって、被告人の置かれた具体的な状況下で、被告人の性格傾向等に照らして、判断されるべきである」と指摘する。
(35)　大渕［1992］199頁参照。

か。分裂病［統合失調症］者の犯行の態様でも犯行そのものはそれほど異常性を示したり、異様さを感じさせるものは少ないのではないか。むしろ異常酩酊などの際に異様性が示されることがあるのではないか、と感じられるくらいである[36]。」

この点について、たとえば統合失調症者の場合には、「知能・知識には障害がなく、通常人と比較してもそん色のない能力を備えている場合もあるから、犯行の手段・態様等について、合理性や計画性が備わっているからといって、その点を過大に評価するのは相当でな[37]」く、「犯行の手段や態様については、その細部ばかり目を奪われずに、犯行全体を通じての合理性を考慮する必要がある[38]」と指摘されている点に留意する必要があるだろう[39]。

かようにして、「犯行態様が異常かどうかも、重要な判断要素の一つであるが、行為の異常性もやはり相対的なものでしかないことに留意しておく必要[40]」があるとの指摘が妥当することになる。

第6節　もともとの人格との関係

当該犯行が被告人の本来の人格の発露として認められるか否かが問題となる。動機の了解が困難、あるいは犯行態様が残虐であることにより、責任能力を一見否定する方向に働く要素が認められる場合であっても、以下に見るように、被告人の本来の人格から説明が可能であれば、責任能力を肯定する方向に作用する。

②－2　犯行の動機・態様の異常性は、優秀な頭脳を持ち、日頃から子供に対し深い愛情を抱いていた被告人の病前性格を前提とすればもちろん、通常一般の母親像を前提

(36)　保崎［1985］45頁。
(37)　松藤［2014］122頁。
(38)　松藤［2014］122頁。
(39)　精神医学者によって作成された精神鑑定書作成の手引きにおいても、犯行の一貫性・合目的性／非一貫性・非合目的性を検討する際の注意事項として、「何らかの犯行を成し遂げているということになれば（あるいはそれが法律上は“未遂”であるとしても）、何らかの点で合目的な行動をとることができている――たとえば、完全に妄想のみに由来する病的な目的を達成するための犯罪であっても、その行動には合目的性が必ず見出される。つまり、合目的性を過剰にはかりすぎることはさけられなければならない」（他害行為を行った者の責任能力鑑定に関する研究班編［2009］21頁）点を指摘する。
(40)　仙波＝榎本［1991］59頁。

としても到底合理的に理解し難いもの（心神喪失）③－７　被告人は、普段は無口でおとなしい性格だが、酒を飲むと一転して話すことがくどくなり、もっと飲むと、被害者に「男がいるでないか。金の使い方が分からない。」等と言い出しけんかとなる傾向があった（完全責任能力）

⑥－４　被告人の平素の人格の発露であり、こうした人格傾向が病的要因によって形成されたものでもない（完全責任能力）

[４]　てんかんにり患する前の被告人は社会適応も良好だったといえ、本件の行為と病前性格との親和性は乏しい（心神喪失）

[23]　被告人の生育歴等にかんがみても、これまで犯罪傾向は窺われず、社会不適応により自傷行為や引きこもりなど非社会的な行動に及ぶことはあり得ても、他害的、反社会的行為に及ぶことは考え難く、被告人がこれまでに行った自殺未遂の手段も、薬物の服用、リストカットという第三者を巻き込むことのない方法であって、冬季の未明における住宅街にあり、賃借人や実母のいる本件住宅への放火を選択し、これを実行するという行動は従前の被告人の人格とは異質（心神喪失）

[24]　被告人は、近所の者から、弱い女子供には強く出るタイプなどと評され、ふだんから粗暴な言動に及んでいたものであるから、本件犯行をその粗暴性の発現と見ることもできないではないが、むしろ、本件犯行の残虐性は、それまでの粗暴性とは全く異質のものと評価するのが妥当（心神耗弱）

[32]　（殺意の有無の認定に際して）被害者の創傷の数から窺われる攻撃回数の多さ、そこに見られる強い攻撃性には、平素の被告人からは窺われない異質なものがある（完全責任能力）

被告人の平素の人格が責任能力を肯定する方向に作用する重要な事情と理解される理由としては、精神障害の発症前から犯罪傾向が認められるのであれば、病気等を発症せずとも犯罪に及ぶのであって、当該精神障害と犯罪の関連性が疑わしくなることが挙げられよう[(41)]。この考慮要素については、平成19年度司法研究が統合失調症の場合を例に挙げながら、「精神障害のためにその犯罪を犯したのか、もともとの人格に基づく判断によって犯したのか」との視座を提示したこと

(41)　松藤［2013］124頁参照。

により[42]、学説からの注目を集めている。

学説からは、統合失調症者の場合には「もともとの人格」自体が変更されているから、行為時におけるもともとの人格と統合失調症の影響との区別はできないという批判[43]が向けられているものの、実務運用としては、「ここでいう『もともとの人格』とは病前の人格を指すもの[44]」と理解されているようである（こうした理解を示すものとして、［4］・［32］）。他方で、③－7に見られるように、従前の飲酒時における被告人の暴力的・攻撃的な傾向性を前提に本件犯行の人格親和性を指摘するものも存在することから、この要素の内実は必ずしも明らかでない[45]。

②－2におけるように、被告人の病前人格に加えて通常一般人を基底においた事例や、⑥－4におけるように、もともとの人格が病的過程によって生じたか否かに検討を加えた事例など、この要素に対しては様々なアプローチが採られているものの、概して言えば、従前の暴力的傾向が犯行と親和的と評しうる場合に責任能力を肯定する事情として理解されている（これに対し、［23］・［24］におけるように、行為者に暴力的性格が認められたとしても、従前の暴力との異質性が認められる場合には責任能力を否定する方向に作用する）。

以上のように、被告人のもともとの人格は、動機の了解可能性や犯行態様の評価に際して重要な視座として理解されているが[46]、通説的な個別行為責任論から、もともとの人格を責任判断において考慮に入れることが、いかにして正当化されるかは別途検討を要するだろう。また、精神障害（ないし平素の人格）と犯行との「因果関係」を問題にすることの困難性[47]も指摘できる。たとえば統合失調症の場合には、その発症時期を特定することは容易でなく、統合失調症の発症と犯罪傾

(42)　司法研修所編［2009］36頁以下参照。
(43)　浅田［2009b］1435頁以下参照。
(44)　稗田［2014］175頁。
(45)　この点につき、前掲の精神鑑定書作成の手引きは、「犯行が当人の人格から考えて異質なものであるか、親和的なものであるか」の検討に際しては、「(1)元来の人格を比較の対象として、統合失調症や慢性の覚せい剤使用の結果としてみられるような、いわゆる発症後の人格変化がある場合に、その病前と比べて認められる人格（性格）の変化が事件に関連しているか。(2)犯行という比較的短期間の人格や精神機能全般を、それ以前やそれ以後の比較的長い期間のそれと比べたときに異質であるとか、断絶しているといった様子があり、それが事件と関係しているといえるか。たとえば薬物の急性中毒や統合失調症の急性錯乱にみられる可能性があるもの。」という2つの視点を持つ必要があるとする（他害行為を行った者の責任能力鑑定に関する研究班編［2009］20頁）。
(46)　同様の指摘として、山口（雅）［2015］121頁参照。
(47)　この点については、第3部第1章第3節第1項参照。

向が備わった時期の前後関係を確定することは困難である。さらに、発症前から犯罪傾向が認められるとしても、統合失調症の発症とは無関係に犯罪が行われたとは断定しにくい面もあり[(48)]、この要素を独立した形で取り上げることの妥当性には疑問が残る。精神障害と犯行の関連性ではなく、精神障害が弁識・制御能力に与えた影響が重視されなければならないとの前提からすれば、この要素を必要以上に重視することは適切ではないことになるだろう。「精神障害の発症前から犯罪傾向が認められるのであれば、当該精神障害と犯罪の関連性が疑わしくなる」という説明は一見説得的であるが、責任能力の認定の場面において、被告人の平素の人格が有効な判断基準として機能しているのか――つまり、責任能力の判断結果を言い換えているにすぎないのではないか――という点については、さらに慎重な分析が求められる[(49)]。

第７節　犯行後の行動

犯行後の行動については、⑴罪証隠滅・犯行発覚回避行動、⑵自首、⑶逃走、⑷自殺未遂・遺書の執筆、⑸犯行の中止、⑹捜査機関への協力、⑺虚偽・不合理弁解、⑻被害者への謝罪、⑼通常の日常生活への復帰などが責任能力の検討に際して考慮されている。以下では、上記の要素ごとに裁判例を概観したうえで分析を加える。

第１項　罪証隠滅・犯行発覚回避行動

①－12　犯行途中に相手方の電話線を切断し、逃走の際に凶器となった鉄棒を海岸砂中に埋めるなどの罪証隠滅を図った（心神耗弱）

⑥－５　死体を移動し、血液の付着した手足や凶器を洗うなどの合理的な行動をしている（完全責任能力）

(48)　松藤［2013］124頁参照。同様の指摘として、大渕［1992］200頁。

(49)　この点につき松藤［2013］124頁は、「総合的判断方法を用いて統合失調症者の責任能力を判定する際に、病気のせいなのか人格のせいなのかという観点で判断を行うにしても、考慮すべき事項は多岐にわたっているから、事実の一面にのみ囚われることのないように注意を払うのが肝要」とするが、示唆的であるように思われる。

[4]（店員に対して盗んでいないと弁解し、盗品を隠そうとする等の）犯行発覚を回避しようとする行動をとっていても、声をかけられた刺激により意識障害が若干改善した可能性がある（とする鑑定人の意見を採用し責任能力に影響を及ぼさないと判断、心神喪失）

[12]　犯行の発覚を防ごうとした形跡がほとんどなく、少年が本件非行時に合理的とはいえない行動を取っている（心神喪失）

第2項　自　首

①−15　犯行後、直ちに自分で110番して自首した（完全責任能力）

[6]　犯行後、すぐさま侵入口とは反対側の出入口から逃げ出して、自分の身の安全を図り、その後、気持ちの整理を付けながら、岡山を経て岩国まで赴き、自らの意思で警察に出頭している（完全責任能力）

第3項　逃　走

[21]　店員が逃げ出し、警察官を伴って戻ってくると同時に犯行を断念し、逃走を図った（完全責任能力）

第4項　自殺未遂・遺書の執筆

②−1　遺書を書き残しているものの、この事実も死に向けての行為の一環であり、うつ病による希死念慮の一つの現れとみることができ、行動制御能力があったことを推認させるものではない（心神喪失）

[20]　犯行後の自殺未遂行為は、保釈中の被告人を支えてくれているすべての人を裏切る行為をしてしまったという後悔や慚愧の気持ちから行われたものと解することができる（完全責任能力）

第5項　犯行の中止

②−7　燃え上がった炎を見て子供達を殺しては可哀相だと考え殺人の犯行を中止し、直ちに子供三名を外へ避難させて人に知らせた上、消火活動をするなど適切な行動を取っている（完全責任能力）

[23]　危険回避行動をとっているとはいえ、これをもって、正常な精神作用を有していたことの徴表と捉えることは相当でなく、放火した後、自らの犯した行為の危険性を認識して、これを反省、悔悟するといった心理状態にあったと評価するにも疑問が残るから、一般の犯罪を行ったものが、犯行直後にこれを翻意して、危険回避のための積極的な行動をしたのと同等の評価をすることはできない（心神喪失）

第６項　捜査機関への協力

④－７　本件犯行直後に自首し、その後の取調べ等には素直に応じ、警察官とのやり取りも事態相応であり、自分がしたことを悔い、殺してしまった被害者への謝罪の気持ちを表している（完全責任能力）

[９]（犯行後の行動の合理性を根拠に心神喪失を認めなかった原審の判断について）原判決が根拠として挙げるパトカー内の会話などは、逮捕時に組み伏せられたことや手錠を掛けられたことなどによる痛覚刺激によって被告人の意識レベルが一時的に上がったことによるものと考えられるから、その点を根拠にすることも妥当とはいい難い（心神喪失）

第７項　虚偽・不合理弁解

[５]　被害車両をいったんコンビニエンスストアに止めて被害会社まで自転車を取りに行った後に警察官から車を取っていないかと尋ねられて「知らん」と答えたり、逮捕される直前には警察官から「何をしている。この車をどうした。」などと尋ねられて「この車は買ったものや。俺の車や。」などと虚偽の弁解をしたりした（心神喪失）

[19]　犯行直後から責任回避のために虚偽の弁解をすることができた（完全責任能力）

第８項　被害者への謝罪

[20]　保安員や店員に声を掛けられるとすぐに犯行を認め、土下座をするなどして謝罪して宥しを乞うという行動を取っている。相手の宥恕を得るための合理的な行動をとっていると評価することができる（完全責任能力）

[25]　犯行発覚後、お金を払います等と述べるなど、それなりに自己防御の行動を取っている（完全責任能力）

第9項　通常の日常生活への復帰

[30]（①－1の差戻後控訴審）　犯行の20分後には電話で交際相手を食事に誘い、焼肉屋で食事をするなど、翌日赤羽警察署に自首するまでの犯行後の被告人の行動は、通常の日常生活や対人関係に復したと認められるもので、幻聴、幻視や被害者に対する被害妄想に関する点を除けば、正常心理の範疇内であり、合目的的で首尾一貫しているということができる（心神耗弱）

第10項　まとめ

以上のように、犯行後の行動のうち、(1)～(9)はいずれも行為者の罪障感を窺わせる事情として位置づけられ、責任能力を肯定する方向に作用するが、このうち(4)自殺未遂・遺書の執筆については、②－1に見られるように、特に躁うつ病類型において、規範意識の残存を示すものというよりはむしろ、希死念慮の強さを推認させる事情として、責任能力を否定する方向に働く場合がある。

もっとも、「人格荒廃の著しい重症の統合失調症者でも、知能・知識・記憶力等には障害を持つに至らない場合があり、妄想に支配されない範囲内では、一応の社会生活に適応しうるとされ」、「一見了解可能な行動をしていても、これと異なる犯行場面では妄想に支配されていなかったとはいいきれないから、犯行場面とは異なるその前後の行動だけを取り上げて、責任能力を判定することはできない」[(50)]とされる点には留意する必要があるだろう。

分析対象の裁判例においても、[24]（罪証隠滅・犯行発覚回避行動）、[23]（犯行の中止）、[5]（虚偽・不合理弁解）に見られるように、一見すると責任能力を肯定する事情を備えている場合であっても、通常の意味における罪証隠滅・犯行発覚回避行動や犯行の中止、虚偽・不合理弁解と捉えるべきではないとする例や、[9]（捜査機関への協力）に見られるように、犯行時と意識レベルが異なっていた可能性を指摘する例など、これらの事情の存在を責任能力判断において重視すべきではないとするものが見受けられる[(51)]。

このように、犯行後の行動を考慮する際には、被疑者・被告人が有する精神障害の特性を踏まえた慎重な検討が必要となる。

---

(50)　松藤［2014］122頁以下。
(51)　大渕［1992］199頁以下参照。

第8節　犯罪性の認識

①－1　本件行為が犯罪であることを認識していたが、これをもって、事理の弁識をなし得る能力を、実質を備えたものとして有していたと評価できるかは疑問（心神喪失）

①－2　観念的には本件犯行の犯罪性を認識していたが、それを自己の直面する現実に当てはめ、当該行為の是非を判断する能力が失われていた可能性がある（心神喪失）

［2］　人を刺すことが悪いと十分理解していたと認められる（完全責任能力）

［5］　被告人は、自動車盗が悪いことであると表面的には認識できるものの、重度精神発達遅滞の状態にあったことによりそれが社会的に許されない違法な行為であり、行ってはいけないということを真に理解できておらず、その違法行為を自制できなかったとみるのが自然かつ合理的（心神喪失）

[17]　暴行により被害者が死亡した後も、警察を呼ぼうとする母を制止しており、本件犯行が法や道徳に反することの認識はあったということができる（完全責任能力）

[18]　自己の行為が法に触れることは理解していたといえるのであって、犯行時においても違法性の認識を全く欠いていたとは考え難い（心神耗弱）

わが国の通説的見解は、弁識能力と違法性の意識の可能性をパラレルに理解する。この点、違法性の意識が認められる場合には違法性の意識可能性を論じる余地が消失することから、当該行為の違法性を（形式的な意味であっても）理解していた場合に、弁識能力の喪失（弁識無能力）や著しい減退（限定弁識能力）を認めることができなくなる。実際にも、多くの事例では、自己の行為が法に触れることを理解していたことをもって弁識能力の存在が認められている。しかし、こうした理解は、（違法性の認識が欠けることが稀とされる）統合失調症者の行為を説明できない。

たとえば、分析対象の裁判例の中には、①－1や①－2（いずれも統合失調症類型）におけるように、形式的な違法性認識を直接に問題としていないと受け取れる説明が見られる。特に、①－1（前掲最判平成20年4月25日）は、「本件行為が犯罪であることを認識していたが、これをもって、事理の弁識をなし得る能力を、実質を備えたものとして有していたと評価できるかは疑問」とし、責任能力の実体要件に再考を迫る内容となっている。

また、重度精神発達遅滞の被告人の責任能力が問題となった〔5〕では、行為の違法性を表面的には認識できていたが、それが社会的に許されない違法な行為であり、行ってはいけないということを真に理解できていなかったと評価されている。これは、既述のように認知能力要件における認識内容を「認識（know)」ではなく「弁識（appreciate)」と理解するアプローチと親和性を有するものと言えるだろう。

このように、責任能力の判断場面における「違法性の認識」について、裁判実務上の理解は一致していない。このことは、弁識能力要件の内実に関して従来の刑法学説が実用に耐える理論を提示してこなかったことの証左とも言えよう。

第9節　計画性の有無

①－6　被告人の行動の中には計画性が見られるものの、統合失調症は、道徳感情の低下ないし情意の鈍麻に病気本来の症状があり、他方で統合失調症であっても損なわれていない知的能力は、その犯行目的のために、一見周到な計画性を生み出す（心神喪失）

⑥－8　長期間にわたって殺意を抱き、計画的に殺害行為に及んでいる（完全責任能力）

［4］　盗品を隠匿するためのバッグ等も持参していないことからすれば、本件行為に計画性は認められず、ゲームソフトやヘッドホンを盗むためにニッパーツメキリを盗むという行動も合理的、合目的的というよりは場当たり的な行動と評価できる（心神喪失）

［6］　バケツ、ガソリン用の携行缶などの準備をし、自分がやけどをしないようにライターではなくマッチで火を付けるようにするなど、犯行を遂行するために合理的な計画を立てている（完全責任能力）

［30］　本件犯行がこのような動機に基づくものである以上、これを計画的犯行とみることはできず、衝動的かつ偶発的な犯行であったことは否定できない（心神耗弱）

⑥－８・［６］・［30］におけるように、当該犯行の計画性が認められることは一般に、責任能力を肯定する方向に作用すると考えられる。これに対して、［４］に見られるように、当該犯行が衝動的に行われたものであることは、責任能力を否定する方向に作用する。

しかし、①－６におけるように、統合失調症等による幻覚妄想の影響が認められる場合には、計画性が認められることを過度に重視すべきではないとされる。このことから、責任能力の判断に際しては、計画性の有無といった細部の点のみではなく、犯行全体を通じた合理性を考慮しなければならないことが示唆される(52)。

第10節　記憶の有無

犯行の前後を通じて清明な記憶が完全に保たれている場合には一般に、責任能力肯定の方向に作用すると考えられる。特に、アルコール関連障害の類型では、以下に見るように、記憶の有無が責任能力の判断結果と一部相関している例が見受けられる。

③－１　タクシーを拾いながら歩いている途中から記憶をなくしており、被害者が目の前に現れたところまではほぼ完全に記憶が欠落しており、…その間の心の動きについて十分な説明をすることもできない（心神喪失）

［９］　著しい健忘が認められる（心神喪失）

③－２　本件犯行時とその前後の記憶の欠損があった可能性は否定できない（心神耗弱）

③－７　島状であるとはいえ、それなりの記憶を有している（完全責任能力）

(52)　松藤［2013］123頁参照。前掲の精神鑑定書作成の手引きでも、「何らかの計画性があると評価できるか。その緻密さはどの程度か。現実的な計画といえるか。計画的というよりも、突発的、偶発的、あるいは衝動的なものであるか」（他害行為を行った者の責任能力鑑定に関する研究班編［2009］19頁）が鑑定書作成の際の着眼点として紹介され、「その犯罪には計画性や衝動性があるか、そしてその計画性や衝動性にはどのように、どれくらい精神障害がかかわっているかに注目することが必要不可欠であ」る一方、「この項目は、事前の行動をみるため、犯行時点での能力をそのまま反映していない場合があることにも注意しなければならない」（同・20頁）と指摘する点で示唆的である。

[14]　勤務先の事務所で多量のビールを飲んだ後の出来事についても、相当程度の記憶を有している（完全責任能力）

もっとも、アルコール関連障害で完全責任能力が認められた③－8・③－9では、記憶の欠落を認めながらも、その他の事情から責任能力を肯定していることから、記憶の有無や程度を責任能力判断の決定的要素と位置づけることはできない。その他、記憶の有無に言及した裁判例としては、以下のものがある。

[4]　本件行為を含めた前後の記憶を正確に保持していなかった疑いがある（心神喪失）

[23]　記憶は清明であるが、被告人が、本件犯行当時、現実的な事実認識ができていなかったという状況の下では、記憶が清明であることを殊更責任能力を肯定する方向に重視することはできない（心神喪失）

[28]　犯行状況をよく記憶し、詳細に語り得ており、その内容も客観的事実との間に大きな隔たりはなく、記憶の欠落も見られない（完全責任能力）

[30]　犯行の前後を含め、本件犯行状況を極めて詳細に語っており、そこに作為は感じられず、本件犯行に関する被告人の記憶は十分に保たれている（心神耗弱）

注目すべきは、記憶・記銘力に障害をもたらさないことが多いとされる統合失調症や躁うつ病などの類型では、記憶の有無や程度は、責任能力を判定する決定的な要素とはならないと解されている点であろう[(53)]。実際にも、[23]（統合失調症）に見られるように、心神喪失とされた裁判例で記憶が保たれていると指摘する例があり、総合判断の際の一要素にすぎないとの指摘[(54)]がなされている。

(53)　松藤［2014］123頁参照。
(54)　大渕［1992］199頁参照。

第11節　意識障害の有無

［4］	犯行当時、意識レベルが改善しない状態が続いていた疑いがある（心神喪失）
［9］	被告人の失見当識の程度は甚だしいものであった疑いが残る（心神喪失）
［20］	万引き行為時の被告人に意識の断絶は認められない（完全責任能力）

意識障害に陥っていた場合には一般に、責任能力を否定する方向に働くものと考えられる。上記の裁判例においても、［4］（非けいれん性てんかん重積による意識障害の状態（分別もうろう状態））や［9］（飲酒による病的酩酊）に見られるように、幻覚妄想が認められない疾患類型の場合には、意識レベルの低下が認められるかという点が重視されているように見受けられる。

第３章　検　討

第１節　裁判実務における責任能力の認定手法 ――総合的判断の内実

以上に見たように、責任能力が争われた裁判例では、犯行当時の病状・精神状態を出発点としながらも、幻覚妄想の有無・程度や犯行動機の了解可能性をはじめとした、多岐にわたる事情を総合考慮して責任能力の有無・程度が判断されている。特に興味深いのは、①総合判断における各考慮要素は等価ではなく、②幻覚妄想の有無（およびこれと密接な関係性が認められる動機の了解可能性）が最も重要視されており、③上記②が認められるかどうかによって、他の事情の評価方法が変化する点である。

たとえば、統合失調症に起因する幻聴に支配され、了解不可能な動機に導かれて殺害行為に及んだ事例を想定してみる。この点、幻覚妄想に支配された犯行の場合には、犯行前に社会に適応した生活を送っていたとしても、そのことを過大視すべきではないとされ（前章第４節参照）、犯行態様に合理性・合目的性が認められたとしても、幻覚妄想に支配され、動機や動機形成過程が了解不能と評しうる場合には、これを重視することもできない（前章第５節第１項）。さらに、犯行に躊躇・ためらいが認められたとしても、それにもかかわらず犯行に出たことで幻覚妄想の強さを裏付ける事情として考慮されうるし（前章第５節第４項参照）、統合失調症の場合には知能・知識・記憶力等には障害を持つに至らない場合が多いことから、犯行後の行動の合理性（前章第７節第10項参照）や犯罪性の認識（前章第８節参照）、計画性（前章第９節）や記憶（前章第10節）を重視することができない。

この架空事例において、幻覚妄想（およびそれと密接に関係する動機の了解不能性）以外の事情に関する評価方法が通常の場合と異なるという事実は、幻覚妄想と動機の了解可能性が責任能力判断における決定的要素――あるいは、他の事情の評価方向を左右するという意味で、ポイントとなる要素――であることの証左と考えられる。換言すれば、幻覚妄想や動機の了解可能性が認められない場合には、他の考慮要素の重要性が相対的に減じられ、幻覚妄想が存在せず動機の了解可能性が認められる場合には、他の考慮要素を併せた判断がなされることになる。

総合的判断方法における考慮事情の非対称性は、事実認定の実務に関する文献においても、従前から指摘されている問題である。たとえば、裁判例の一般的傾向に関する指摘として、①精神障害（特に統合失調症）の症状が重症である場合や、②犯行が幻覚・妄想等の病的体験に直接支配されたものであるような場合には通常、心神喪失が認められており、「病状の重篤性や犯行支配性は、心理学的要素を判断する上でも、決定的なウエイトを占めうるもの[(55)]」とされる。これに対して、それ以外の場合には、病状（①）とその犯行との結びつき（②）に加え、③犯行の動機（その了解可能性）、④犯行に至るまでの事情、⑤犯行の態様、⑥犯行後の言動、⑦犯行当時についての記憶、⑧病前の性格と犯行との関連性などの記述的要素を認定したうえで、規範的な立場から評価を加えて弁識・制御能力の有無や程度を確定し、心神喪失・耗弱の判断がなされると指摘され[(56)]る。

こうした、「[統合失調症者の症状が重篤で甚だしい場合には] 原則的には他の事項についての検討をまつまでもなく責任無能力とされ[(57)]る」との指摘は、より正確には、幻覚妄想や動機の了解不能性が認められる場合には、「他の事項について（通常の方法で）考慮に入れるべきではない」という定式として理解されるべきだろう。前述のように、幻覚妄想（および動機の了解不能性）が認められるかどうかによって、それ以外の事情の評価方向が正反対になることも想定できるからであ[(58)]る。

この問題について第一線の実務では、総合判断の際には「精神障害が犯行に与

(55)　上田［2001］149頁。
(56)　高橋［1994］461頁以下、上田［2001］149頁参照。
(57)　大渕［1992］198頁（傍点筆者）。
(58)　この問題については、前掲の精神鑑定書作成の手引きにおいて提示された、7つの着眼点に関する注意事項が示唆を与えるものと考えられる。7つの着眼点は、精神科医が鑑定において精神障害が犯行に与えた影響を説明するにあたり、「法律家の視点から法廷などで問われる可能性の高い質問などを経験的に列挙したもの」（他害行為を行った者の責任能力鑑定に関する研究班編［2009］3頁）とされ、「責任能力の認定判断、特に弁識能力と制御能力という心理学的要素を的確に検討する上で参考になるものであって、最近の刑事実務において広く用いられるようになった」（國井［2015］139頁）とされる。7つの着眼点とは、具体的には、A動機の了解可能性／不能性、B犯行の計画性、突発性、偶発性、衝動性、C行為の意味・性質、反道徳性、違法性の認識、D精神障害による免責可能性の認識、E元来ないし平素の人格に対する犯行の異質性、親和性、F犯行の一貫性・合目的性／非一貫性・非合目的性、G犯行後の自己防衛・危機回避的行動、が挙げられており、裁判実務における考慮事情との類似性が認められる。

えた影響」を常に念頭に置くことで、総合判断に内在する上記の困難性を回避しようと試みている。たとえば、前掲最高裁平成20年判決の調査官解説によれば、同判決は、昭和59年決定の示す総合的判断の手法によることを前提としつつ、考慮事情の評価について、「並列的・等価的に行われているのではなく、……被告人の具体的な症状及び本件行為への影響の程度を前提に、統合失調症の病態ないし病像に即して、これが事理弁識・行動制御の能力の存否にどのような意味を持ち得るかという観点から[59]」なされることを前提としている。

このように「平成20年判例の下では、……病状が行為に及ぼした影響の程度の関係を特に意識して総合評価すべきことが求められる[60]」とされ、たとえば犯行態様の一貫性や合目的性が見て取れる事件においても、「それらに精神障害（と精神障害とはいえない要素）がどのように関わるのかを示すことに重点をおくことが必要[61]」となるだろう。

同手引きは、これらの着眼点を用いる際の注意点として、①項目間でその重要度は同等でなく、②項目間に重なりあう事柄もある（各項目は独立しているわけではない）こと、③どれか一つの項目に該当したからとか、何項目あてはまるからというようなことで刑事責任能力を判断するようなものではないこと（つまり、「基準」のようなものではないこと）、④各項目について一方向だけからみるのではなく、ニュートラルな視点から評価する必要があること（たとえば動機の了解可能性だけではなく、了解不能性にも目を向けること）、⑤事件によっては全く検討の必要が無いものもあること、⑥検討しても明確に言及することが難しいものもあることを挙げる（他害行為を行った者の責任能力鑑定に関する研究班編［2009］21頁参照）。このうち③の点については、「たとえば、完全に動機が奇異な妄想のみに由来していて、合理的で現実的な理由が一切うかがわれないような場合でも、事件をおこす（おこした）ということは必然的にある程度の合目的的で一貫性のある行動をしている（いた）ことになる。このような事例で、あまりにも『合目的的だから』というような点に着目しすぎると、ほとんどすべての事件で能力が保たれていたことになってしまう」（同頁）とし、上記の着眼点を「基準」のように用いることに注意を促しており、総合的判断方法における考慮要素の分析に際しても基本的に援用可能と考えられる。

(59)　前田巌「判解」最判解刑事篇平成20年度367頁。前田調査官によれば、「本判決は、あくまで事例判断であるが、統合失調症に罹患している者の責任能力について昭和59年判例が示した総合判断を具体的に行うに際して、統合失調症が行為に及ぼした影響の有無・程度との関係に配慮して犯行前の生活状態、犯行の動機・態様等の事情を評価すべきものであることを示したものといえ、昭和59年判例をより実質化したもの」（同・368頁）と位置づけられる。

(60)　三好［2010］263頁。

(61)　他害行為を行った者の責任能力鑑定に関する研究班編［2011］6頁。

第2節　実体要件と認定基準の関係性について
——実体要件と矛盾する認定要素？

以下では、責任能力の実体要件に関するわが国の通説的立場が、前章で明らかにした裁判実務の認定手法と矛盾することを提示したうえで、私見の理論枠組みの基礎づけを図る。

第1項　「精神の障害」について

わが国の刑法学説は、責任能力の実体要件として「精神の障害」を第一段階要素に位置づける。しかし、既述のように、分析対象の裁判例の中で、被告人の精神状態が（精神医学上の）病気でないこと（のみ）を理由に39条の適用を排除したものは見られなかった。[62]

このことから、犯行当時の精神状態は、責任能力要件の第一段階要素——いわば、足切りの要素——としての「精神の障害」と一致しないとの帰結が示唆される。

第2項　弁識能力について

刑法学説の多数は、弁識能力の意味内容について、（違法性の意識の可能性とパラレルに理解される事実的な）違法性の認識可能性だと理解する。他方で、前章第9節で明らかにしたように、分析対象の裁判例の中には、この意味での違法性認識が欠けた事例は見当たらなかった。統合失調症者であっても違法性の認識を欠くことはむしろ稀とされることを考慮すれば、従来的な意味の弁識能力は、責任能力判断において意義を有さないと評しうる。[63]

かようにして、弁識能力については、実体要件と認定基準の不対応が顕著に表れている。

---

(62)　こうした実務的運用の背景について、安田［2016］15頁参照。

(63)　弁識能力の意義については、最高裁平成20年判決を受けて、違法性の表面的な認識ではなく、それが社会的に許されない違法な行為であり、行ってはいけないということを真に理解できていたかを問題する裁判例（［5］）も見受けられる。しかし、本書第2部で明らかにしたように、認知能力要件の内実を「認識（know）」ではなく「弁識（appreciate）」と理解したとしても、真の問題解決とはならない。

第3項　制御能力について

責任能力が争われた裁判例を検討すると、行為を思いとどまる能力が失われていたとしても、直ちに免責に結び付くわけではないことが明らかとなる。というのも、（法規範を軽視して暴力を伴いやすい傾向のある）反社会性パーソナリティ障害（antisocial personality disorder）や、（窃盗癖や放火癖に代表される）衝動制御障害（impulse control disorder）など、犯罪的行為の反復が精神障害の徴表とされる類型の場合には、行為を思いとどまる能力の喪失（著しい減弱）が否定できない（にもかかわらず、一般に免責は認められない）からである。

このことから、行為を思いとどまることの困難性は免責を導かないという、一見すると直感に反する帰結が導出される[(64)]。人格障害など、幻覚妄想を伴わない類型で責任能力が争われた場合には、行為を思いとどまる能力ではなく、むしろ、犯罪を合理的に達成する能力が問題とされているとの印象を受ける。たとえば、幻覚妄想を伴わない多くの事例では、犯行態様の合理性・合目的性（前章第5節第1項参照）や周囲の正確な状況認識（前章第5節第2項）が重視され、責任能力が肯定されている。しかし、犯罪を合理的に達成する能力は、行為を思いとどまる能力（制御能力）とは異質のものではないだろうか。たとえば、規範意識の鈍磨した常習窃盗犯が、窃盗を合理的な態様で繰り返していたからといって、これらの犯行を思いとどまることの困難性が直ちに否定されるとは思われない。

前節で検討したように、責任能力の判断場面では、幻覚妄想に起因する了解不能な動機が認められるか否かという点が、他の考慮事情の評価方法を左右するという意味で、ポイントとなる要素と評しうる[(65)]。他方で、他者からの了解可能性が、責任能力の実体要件との関係でいかなる意味を持ち得るかは別途問題となるだろう。特に、第1項と前項で見たように、通説的見解における「精神の障害」と「弁識能力」は、責任能力の判断場面では機能しえず、了解可能性概念はもっぱら制御能力の問題として理解されるはずである。他者からの了解可能性が、（違法性の認識に従って）当該行為を思いとどまる能力（制御能力）との関係でどのよ

(64)　この点につき安田［2016］17頁は、「制御能力が当該犯行の（完遂方向での）合理的コントロールの能力という意味での『行動のコントロール』能力として判断対象とされている場合も散見される」としながらも、事実認定レベルの問題であると理解することにより、他行為可能性を基軸とした責任論からも「思いとどまる能力の仮定的判断に必要な正常な精神機能を確認する作業」として説明可能だとする。

(65)　了解可能性概念の重要性について、仙波＝榎本［1991］59頁参照。

うな意義を有するのかは、必ずしも明らかではない[66]。

たしかに、分析対象の裁判例の中には、弁識能力を肯定しながら制御能力の欠如や著しい減退を理由に心神喪失・心神耗弱を認めたものが見受けられる（たとえば、②－１・⑤－１・［４］など）。このことを受け、「例えば、精神遅滞に精神病質（人格障害）が加重したような事例においては、制御能力公式が活用されている[67]」といった指摘や、「うつ病の事案などの場合にそのように［弁識能力はあるが制御能力がないと］説明する方が理解が得られやすいように感じられることが多い[68]」との指摘がなされている。

しかし、「精神医学の立場からみれば、そのような事例においても、実際には現実認識のゆがみなど弁識能力にも影響がないとはいえないと指摘されることが少なくなく、安易に一般化することはできない[69]」だろう[70]。責任能力が争われた裁判例において、制御能力要件のみに落とし込まれた少数の事例の存在をもって、同要件が裁判実務で活用されているとの評価を下すことはできない。

第４項　検討――実体要件と認定基準の齟齬？

責任能力の判断場面では、様々な要素が考慮される。しかし、上記のように、認定基準と実体要件が乖離にとどまらず、矛盾しているとすれば問題であろう。つまり、責任能力の実際の判断場面で問題とされる内実が、通説的立場における実体要件（違法性を認識し、その認識にしたがって行為を思いとどまる能力）と異なるものだとすれば、体系的整合性を優先して実体要件と認定基準の矛盾を放置することは妥当でない。

以下では、節を改めたうえで、裁判実務における責任能力の認定手法と私見の理論枠組みの関係性を提示する。

---

(66)　これに対し、安田［2016］18頁は制御能力の観点の重要性を指摘する。
(67)　安田［1998］105頁。この理由について、青沼［2016a］172頁参照。
(68)　三好［2010］263頁。
(69)　三好［2010］263頁。
(70)　この問題について稗田［2014］175頁、山口（雅）［2011］401頁以下参照。

第３節　本書の理論枠組みとの関係性

第１項　弁識・制御能力について

第２部において筆者は、刑事責任能力論において弁識能力と制御能力を区別することには理論的・実践的な意義や根拠がなく、行為者の弁識プロセスに着目することでその意味内容が豊富化された、「実質的弁識能力」とも言うべき統一基準によって心理学的要素の内実が規定されるべきとの立場を提示した。この立場から、弁識能力判断における問題の実体は、（違法性の意識の可能性と重なり合うような）事実的な意味における違法性の認識可能性ではない。たとえば神の命令事例のように、精神障害によって価値体系が歪められていた場合には、当該行為の違法性を純粋な事実として認識していたからといって、自己の行為の意味を理解していた——つまり、正常な弁識能力を有していた——と評することのできない場面が観念できる。

この点、筆者が提示した実質的弁識能力の枠組みにおいては、行為者の認識内容それ自体ではなく、むしろ弁識プロセスの異常性に着目し、このプロセスが標準からいかに乖離していたかが問題とされる。換言すれば、行為者の心理過程を出発点とし、自己の行為の刑法違反性が提示された場合に、通常人ならば抱くであろう〈インパクト〉を受けることができる者だと第三者が評しうるかが問題とされ、弁識能力の意味内容が質的な意味で豊富化されるのである。違法性の認識によって反対動機を形成する能力が弁識能力の枠内で考慮されるこの立場からは、制御能力の問題として従来論じられてきた領域が弁識能力要件に取り込まれ、責任能力論において弁識・制御の二分法が妥当しない。

行為者の（合）理性に着目するこの立場は、裁判実務において責任能力の重要な判断要素とされる、「了解可能性」に基づく判断とも親和的である。すなわち、「通常人のとる行動から全くあるいは著しく逸脱していて、合理的説明を付けることができないか、それが著しく困難であり、納得することができるような性質のものでないかどうかを責任能力の有無・程度の判断を導くための重要な指標の一つ[(71)]」として据えるのは、行為者の精神状態を所与とし、〈理由への問いと

(71)　大阪刑事実務研究会［2012c］91頁。

応答〉という図式の下で刑事責任能力を把握する筆者の理論枠組みの基本的方向性に合致するのである。(72)

また、弁識・制御能力を実体論レベルで統一的に理解する私見の立場は、「実際の責任能力の判断においては、是非弁別能力の判断と行動制御能力の判断は渾然一体となっており、両者を峻別して判断する必要性が乏しい(73)」とされる実務慣行に整合する。

第2項　「精神の障害」について

第3部において筆者は、「精神の障害」に関するアメリカの議論のうち、1950年代にコロンビア特別区の連邦控訴裁判所で採用された責任能力基準（ダラム・ルール）をめぐる議論に分析を加え、疾患概念に関する精神医学領域の議論にも踏み込んだ形で検討を加えた。その結果、「精神の障害」は心理学的要素（実質的弁識能力）に並ぶ実体要件としてではなく、心理学的要素の認定上の資料に位置づけられ、こうした理解は第1部で示した精神鑑定人の役割論とも整合的であることを明らかにした。

「精神の障害」を心理学的要素に並置される実体要件としてではなく、多岐にわたる責任能力の認定要素のうち、特に精神鑑定人が専門性を発揮できる領域として再定位する私見の理論枠組みは、精神医学における診断カテゴリーへの該当性を責任能力の判断結果に直結させず、総合的判断の一要素とする裁判実務の考え方とも親和的と評しうるだろう。

第3項　本書の理論枠組みと責任能力の認定手法

筆者が提示した実質的弁識能力論では、自らの振る舞いがもたらす影響（行為の社会的意味や被害者に与える苦痛、社会からの評価などの当該犯行に関連する事情）を理解

(72)　筆者と同様に、行為者の（合）理性に着目した責任能力論を提示する論稿として、樋口［2016］［2018］。同論文は、アメリカの（合）理性説を、「人間の相互理解・相互交流に基礎を置く学説」と「刑法規範の意味を把握できることを求める学説」に二分したうえで、刑法上の制度としての責任能力論解釈としては後者のアプローチに正当性が認められると主張する。もっとも、こうした理解を前提とした場合には、現実からの乖離（特に、幻覚妄想）を根拠に責任能力の低減が認められてきた裁判例の多くが支持できないことになる。裁判実務における責任能力判断の傾向が（その理由づけは別にせよ）結論において概ね正当との推定が許容されるとすれば、樋口説の方向性には疑問が残る。

(73)　山口［2011］402頁。

していると、第三者が評価できるような弁識プロセスを有していたかが問題とされる。

このように、筆者の立場から責任能力とは、他者や社会と関わる力として位置づけられる。こうした見地からは、現実的基盤の存在しない幻覚妄想の有無（①認識の正常／異常）や病的な思考の飛躍（②推論プロセスの正常／異常）が責任能力判断における重要なファクターとなり、③その他①や②にまたがる事情の評価方向を左右することになる。

こうした本書の立場を前提として、責任能力の概念を裁判員に説示する場合には、以下のような説明が可能であろう。

裁判員への説明試案

私たちは刑法によって被告人に厳しい制裁を科すことができます。しかし、こうした「取扱い注意」の刑法を用いることと引き換えに、それを使用するときには、できるだけ控え目にあるべきだ――自らの意思で犯罪を行ったことについて我々の社会が被告人を非難可能な場合に限られる――という要請が存在します。

被告人に刑罰を科すための前提として、犯行時に被告人が責任能力を有していたことが求められます。責任能力は、被告人を刑法が対象とする人間として評価すべきかを問題とします。刑法が対象とする人間は、他人や社会と関わる力を持つ人に限られます。他人や社会と関わる力とは、自分の振る舞いが他人や社会に与える影響を理解する能力を意味します。

たとえば、幼児が他人を傷つけたとしても、刑罰は科されません。これは、自分の振る舞いが他人や社会に与える影響を幼児が理解していると、私たちは一般に評価しないからです。今回の事件で争われているように、被告人が精神障害を有していた場合にも、この能力が一定の限度で失われます。

それでは、刑法上の責任を問われる人間かどうか、つまり、自分の振る舞いが他人や社会に与える影響を理解しているかどうかは、どのような観点から判断されるのでしょうか。たとえば、現実とは無関係な幻聴の命令に従っていた場合や、病気の影響で被害者の苦痛や社会からの評価を考慮できなかった場合には、自分の振る舞いを私たちと同じ方法で理解していたとは評価できなくなります。

自分の振る舞いが他人や社会に与える影響を理解する能力が、刑罰を科すことができないほどに失われていた場合には心神喪失、そこまでではないが、著しく減弱していた場合には心神耗弱となります。心神喪失や心神耗弱として認められない場合であっても、被告人に対する具体的な刑罰を決める場面で、精神障害の影響をある程度は考慮することができます。

結　論

1　本書の成果

本書で明らかにした、①責任能力判断における精神鑑定人の役割、②弁識・制御能力要件の内実、③「精神の障害」の意味内容と実体論上の地位は、わが国の刑法学に責任能力の新しい理論枠組みを提供するものである。これらの研究は、責任能力論については実体法の実現過程を含めた総合的な視点が必要との筆者の問題意識に由来し、実体要件の分析に際しては、責任能力基準の各要素が実際の判断場面でいかに作用しているのかという視座から、それぞれの意味内容や実体論上の地位を明らかにするという、統一的な分析軸・方法論によって貫かれている。本書の分析によって得られた成果は、以下のように概括できる。

（1）責任能力判断における精神鑑定人の役割について

①　精神鑑定人の言及範囲については、心神喪失や耗弱、完全責任能力といった法的結論に関する意見は制限されるべきである。刑訴法156条により、（鑑定人を含む）証人の単なる意見は禁止され、とりわけ法的判断の証言は許容されない。責任能力の最終的な判断は裁判所のみが正統に行いうるものであり、こうした事項を鑑定事項に加え、あるいは尋問において法的結論に直結する意見を求めることは、必要性ばかりか妥当性をも欠く。

②　他方で、精神鑑定人による、「精神障害が被告人の弁識・制御能力に与えた影響」に関する説明は許容される。この結論は、弁識・制御能力という心理学的要素も事実的・経験的要素であり鑑定の対象となるとする従来の議論の到達点を前提に、弁識・制御能力についての意見陳述を制限することによる弊害が、許容した場合の弊害に比して大きいという理由から導かれる。

③　法的結論を含む証言に対する制限の証拠法則上の位置づけについては、証拠の関連性の問題として理解される。刑事訴訟法領域において、証拠の関連性概念に関する理解は一致を見ていないが、精神鑑定人の証言範囲の問題は、当該事案における立証趣旨が要証事実との関係で適切であり、証拠から間接事実を認定する過程に問題がないことを前提としたうえで、間接事実から要証事実を推認す

る過程において、法が求める一定の推認力を有していないために許容されないとの説明が可能である。

（2）弁識・制御能力の内実について

①　弁識能力で問題とされるべきは行為の違法性に関する能力だが、精神障害によって通常と異なる価値体系を有する者の「生の事実レベル」における「違法性の認識」を捉えて、その者の弁識能力を肯定することは妥当でない。事実的意味における違法性の認識を有していたとしても、反対動機形成の契機として用いる能力を有すると第三者が評価できない場合には、行為の意味を理解しているとは評しがたく、弁識能力の判断段階において直接に責任無能力・限定責任能力とされるべきである。

②　責任の必要条件としての他行為可能性原理に疑問を呈し、〈理由への問いと応答〉という図式から責任論を構築する見解によれば、行為者の心理過程を出発点に、刑法規範が提示する行為理由を理解し、その理由に基づいて自らの行為の妥当性について推論して行為を決定する能力が問題となる。こうした責任本質論から導出される責任能力要件内部の弁識能力で問題とされるべきは、行為者の弁識内容の正否それ自体ではなく、弁識プロセスの標準からの乖離である。

③　責任能力論において弁識能力と制御能力を区別することには、理論的・実践的な意義や根拠が存在しない。他行為可能性原理の非妥当性や制御能力の判断困難性を考慮した場合、従来的意味における弁識・制御能力要件は、弁識プロセスに着目することでその意味内容が豊富化された実質的弁識能力に一元化される。

（3）「精神の障害」の意味内容と実体論上の地位について

①　過去の一回限りの事象への意味づけとして理解される責任能力判断にとって重要なのは、個別の心理状態（精神症状・精神状態像）の提示ではなく、「判断者が捉えた病態と、そこから推論される行為者の精神状態が高い説得力を持って語られること」であり、責任能力論における「精神の障害」の判断基盤は、診断によって精神医学的に評価・解釈された行為者の全体像として理解されるべき（診断論）である。

②　この思考方法は、第2部で提示した心理学的要素に関する私見の立場——責任能力論において弁識・制御の二分法は妥当せず、弁識プロセスに着目することで意味内容が豊富化された「実質的弁識能力」に一元化されるとの考え——と

も整合的である。「精神の障害」の判断基盤として診断論の立場を採用することが、実質面のみならず理論面においても合理的である。

③　わが国の刑法学説が「精神の障害」を実体要件として存置する論拠は、いずれも何らかの形で不整合が生じるため、法的概念として再構成された「精神の障害」を、弁識・制御能力に並ぶ実体要件として維持することはできない。法的概念としての「精神の障害」は、心理学的要素の認定資料に位置づけられる。

④「精神の障害」を実体要件として認めない本書の立場からは、この要素に関する従来の学説の不整合性が解消されるのみならず、①弁識・制御能力の内実に関する議論進展（第2部の分析結果）や、②精神鑑定人と裁判所の役割をめぐる議論から得られた帰結（第1部の分析結果）を見据えた場合にも、首尾一貫した説明を提示することが可能となる。

（4）裁判実務における責任能力の認定手法について

①　裁判実務における責任能力の判断場面では、犯行当時の病状・精神状態を出発点としながらも、幻覚妄想およびそれと密接に関係する動機の了解可能性を中心に、様々な要素が考慮されている。

②　総合的判断における各考慮要素は等価ではなく、幻覚妄想（および動機の了解不能性）が認められるかという点が、他の考慮事情の評価方法を左右するという意味において、最も重要な要素として位置づけられる。

③　裁判実務における責任能力の認定手法は、従来の責任能力論における、「精神の障害」、弁識能力、制御能力という3要件から説明できず、認定手法と実体要件が矛盾している。

④　私見の理論枠組み——弁識・制御能力要件を行為者の弁識プロセスに着目する「実質的弁識能力」へと一元化し、「精神の障害」を責任能力の認定資料に位置づける考え方——からは、幻覚妄想および動機の了解可能性を重視し、「精神の障害」に足切りの機能を認めない、裁判実務における責任能力の判断とも親和的な説明を提示することが可能である。

2　残された課題

以上のように本書では、アメリカ法に示唆を得ながら、刑事訴訟法学・法哲学・精神医学の領域横断的な分析を経ることで、裁判実務においても援用可能な責任能力の新しい理論枠組みを提示した。今後の課題としては、心神喪失を軸とした犯罪の成立・不成立に関する議論を離れ、心神耗弱者やそれには至らないが精神障害の影響を受けた被告人に対して、いかなる量の刑罰を科すべきかを明らかにすることが挙げられる。

精神障害が重度の場合――心神喪失と優に認められる場合――の大部分は起訴猶予処分（刑訴法248条）とされ、裁判実務上はむしろ、心神耗弱と完全責任能力の限界、あるいは、量刑事情としての精神障害の意義が争われることが多いと考えられる。この問題は、アスペルガー症候群の被告人に対し、「社会に受け皿がなく、再犯の恐れが強い」として検察側の求刑（16年）を超える懲役20年を言い渡した大阪地裁平成24年判決[(1)]を契機に顕在化した。裁判員制度の下では一般市民が量刑の判断にも加わることを考慮すれば、看過することのできない喫緊の課題と言えよう。

筆者の見立てでは、これらの問題を解決するためには、成立した犯罪に対する刑罰の量に関する議論（量刑論）を射程に入れた総合的な分析が求められる。もっとも、ドイツの議論を参考に展開されてきたこれまでの量刑理論は、抽象的な議論にとどまっており、裁判実務において、これらを直接的な指針として用いることは困難である。したがって、触法精神障害者の量刑判断枠組みを提示するためには、刑罰理論に基礎づけられた形で量刑判断の本質と構造を解明し、裁判実務において真に必要とされる量刑の理論枠組みを総論的に提示しなければならないと考えられる。この分析については他日を期したい。

(1)　大阪地判平成24年７月30日 LEX/DB25482502。

参考文献一覧

1　邦語文献

青木紀博［1983］「責任能力の鑑定（一）」同志社法学35巻1号54頁以下

――［1984］「責任能力の鑑定（三・完）」同志社法学36巻1=2号109頁以下

――［1990］「責任無能力の基準と精神医学者の役割―最近のアメリカの動きを追って」京都学園法学創刊号215頁以下

――［1993］「責任能力の認定における精神鑑定人の役割」中谷陽二編『精神障害者の責任能力』（金剛出版）181頁以下

――［1998］「責任能力の法的基礎」松下正明総編集『司法精神医学・精神鑑定　臨床精神医学講座（第19巻）』（中山書店）17頁以下

青沼潔［2016a］「精神遅滞者（知的障害者）の責任能力について（上）」警察学論集69巻3号166頁以下

――［2016b］「精神遅滞者（知的障害者）の責任能力について（下）」警察学論集69巻4号129頁以下

碧海純一［2000］『新版 法哲学概論〔全訂第2版補正版〕』（弘文堂）

浅田和茂［1983］『刑事責任能力の研究 上巻』（成文堂）

――［1994］『科学捜査と刑事鑑定』（有斐閣）

――［1999］『刑事責任能力の研究 下巻』（成文堂）

――［2007a］『刑法総論〔補正版〕』（成文堂）

――［2007b］「科学的証拠」村井敏邦ほか編『刑事司法改革と刑事訴訟法 下巻』（日本評論社）787頁以下

――［2008］「責任論（特集・刑法典の百年）」ジュリスト1348号29頁以下

――［2009a］「刑事法学の動き 水留正流『責任能力における「精神の障害」―診断論と症状論をめぐって（1・2完）』、箭野章五郎『刑事責任能力における「精神の障害」概念』」法律時報81巻8号129頁以下

――［2009b］「裁判員裁判と刑法―『難解な法律概念と裁判員裁判』を読む」立命館法学327＝328号1425頁以下

――［2011］「責任能力と精神鑑定」犯罪と刑罰21号47頁以下

芦澤政治［2013］「刑事責任能力が問題となる裁判員裁判の審理の在り方」法と精神医療28号81頁以下

阿部純二［1971］「西ドイツ新刑法総則における禁止の錯誤」植松博士還暦祝賀『刑法と科学 法律編』（有斐閣）297頁以下

G. E. M. アンスコム（菅豊彦訳）［1984］『インテンション』（産業図書）
五十嵐禎人［2006］「触法精神障害者の処遇とわが国における司法精神医学の課題」町野朔ほか編『触法精神障害者の処遇〔増補版〕』（信山社）90頁以下
—— ［2012］「裁判員制度と刑事責任能力鑑定」中谷陽二編『責任能力の現在』（金剛出版）107頁以下
池田修＝前田雅英［2018］『刑事訴訟法講義〔第６版〕』（東京大学出版会）
池田眞一［2002］「証拠の関連性」松尾浩也＝井上正仁編『刑事訴訟法の争点〔第３版〕』（有斐閣）162頁以下
石井一正［2011］『刑事実務証拠法〔第５版〕』（判例タイムズ社）
伊東研祐［1991］「いわゆる責任論の近時の展開動向と犯罪論体系に関する一考察」荘子邦雄先生古稀祝賀『刑事法の思想と理論』（第一法規出版）69頁以下
—— ［2011］「裁判員裁判における責任能力判断と精神鑑定―刑事実定法研究者から見た今後の課題」犯罪と非行170号37頁以下
伊藤栄樹ほか編［1997］『新版注釈刑事訴訟法〔第二巻〕』（立花書房）
伊藤雅人［2011］「類似事実による立証について」植村立郎判事退官記念論文集『現代刑事法の諸問題（１）』（立花書房）365頁以下
伊藤雅人＝髙橋康明［2005］「刑事訴訟規則の一部を改正する規則の解説」法曹時報57巻９号2631頁以下
井田良［2005］『刑法総論の理論構造』（成文堂）
—— ［2007］『変革の時代における理論刑法学』（慶応義塾大学出版会）
—— ［2008］『講義刑法学・総論』（有斐閣）
稲田輝明［1982］「刑事鑑定の諸問題」石原一彦ほか編『現代刑罰法大系 第６巻』（日本評論社）109頁以下
井上英二［2010］「類型と疾患についてのエッセイ」臺弘＝土居健郎編『精神医学と疾病概念』（みすず書房）31頁以下
井上正治［1964］「鑑定」日本刑法学会編『刑事訴訟法講座 第２巻』（有斐閣）127頁以下
井上正仁［1995a］「科学的証拠の証拠能力（１）」研修560号３頁以下
—— ［1995b］「科学的証拠の証拠能力（２・完）」研修562号６頁以下
井上正仁ほか［2009］（座談会）「総括と展望（特集・刑事訴訟法60年・裁判員法元年）」ジュリスト1370号178頁以下
井上大［1988］「責任論の展開と刑法における予防目的の考慮（二・完）」専修法学論集48号153頁以下
岩井宜子［2004］『精神障害者福祉と司法〔増補改訂版〕』（尚学社）
上田哲［2001］「責任能力をめぐる問題」大塚仁＝佐藤文哉編『新実例刑法（総論）』（青林書院）140頁以下
植松正［1952］「責任能力」日本刑法学会編『刑事法講座 第２巻 刑法（Ⅱ）』（有斐閣）281頁以下

―― [1962]「精神障害と刑事責任能力」警察学論集15巻11号34頁以下
―― [1965]「刑法の将来」ジュリスト313号18頁以下
―― [1967]「『抗拒不能の衝動』と刑事責任」一橋論叢58巻3号300頁以下
臼井茂夫 [1961]「鑑定に対する法的評価」警察学論集14巻7号25頁以下
内田文昭 [1986]『改訂 刑法Ⅰ（総論)』(青林書院)
―― [1999]『刑法概要中巻〔犯罪論（2)〕』(青林書院)
内山安夫 [2010]「刑罰と責任―刑罰の正当化根拠と刑事責任に関する理論的分析のための覚書」福田雅章先生古稀祝賀『刑事法における人権の諸相』(成文堂) 419頁以下
宇藤崇＝松田岳士＝堀江慎司 [2018]『刑事訴訟法〔第2版〕』(有斐閣)
大久保隆志 [2014]『法学叢書 刑事訴訟法』(新世社)
大阪刑事実務研究会 [2012a]「責任能力1 （1)」判例タイムズ1371号77頁以下
―― [2012b]「責任能力1 （2)」判例タイムズ1372号76頁以下
―― [2012c]「責任能力1 （3)」判例タイムズ1375号87頁以下
―― [2012d]「責任能力1 （4)」判例タイムズ1376号70頁以下
―― [2012e]「責任能力1 （5)」判例タイムズ1377号40頁以下
―― [2012f]「責任能力2 （1）―精神科医との対話を踏まえて」判例タイムズ1378号50頁以下
―― [2012g]「責任能力2 （2）―精神科医との対話を踏まえて」判例タイムズ1379号70頁以下
―― [2012h]「責任能力2 （3）―刑事精神鑑定における精神医学的判断について」判例タイムズ1379号85頁以下
大澤達哉 [2007]「鑑定人および裁判官の刑事責任能力判断に関わる要因の研究―裁判所等を通して実施した全国50事例の関係記録の分析より」精神神経学雑誌109巻12号1100頁以下
―― [2009]「鑑定人と裁判官の責任能力判断の実態」こころのりんしょう á-la-carte28巻3号511頁以下
大塚仁 [2008]『刑法概説（総論）〔第4版〕』(有斐閣)
大塚仁ほか編 [2015]『大コンメンタール刑法第3巻〔第3版〕』(青林書院)
大谷直人 [1991]「証拠の関連性」松尾浩也＝井上正仁編『刑事訴訟法の争点〔新版〕』(有斐閣) 192頁以下
大渕敏和 [1992]「精神障害と責任能力」石川弘＝松本時夫編『刑事裁判実務大系第9巻 身体的刑法犯』(青林書院年) 189頁以下
大山弘 [1992]「責任の本質と機能」中義勝先生古稀祝賀『刑法理論の探究』(成文堂) 117頁以下
大山政之 [2004]「いわゆる規範的要件事実の主張・立証責任の分配について―『過失の一応の推定』を踏まえて」中央学院大学法学論叢17巻1=2号51頁以下
大谷實 [2012]『刑法講義総論〔新版第4版〕』(成文堂)

岡上雅美［2016］「妄想性障害と責任能力：責任能力の体系的地位にも関連させて」『浅田和茂先生古稀祝賀論文集』（成文堂）281頁以下
岡田幸之［1998］「精神鑑定の現状と問題点」松下正明総編集『司法精神医学・精神鑑定 臨床精神医学講座（第19巻）』（中山書店）106頁以下
――［2005］「刑事責任能力再考―操作的診断と可知論的判断の適用の実際」精神神経学雑誌107巻9号920頁以下
――［2008］「精神鑑定と裁判員裁判」中谷陽二編『精神科医療と法』（弘文堂）105頁以下
――［2009］「刑事責任能力と精神鑑定―精神医学と法学の再出発」ジュリスト1391号82頁以下
――［2012］「責任能力判断の構造」論究ジュリスト2号103頁以下
――［2018］「責任能力判断の構造：8ステップモデルの基本解説」季刊刑事弁護93号37頁以下
岡田幸之ほか［2012］（座談会）「裁判員裁判における精神鑑定の現状」季刊刑事弁護69号35頁以下
緒方あゆみ［2012］「知的障害者の刑事責任能力判断に関する近時の判例の動向」中京ロイヤー17号1頁以下
――［2018］「摂食障害と万引きに関する一考察」同志社法学69巻7号3215頁以下
小野慶二［1970］「推測事項の供述」熊谷弘ほか編『証拠法大系Ⅰ』（日本評論社）59頁以下
小野清一郎［1967a］「責任能力の人間学的解明（一）」ジュリスト367号87頁以下
――［1967b］「責任能力の人間学的解明（二）」ジュリスト368号114頁以下
――［1967c］「責任能力の人間学的解明（三・完）」ジュリスト369号97頁以下
小野田矩夫［1980］「刑事責任能力論の現状と運用」精神神経学雑誌82巻4号193頁以下
賀集唱［1993］「要件事実の機能―要件事実論の一層の充実のための覚書」司法研修所論集90号30頁以下
角田雄彦［2012］「証拠の関連性について」季刊刑事弁護70号27頁以下
――［2013］「『必要性』判断から『許容性』判断への一元化へ」後藤昭＝高野隆＝岡慎一編『刑事弁護の現代的課題』（第一法規）303頁以下
加藤敏［2012］「現代精神医学における正常／異常概念の検討」神庭重信＝松下正明編『精神医学の思想』（中山書店）28頁以下
加藤敏ほか編［2016］『縮刷版 現代精神医学事典』（弘文堂）
上口裕『刑事訴訟法〔第4版〕』（成文堂、2015年）
神山啓史＝岡慎一［2008］「裁判員裁判と『当事者主義の重視』」判例タイムズ1274号43頁以下
河上和雄ほか編［2010］『大コンメンタール刑事訴訟法第3巻〔第2版〕』（青林書院）
――［2012］『大コンメンタール刑事訴訟法第7巻〔第2版〕』（青林書院）
川出敏裕［2012］「裁判員裁判と証拠・証明」論究ジュリスト2号51頁以下

川端博［2012］『刑事訴訟法講義』（成文堂）
——［2013］『刑法総論講義〔第3版〕』（成文堂）
神田宏［2008］「脳科学・意思自由・刑法学—現代によみがえる意思自由論争？」近畿大学法学55巻4号37頁以下
國井恒志［2015］「責任能力の認定判断の枠組みと飲酒酩酊について」警察学論集68巻9号132頁以下
黒木俊秀［2012］「DSMと現代の精神医学—どこから来て、どこへ向かうのか」神庭重信＝松下正明編『精神医学の思想』（中山書店）123頁以下
小池信太郎［2018a］「妄想と責任非難：妄想性障害と責任能力に関する裁判例の動向」法律時報90巻1号21頁以下
——［2018b］「妄想と責任非難に関する小考：完全責任能力を認めた裁判例の分析を中心に」慶應法学40号137頁以下
小出錞一［2010］「裁判員裁判の運用に関する2つの問題」専修ロージャーナル5号27頁以下
小坂井敏晶［2008］『責任という虚構』（東京大学出版会）
古茶大樹［2012］「操作的診断の時代における精神病理学の意義とその進むべき道」神庭重信＝松下正明編『精神医学の思想』（中山書店）137頁以下
——［2014］「伝統的精神医学からみた診断学と精神疾患分類」臨床精神医学43巻2号153頁以下
A・S・ゴールドスティーン［1983］（伊藤實訳）「精神異常の抗弁をめぐる諸問題」罪と罰20巻4号42頁以下
近藤和哉［1995］「責任能力判断における『了解』について（一）」上智法学論集39巻2号97頁以下
——［1996］「責任能力判断における『了解』について（二・完）」上智法学論集39巻3号125頁以下
最高裁判所事務総局刑事局編［2009］「模擬裁判の成果と課題—裁判員裁判における公判前整理手続、審理、評議、及び判決並びに裁判員等選任手続の在り方」判例タイムズ1287号8頁以下
佐伯千仭［1977］『四訂 刑法講義（総論）』（有斐閣）
佐伯仁志［2009］「裁判員裁判と刑法の難解概念」法曹時報61巻8号2497頁以下
——［2013］『刑法総論の考え方・楽しみ方』（有斐閣）
酒巻匡［1987］「警察犬による臭気選別結果の証拠としての取扱いについて」ジュリスト893号64頁以下
——［2012］「証拠能力・総説」法学教室384号66頁以下
佐々木一夫［2010］「証拠の『関連性』あるいは『許容性』について—裁判員制度の下での証拠調べを念頭に」原田國男判事退官記念論文集『新しい時代の刑事裁判』（判例タイムズ社）183頁以下

笹倉宏紀［2011］「証拠の関連性」法学教室364号26頁以下
佐藤興治郎［1985］「アメリカ連邦刑事法改正と責任能力・保安処分」判例タイムズ550号116頁以下
佐藤裕史＝German E. Berrios［2001］「操作的診断基準の概念史―精神医学における操作主義」精神医学43巻7号704頁以下
塩入俊樹［2013］「操作的診断基準（精神疾患の）」（https://bsd.neuroinf.jp/wiki/操作的診断基準（精神疾患の）2015年10月26日閲覧）
司法研修所編［2008］『裁判員制度の下における大型否認事件の審理の在り方』（法曹会）
――［2009］『難解な法律概念と裁判員裁判』（法曹会）
――［2011］『新問題研究 要件事実』（法曹会）
――［2013］『科学的証拠とこれを用いた裁判の在り方』（法曹会）
島田美小妃［2009］「自由意思論と神経科学―脳についての神経生物学的知見を契機として」中央大学大学院研究年報法学研究科篇38号225頁以下
島田良一［2009］「被害者影響証拠の許容性について」摂南法学40=41号115頁以下
クルト・シュナイダー［1957］（平井静也ほか訳）『今日の精神医学』（文光堂）
――［2007］（針間博彦訳）『新版 臨床精神病理学』（文光堂）
荘子邦雄［1996］『刑法総論〔第3版〕』（青林書院）
B・J・ジョージ［1988］（井上正仁訳）「アメリカにおける刑事責任無能力の基準とその運用手続」刑法雑誌28巻3号301頁
白取祐司［2010］「法改正と刑事訴訟法」法学セミナー667号10頁以下
――［2017］『刑事訴訟法〔第9版〕』（日本評論社）
城下裕二［2014］「アスペルガー症候群と刑事責任」『川端博先生古稀記念論文集 上巻』（成文堂）241頁以下
――［2016］「窃盗症（クレプトマニア）・摂食障害と刑事責任」『浅田和茂先生古稀祝賀論文集 上巻』（成文堂）299頁以下
鈴木茂嗣［1990］『刑事訴訟法〔改訂版〕』（青林書院）
鈴木義男［1966］「模範刑法典およびニューヨーク新刑法における責任能力の基準」警察研究37巻6号63頁以下
墨谷葵［1975a］「責任能力について（上）」犯罪と非行25号55頁以下
――［1975b］「責任能力について（下）」犯罪と非行26号34頁以下
――［1980］『責任能力基準の研究』（慶応通信）
――［1991］「責任能力の諸問題・総説」刑法雑誌31巻4号481頁以下
――［1993］「アメリカにおける責任能力論の動向」中谷陽二編『精神障害者の責任能力』（金剛出版）237頁以下
――［1994］「責任能力」阿部純二ほか編『刑法基本講座（第3巻）』（法学書院）237頁以下
仙波厚＝榎本巧［1991］「精神鑑定の証明力」判例タイムズ767号56頁以下

曽根威彦［1997］「刑法における責任と予防」奥島孝康ほか編『法学の根底にあるもの』（有斐閣）375頁以下
――［2008］『刑法総論〔第4版〕』（弘文堂）
田岡直博［2010］「裁判員裁判と鑑定―立証方法、鑑定人の意見、公判前整理手続き」刑事法ジャーナル20号42頁以下
高嶋智光［2017］「責任非難と精神鑑定」高嶋智光編集代表『新時代における刑事実務』（立花書房）59頁以下
高橋省吾「判解」最高裁判所判例解説刑事篇（昭和59年度）347頁以下
――［1994］「精神鑑定と責任能力」小林充＝香城敏麿編『刑事事実認定（上）―裁判例の総合的研究』（判例タイムズ社）397頁以下
高橋則夫［2016］『刑法総論〔第3版〕』（成文堂）
高橋則夫＝杉本一敏［2012］「アリス（alis）とアリック（alic）」法学セミナー694号116頁以下
髙山佳奈子［2005］「責任能力について」刑法雑誌45巻1号5頁以下
瀧川裕英［2003］『責任の意味と制度』（勁草書房）
――［2008］「他行為可能性は責任の必要条件ではない」大阪市立大学法学雑誌55巻1号31頁以下
田口守一［2017］『刑事訴訟法〔第7版〕』（弘文堂）
田中和夫［1959］『新版証拠法』（有斐閣）
田邉真敏［2012］『アメリカ連邦証拠規則』（LexisNexis）
田淵浩二［2009］「大型否認事件の審理上の課題―部分判決制度を含む」法律時報81巻1号47頁以下
田宮裕［1996］『刑事訴訟法〔新版〕』（有斐閣）
団藤重光［1963］「責任能力の本質」日本刑法学会編『刑法講座 第3巻』（有斐閣）33頁以下
――［1967］『新刑事訴訟法綱要〔七訂版〕』（創文社）
――［1990］『刑法綱要総論〔第3版〕』（創文社）
辻脇葉子［2010］「科学的証拠の関連性と信頼性」明治大学法科大学院論集7号413頁以下
D. デイヴィドソン［1990］（服部祐幸・柴田正良訳）『行為と出来事』（勁草書房）
寺崎嘉博［2013］『刑事訴訟法〔第3版〕』（成文堂）
寺崎嘉博＝長沼範良＝田中開［2017］『刑事訴訟法〔第5版〕』（有斐閣）
任介辰哉「判解」最高裁判所判例解説刑事篇（平成21年度）646頁以下
所一彦［1994］『刑事政策の基礎理論』（大成出版社）
内藤謙［1991］『刑法講義 総論（下）Ⅰ』（有斐閣）
中川武隆ほか［2013］（座談会）「裁判員裁判の3年間を振り返って」Law&Practice 7号1頁以下
中島直［2012］「裁判員裁判制度開始後の刑事精神鑑定について」精神医療66号28頁以下

中島義道［2009］『後悔と自責の哲学』（河出書房新社）
仲宗根玄吉［1976］「責任能力に関する基本的諸問題」懸田克躬『現代精神医学大系 第24巻《司法精神医学》』（中山書店）26頁以下
――［1981］『精神医学と刑事法学の交錯』（弘文堂）
中田修［1965］「司法精神医学と精神鑑定」秋本波留夫ほか編『日本精神医学全書 第6巻特殊項目』
中村悳（翻訳）［1975］『アメリカ合衆国連邦証拠規則』（法務資料第425号）
中森喜彦［1984］「心神喪失・耗弱に関する判断の性質、その判断権」法学教室50号96頁以下
中安信夫［1997］「臨床診断の思想―操作的診断基準に求められるものは何か」精神神経学雑誌99号736頁以下
中山研一［1982］『刑法総論』（成文堂）
成田和信［2004］『責任と自由』（勁草書房）
成瀬剛［2013a］「科学的証拠の許容性（1）」法学協会雑誌130巻1号1頁以下
――［2013b］「科学的証拠の許容性（2）」法学協会雑誌130巻2号94頁以下
――［2013c］「科学的証拠の許容性（3）」法学協会雑誌130巻3号1頁以下
――［2013d］「科学的証拠の許容性（4）」法学協会雑誌130巻4号51頁以下
――［2013e］「科学的証拠の許容性（5）」法学協会雑誌130巻5号1頁以下
西原春夫［1993］『刑法総論〔改訂準備版（下巻）〕』（成文堂）
西村克彦［1954］「期待可能性と責任能力」岡山大学法経学会雑誌5号1頁以下
西村由貴［2006］「精神鑑定と疾患分類・診断基準」松下正明総編集『刑事事件と精神鑑定』（中山書店）135頁以下
西山詮［1998］「責任能力の精神医学的基礎」松下正明編『臨床精神医学講座 第19巻司法精神医学・精神鑑定』（中山書店）27頁以下
――［2004］「責任能力の概念」ジュリスト増刊『精神医療と心神喪失者等医療観察法』（有斐閣）74頁以下
野阪滋男［1985］「精神分裂病者の責任能力」判例タイムズ550号33頁以下
野々村宜博［1989］「刑事訴訟における関連性概念について―その序論的考察（1）」法と政治40巻1号173頁以下
野村総一郎＝樋口輝彦監修［2015］『標準精神医学〔第6版〕』（医学書院）
野村稔［1998］『刑法総論〔補訂版〕』（成文堂）
橋爪隆［2008］「裁判員制度のもとにおける刑法理論」法曹時報60巻5号1379頁以下
――［2017］「責任能力の判断について」警察学論集70巻5号138頁以下
林幸司［2011］『事例から学ぶ精神鑑定実践ガイド』（金剛出版）
林拓二［2006］「精神疾患の分類と診断―司法精神医学のために」松下正明総編集『司法精神医学概論』（中山書店）19頁以下
林幹人［2008］『刑法総論〔第2版〕』（東京大学出版会）

―― [2009]「責任能力の現状―最高裁平成20年4月25日判決を契機として」上智法学論集52巻4号27頁以下

林美月子 [1991]『情動行為と責任能力』(弘文堂)

―― [1998]「責任能力と法律判断」芝原邦爾ほか編『松尾浩也先生古稀祝賀論文集 上巻』(有斐閣) 309頁以下

―― [2007]「書評 安田拓人著『刑事責任能力の本質とその判断』」刑事法ジャーナル7号105頁以下

―― [2009]「刑事責任能力と裁判員制度―刑法学の立場から」法と精神医療24号41頁以下

―― [2017]「精神鑑定を採用しえない合理的事情」長井圓先生古稀記念『刑事法学の未来』(信山社) 61頁以下

早野暁 [2005]「証拠の関連性と証拠能力」法学新報112巻3=4号35頁以下

針間博彦 [2014]「Schneider K『臨床精神病理学』の現代的意義」臨床精神医学43巻2号145頁以下

稗田雅洋 [2010]「裁判員が参加する刑事裁判における精神鑑定の手続」原田國男判事退官記念論文集『新しい時代の刑事裁判』(判例タイムズ社) 223頁以下

―― [2014]「責任能力と精神鑑定」池田修＝杉田宗久編『新実例刑法［総論］』(青林書院) 165頁以下

樋口亮介 [2016]「責任能力の理論的基礎と判断基準」論究ジュリスト19号192頁以下

―― [2018]「責任非難の意義：複数の視点の析出と構造化の試み」法律時報90巻1号6頁以下

ピエール・ピショー [1999] (帚木蓬生＝大西守訳)『精神医学の二十世紀』(新潮社)

平場安治 [1960]『刑事訴訟法の諸問題』(有信堂)

平場安治ほか編 [1987]『注解刑事訴訟法上巻〔全訂新版〕』(青林書院)

廣瀬健二 [2002]「精神鑑定」松尾浩也＝井上正仁編『刑事訴訟法の争点〔第3版〕』(有斐閣) 168頁以下

―― [2010]「裁判員裁判と鑑定の在り方」刑事法ジャーナル20号28頁以下

平野龍一 [1958]『刑事訴訟法』(有斐閣)

―― [1965]「精神障害者と保安処分」植松正ほか編『精神障害と犯罪 犯罪学年報第三巻』(有斐閣) 201頁以下

―― [1966]『刑法の基礎』(東京大学出版会)

―― [1967]「責任能力―刑法の基礎⑲」法学セミナー138号19頁以下

―― [1975]『刑法 総論Ⅱ』(有斐閣)

福井厚 [2012]『刑事訴訟法講義〔第5版〕』(法律文化社)

福島章 [1985]『精神鑑定―犯罪心理と責任能力』(有斐閣)

―― [2002]「刑事責任能力と精神鑑定―法曹と精神医学の協働と統合をめざして」現代刑事法36号59頁以下

福田平［2011］『全訂 刑法総論〔第5版〕』（有斐閣）
藤木英雄［1975］『刑法講義 総論』（弘文堂）
藤木英雄（翻訳）［1964］『アメリカ法律協会模範刑法典（1962年）』（刑事基本法令改正資料第8号）
渕野貴生［2013］「裁判員裁判が適正であるために必要な基準」福井厚先生古稀祝賀論文集『改革期の刑事法理論』（法律文化社）281頁以下
ヴォルフガング・フリッシュ［2012］（岡上雅美訳）「責任刑法の将来について―刑法と神経科学」刑法雑誌52巻2号260頁以下
古田徹也［2013］『それは私がしたことなのか』（新曜社）
法務省大臣官房司法法制部編［2007］『ドイツ刑法典』（法曹会）
星周一郎［2017］「裁判員裁判時代における責任能力判断の現在」信州大学経法論集1号79頁以下
堀内捷三［1988］「責任論の課題」芝原邦爾ほか編『刑法理論の現代的展開総論Ⅰ』（日本評論社）172頁以下
本庄武［2002］「刑罰論からみた量刑基準（2）」一橋法学1巻2号424頁以下
前澤久美子［2015］「精神障害と責任能力について」安廣文夫編『裁判員裁判時代の刑事裁判』（成文堂）417頁以下
前田巌「判解」最高裁判所判例解説刑事篇（平成20年度）346頁以下
前田雅英［2015］『刑法総論講義〔第6版〕』（東京大学出版会）
増田豊［2009］『規範論による責任刑法の再構築』（勁草書房）
町野朔［1993］「精神障害者の責任能力の診断学―法学の立場から」季刊精神科診断学4巻1号31頁以下
――［1996］「責任能力制度の問題」書研所報41号1頁以下
――［2006］「『精神障害』と刑事責任能力」町野朔ほか編『触法精神障害者の処遇〔増補版〕』（信山社）12頁以下
――［2011］「心神喪失・心神耗弱における心理学的要素」岩井宜子先生古稀祝賀『刑法・刑事政策と福祉』（尚学社）3頁以下
松岡正章［1968］「証拠の関連性について」佐伯千仭博士還暦祝賀『犯罪と刑罰（下）』（有斐閣）275頁以下
――［1977］「当事者主義と鑑定」上野正吉ほか編『刑事鑑定の理論と実務』（成文堂）112頁以下
松尾浩也［1979］「刑事手続における鑑定の問題」ジュリスト694号30頁以下
松尾浩也監修［2009］『条解 刑事訴訟法〔第4版〕』（弘文堂）
松澤伸［2001］『機能主義刑法学の理論』（信山社）
松原久利［2006］『違法性の錯誤と違法性の意識の可能性』（成文堂）
松原芳博［2017］『刑法総論〔第2版〕』（日本評論社）
松藤和博［2013］「責任能力（1）―統合失調症」小林充＝植村立郎編『刑事事実認定重要

判決50選（上）〔第２版〕』（立花書房）111頁以下
―― ［2014］「統合失調症者の責任能力について」警察学論集67巻５号113頁以下
松村格［2012］「意思の自由と刑事責任（２）―ニューロン決定論との批判的対話」駒沢法学11巻４号144頁以下
松本卓矣［1956］『精神鑑定の研究―刑事事件における精神鑑定の実証的研究』法務研究報告書44集１号
松本雅彦［1996］『精神病理学とは何だろうか〔増補改訂版〕』（星和書店）
丸田隆［1992］「刑事陪審裁判における不適切証拠の事前排除」法と政治43巻４号1195頁以下
水留正流［2007a］「責任能力における『精神の障害』―診断論と症状論をめぐって（１）」上智法学論集50巻３号137頁以下
―― ［2007b］「責任能力における『精神の障害』―診断論と症状論をめぐって（２・完）」上智法学論集50巻４号195頁以下
―― ［2014a］「責任能力における『精神の障害』―最近の動向を踏まえて」法と精神医療29号１頁以下
―― ［2014b］「責任能力論からみた『故意と責任能力』の議論と医療観察法との関係」刑事法ジャーナル41号85頁以下
三井誠［1999］「鑑定（１）」法学教室228号115頁以下
―― ［2004］『刑事手続法Ⅲ』（有斐閣）
光藤景皎［1992］「証拠の関連性について―『条件的関連性』概念の提唱」大阪市立大学法学雑誌38巻3=4号762頁以下
―― ［2013］『刑事訴訟法Ⅱ』（成文堂）
三好幹夫［2010］「責任能力判断の基礎となる考え方」原田國男判事退官記念『新しい時代の刑事裁判』（判例タイムズ社）249頁以下
―― ［2011］「責任能力判断の在り方について」刑法雑誌51巻２号242頁以下
ジョージ・ムスラーキス［2001a］（甲斐克則・水野恭子・上原大祐訳）「精神障害と刑事責任（一）―コモン・ロー上の精神異常という抗弁の展開を辿りつつ」広島法学25巻１号75頁以下
―― ［2001b］（甲斐克則・水野恭子・上原大祐訳）「精神障害と刑事責任（二・完）―コモン・ロー上の精神異常という抗弁の展開を辿りつつ」広島法学25巻２号211頁以下
村井敏邦［1997］「精神鑑定」上野正吉ほか編『刑事鑑定の理論と実務』（成文堂）169頁以下
村松太郎［2013］「シンポジウムを終えて」法と精神医療28号45頁以下
―― ［2016］『妄想の医学と法学』（中外医学社）
森本哲也［2005］『概説 アメリカ連邦刑事手続』（信山社）
森裕［2006］「責任能力論における精神の障害について」阪大法学56巻３号661頁以下

保崎秀夫［1985］「本決定の問題点―精神医学の見地から」判例タイムズ550号43頁以下
安田拓人［1998］「制御能力について」金沢法学40巻２号101頁以下
―― ［2002a］「刑事責任能力の判断基準について」現代刑事法36号34頁以下
―― ［2002b］「制御能力の構造について」刑法雑誌41巻３号321頁以下
―― ［2006］『刑事責任能力の本質とその判断』（弘文堂）
―― ［2008］「責任能力の法的判断」法と精神医療22号１頁以下
―― ［2009a］「『精神の障害』と法律的病気概念」中谷陽二ほか編『責任能力の現在―法と精神医学の交錯』（金剛出版）25頁以下
―― ［2009b］「責任能力の法的判断（最決平成20年４月25日判批）」刑事法ジャーナル14号93頁以下
―― ［2011a］「法的判断としての責任能力判断の事実的基礎―精神鑑定に求められるもの」岩井宜子先生古稀祝賀論文集『刑法・刑事政策と福祉』（尚学社）34頁以下
―― ［2011b］「他行為可能性と責任」法学教室371号18頁以下
―― ［2012］「責任能力の具体的判断枠組みの理論的検討」刑法雑誌51巻２号263頁以下
―― ［2013］「責任能力論の到達点となお解決されるべき課題について」川端博ほか編『理論刑法学の探究⑥』（成文堂）１頁以下
―― ［2014］「町野教授の責任能力論について」町野朔先生古稀記念『刑事法・医事法の新たな展開 上巻』（信山社）185頁以下
―― ［2016］「責任能力の意義」法学教室430号14頁以下
安冨潔［2013］『刑事訴訟法〔第２版〕』（三省堂）
―― ［2014］『刑事訴訟法講義〔第３版〕』（慶応大学出版会）
箭野章五郎［2008a］「責任能力と個別行為責任」中央大学大学院研究年報法学研究科篇37号167頁以下
―― ［2008b］「刑事責任能力における『精神の障害』概念」法学新報115巻５＝６号285頁以下
―― ［2011a］「刑事責任能力の研究」中央大学大学院法学研究科博士学位論文
―― ［2011b］「刑法三九条と刑法四一条のそれぞれの責任能力：一般的な能力か、個々の行為についての能力か」法学新報117巻5=6号145頁以下
―― ［2012］「責任能力判断における裁判官と鑑定人の関係―鑑定人は、『責任能力の喪失あるいは著しい減少』についての言明を控えるべきか」法学新報118巻11＝12号87頁以下
―― ［2017］「責任能力の意義と責任非難の構造について」長井圓先生古稀記念『刑事法学の未来』（信山社）77頁以下
山口厚［2016］『刑法総論〔第３版〕』（有斐閣）
山口厚ほか［2006］（座談会）「現代刑事法研究会③ 責任能力」ジュリスト1391号89頁以下
―― ［2011］（座談会）「現代刑事法研究会⑦ 裁判員裁判と刑法解釈の在り方」ジュリスト1417号120頁以下

山口裕之［2009］『認知哲学—心と脳のエピステモロジー』（新曜社）

山口雅高［2011］「責任能力の認定手法に関する試論」植村立郎判事退官記念論文集『現代刑事法の諸問題〔第3巻 公判前整理手続及び裁判員裁判編〕』（立花書房）397頁以下

—— ［2015］「裁判員裁判と責任能力」安廣文夫編『裁判員裁判時代の刑事裁判』（成文堂）105頁以下

山崎学［1998］「証拠の関連性」平野龍一＝松尾浩也編『新実例刑事訴訟法Ⅲ』（青林書院）50頁以下

山中敬一［2015］『刑法総論〔第3版〕』（成文堂）

山野目章夫［2005a］「民法学の思考様式と要件事実論（1）」NBL810号41頁以下

—— ［2005b］「民法学の思考様式と要件事実論（2・完）」NBL814号72頁以下

山本和彦［2005］「民事訴訟における要件事実」判例タイムズ1163号15頁以下

横藤田誠［2002］『法廷のなかの精神疾患』（日本評論社）

—— ［2009］「アメリカにおける Insanity Defense—合憲性の問題を中心に」中谷陽二編『責任能力の現在』（金剛出版）231頁以下

吉岡隆一［2010］「裁判員制度と責任能力—平成19年度司法研究『難解な法律概念と裁判員裁判』の検討」法と精神医療25号16頁以下

ベンジャミン・リベット［2005］（下條信輔訳）『マインド・タイム—脳と意識の時間』（岩波書店）

ジョン・ロールズ［2010］（川本隆史・福間聡・神島裕子訳）『正義論〔改訂版〕』（紀伊國屋書店）

渡邊一弘［2006］『少年の刑事責任—年齢と刑事責任能力の視点から』（専修大学出版局）

渡辺直行［2011］『刑事訴訟法〔補訂版〕』（成文堂）

綿村英一郎［2011］「心理的インパクトの強い証拠が素人の法的判断に与える影響」法と心理10巻1号47頁以下。

2　外国語文献

David Acheson [1963] McDonald v. United States: The Durham Rule Redefined, 51 Geo. L. J. 580.

American Academy of Forensic Psychology (Committee on Ethical Guidelines for Forensic Psychologists) [1991] Specialty Guidelines for Forensic Psychologists, 15 Law and Human Behavior 6, 655.

American Academy of Psychiatry and the Law [2002] Practice Guideline: Forensic Psychiatric Evaluation of Defendants Raising the Insanity Defense, 30 The Journal of the American Academy of Psychiatry and the Law 2, at S25.

American Bar Association [1986] Criminal Justice Mental Health Standards (approved by ABA House of Delegates in August, 1984).

American Psychiatric Association [1983] American Psychiatric Association Statement on the Insanity Defense, 140 Am. J. Psychiatry 6, 681.

—— [2013] Diagnostic and Statistical Manual of Mental Disorders 5th Edition: DSM-5.〔翻訳として、日本精神神経学会監修『DSM-5 精神疾患の診断・統計マニュアル』(医学書院、2014年)。〕

American Law Institute [1985] Model Penal Code and Commentaries (Official Draft and Revised Comments).

Nancy Andreasen [2007] DSM and the Death of Phenomenology in America: An Example of Unintended Consequences, 33 Schizophr. Bull. 1, 108.

Andrew Ashworth [2015] Sentencing and Crimnal Justice 6th edn..

Isaiah Berlin [1969] Four Essays on Liberty.

Richard Bonnie [1983] The Moral Basis of the Insanity Defense, 69 A.B.A. J. 194.

—— [2003] Why "Appreciation of Wrongfulness" is the Morally Preferable Standard for the Insanity Defense, *in* The Affirmative Defense of Insanity in Texas (Feb. 7, 2003).

—— [2010] Should a Personality Disorder Qualify as a Mental Disease in Insanity Adjudication?, 38 J. L. Med. & Ethics 760.

Richard Bonnie & Christopher Slobogin [1980] The Role of Mental Health Professionals in the Criminal Process: The Case for Informed Speculation, 66 Va. L. Rev. 427.

Randy Borum & Thomas Grisso [1996] Establishing Standards for Criminal Forensic Reports: An Empirical Analysis, 24 Bulletin of the American Academy of Psychiatry and the Law 3, 297.

Anne Braswell (note) [1987] Resurrection of the Ultimate Issue Rule: Federal Rule of Evidence 704 (b) and the Insanity Defense, 72 Cornell L. Rev. 620.

Alexander Brooks [1985] The Merits of Abolishing the Insanity Defense, 477 ANNALS Am. Acad. Pol. & Soc. Sci., 125.

Kenneth Broun [ed.] [2013] McCormick on Evidence (Practitioner Treatise), 7th ed..

Richard Ciccone & Colleen Clements [1987] The Insanity Defense: Asking and Answering the Ultimate Question, 15 The Bulletin of the American Academy of Psychiatry and the Law 4, at 329.

David Cohen (note) [1988] Punishing The Insane: Restriction of Expert Psychiatric Testimony by Federal Rule of Evidence 704 (b), 40 U. Fla. L. Rev., 541.

Edward Coke [1628] 2 The First Part of the Institutes of the Laws of England.

Michael Corrado [2010] The Case for a Purely Volitional Insanity Defense, 42 Tex. Tech L. Rev. 481.

Park Dietz [1985] Why the Experts Disagree: Variations in the Psychiatric Evaluation of Criminal Insanity, 477 The Annals of the American Academy of Political and Social

Science, 84.

Eduard Dreher [1957] Verbotsirrtum und §51 StGB, GA 1957, S. 98.〔紹介として、浅田和茂『刑事責任能力の研究 上巻』（成文堂、1983年）241頁以下。〕

Joshua Dressler [2015] Understanding Criminal Law, 7th ed..

Joseph Eaton [1951] The Assessment of Mental Health, 108 Am. J. Psychiatry 81.

Karl Engisch [1964] Untersuchungen über Vorsatz und Fahrlässingkeit im Strafrecht, 2. Aufl..〔翻訳として、カール・エンギッシュ（荘子邦雄・小橋安吉訳）『刑法における故意・過失の研究』（一粒社、1989年）。〕

Jodie English [1989] The Light Between Twilight and Dusk: Federal Criminal Law and the Volitional Insanity Defense, 40 Hastings L. J. 1.

Herbert Fingarette [1972] The Meaning of Criminal Insanity.

Herbert Fingarette & Ann Fingarette Hasse [1979] Mental Disabilities and Criminal Responsibility.

John Fischer & Mark Ravizza [1998] Responsibility and Control: A Theory of Moral Responsibility.

Harry Frankfurt [1969] Alternate Possibilities and Moral Responsibility, 66 J. Phil. 823.〔翻訳として、H・フランクファート（三ツ野陽介訳）「選択可能性と道徳的責任」門脇俊介＝野矢茂樹編『自由と行為の哲学』（春秋社、2010年）81頁以下。〕

Elmut Frister [1993] Die Struktur des “voluntativen Schuldelements”.

Solomon Fulero & Norman Finkel [1991] Barring Ultimate Issue Testimony: An “Insane” Rule?, 15 Law and Human Behavior 5, 495.

Paul Giannelli [2013] Understanding Evidence, 4th ed..

Abraham Goldstein [1967] The Insanity Defense.

Michael Graham [2011] Federal Rules of Evidence in a Nutshell, 8th ed..

Thomas Grisso [2003] Evaluating Competencies: Forensic Assessments and Instruments, 2nd ed..

Matthew Hale [1736] 1 The History of the Pleas of the Crown.

Robert Hare [1993] Without Conscience: The Disturbing World of the Psychopaths Among Us.

Kirk Heilbrun [2001] Principles of Forensic Mental Health Assessment.

Peter Inwangen [1978] Ability and Responsibility, 87 Phil. Rev. 201.

Günther Jakobs [1991] Strafrecht Allgemeiner Teil, 2. Aufl..

Wolfgang Joeckes [2017] *in* Münchner Kommentar zum Strafgesetzbuch, Bd. 1, 3.Aufl., §17.

Armin Kaufmann [1961] Schuldfähigkeit und Verbotsirrtum, *in* Festschrift für Eb. Schmidt.

David Kaye, David Bernstein & Jennifer Mnookin [2010] The New Wigmore: Expert Evidence, 2nd ed..

Abe Krash [1961] The Durham Rule and Judicial Administration of the Insanity Defense in the District of Columbia, 70 Yale L.J. 905.

Harold Korn [1966] Law, Fact and Science in the Courts, 66 Colum. L. Rev. 1080.

Wayne LaFave [2017] Criminal Law, 6th ed..

Law Commission [2012] Insanity and Automatism: A Scoping Paper.

Law Commission [2013] Criminal Liability: Insanity and Automatism: A Discussion Paper.

Ronnie Mackay [2009] Righting the Wrong?: Some Observations on the Second Limb of the M'Naghten Rules, Crim. L.R., 80.

Ronnie Mackay & Davis Kearns [1999], More Fact (s) about the Insanity Defence, Crim L.R., 1999, 714.

Gary Melton, Norman Poythress & Christopher Slobogin et al. [2007] Psychological Evaluations for the Courts: A Handbook for Mental Health Professionals and Lawyers, 3rd ed..

Edmund Mezger [1957] *in* Strafgesetzbuch Leipziger Kommentar, 8. Aufl., §51.

Michael Moore [1985] Law & Psychiatry: Rethinking the Relationship.

Grant Morris & Ansar Haroun [2001] God Told Me to Kill: Religion or Delusion?, 39 San Diego L. Rev. 973.

Stephen Morse [1978] Crazy Behavior, Morals, and Science: An Analysis of Mental Health Law, 51 So. Cal. L. Rev. 527.

—— [1985a] Retaining a Modified Insanity Defense, 477 ANNALS Am. Acad. Pol. & Soc. Sci. 137.

—— [1985b] Excusing the Crazy: The Insanity Defense Reconsidered, 58 S. Cal. L. Rev. 777.

—— [1994a] Causation, Compulsion, and Involuntariness, 22 Bull. Am. Acad. Psychiatry & L. 2.

—— [1994b] Culpability and Control, 142 U. Pa. L. Rev. 1587.

—— [2001] Rationality and Responsibility, 74 S. Cal. Rev. 25.

—— [2002] Uncontrollable Urges and Irrational People, 88 Va. L. Rev. 1025.

—— [2009] Against Control Tests for Criminal Responsibility, *in* Criminal Law Conversation (P. Robinson & S. Garvey ed.).

—— [2011] Mental Disorder and Criminal Law, 101 J. Crim. L. & Criminology 885.

Stephen Morse & Morris Hoffman [2007] The Uneasy Entente between Legal Insanity and Mens Rea: Beyond Clark v. Arizona, 97 J. Crim. L. & Criminology.

Douglas Mossman [1988] United States v. Lyons: Toward a New Conception of Legal Insanity, 16 Bull. Am. Acad. Psychiatry & L. 1, 49.

The National Mental Health Association [1983] Myths & Realities: A Report of the National Commission on the Insanity Defense.

Ulfrid Neumann [2017] *in* Nomos Kommentar Strafgesetzbuch, Bd. 1, 5. Aufl., §17.

David Ormerod & Karl Laird [2015] Smith and Hogan's Criminal Law, 14th edn..

WALTER PERRON & BETTINA WEIßER [2014] *in* Schönke/Schröder, Strafgesetzbuch Kommentar, 29. Aufl., §§ 20-1.

ISAAC RAY [1983] A TREATISE ON THE MEDICAL JURISPRUDENCE OF INSANITY.

PAUL ROBINSON [2012] CRIMINAL LAW: CASE STUDIES AND CONTROVERSIES, 3rd ed..

RICHARD ROGERS [1987] APA's Position on the Insanity defense: Empiricism v. Emotionalism, 42 AM. PSYCHOL. 9, 840.

RICHARD ROGERS & CHARLES EWING [2003] The Prohibition of Ultimate Opinions: A Misguided Enterprise, 3 JOURNAL OF FORENSIC PSYCHOLOGY PRACTICE 3, 65.

CLAUS ROXIN [2006] Strafrecht Allgemeiner Teil, Bd. 1, 4. Aufl..〔本書に関連する部分の邦訳として、クラウス・ロクシン（山中敬一監訳）『ロクシン刑法総論 第1巻［基礎・犯罪論の構造］【第4版】［翻訳第2分冊］』（信山社、2009年）。〕

ROYAL COMMISSION ON CAPITAL PUNISHMENT, 1949-1953 REPORT, Cmd. No. 8932.

HANS-JOACHIM RUDOLPHI [2000] *in* Systematischer Komentar zum Strafgesetzbuch Bd. 1, 7. Aufl., § 17.

STEPHEN SALZBURG [ed.] [2011] FEDERAL RULES OF EVIDENCE MANUAL 10th ed., vol. 3.

ROBERT SCHOPP [1991] AUTOMATISM, INSANITY AND THE PSYCHOLOGY OF CRIMINAL RESPONSIBILITY.

HORST SCHRÖDER [1957] Verbotsirrtum, Zurechnungsfähigkeit, actio libera in causa, GA.

BENJAMIN SENDOR [1986] Crime as Communication: An Interpretive Theory of the Insanity Defense and the Mental Elements of Crime, 74 GEO. L. J. 1371.

STUART SILVER & MICHAEL SPODAK [1983] Dissection of the Prongs of ALI: A Retrospective Assessment of Criminal Responsibility by the Psychiatric Staff of the Clifton T. Perkins Hospital Center, 11 BULL. AM. ACAD. PSYCHIATRY & L. 4, 383.

ANDREW SIMESTER ET AL [2016], SIMESTER AND SULLIVAN'S CRIMINAL LAW: THEORY AND DOCTRINE, 6th edn..

RITA SIMON & DAVID AARONSON [1988] THE INSANITY DEFENSE: A CRITICAL ASSESSMENT OF LAW AND POLICY IN THE POST-HINCKLEY ERA.

CHRISTOPHER SLOBOGIN [1989] The "Ultimate Issue" Issue, 7 BEHAVIORAL SCIENCE AND THE LAW, 259.

—— [2000] An End to Insanity: Recasting the Role of Mental Disability in Criminal Cases, 86 VA. L. REV. 1199.

—— [2003a] Rethinking Legally Relevant Mental Disorder, 29 OHIO N.U. L. REV. 497.

—— [2003b] The Integrationist Alternative to the Insanity Defense: Reflections on the Exculpatory Scope of Mental Illness in the Wake of the Andrea Yates Trial, 30 AM. J. CRIM. L. 315.

CHRISTOPHER SLOBOGIN ET AL. [2014] LAW AND MENTAL HEALTH SYSTEM: CIVIL AND CRIMINAL ASPECTS, 6th ed..

WILLIAM STOEBUCK [1964] Opinions on Ultimate Facts: Status, Trends, and a Note of Caution, 41 DEN. L. CENTER J. 226.

LOUIS SWARTZ [1963] "Mental Disease": The Groundwork for Legal Analysis and Legislative Action, 111 U. PA. L. REV. 389.

VICTOR TADROS [2005] CRIMINAL RESPONSIBILITY.

CHAD TILLBROOK, DENISE MUMLEY & THOMAS GRISSO [2003] Avoiding Expert Opinions on the Ultimate Legal Question: The Case for Integrity, 3 JOURNAL OF FORENSIC PSYCHOLOGY PRACTICE 3, at 77.

JOACHIM VOGEL [2006] *in* Strafgesetzbuch Leipziger Kommentar, Bd. 1, 12. Aufl., §17.

ROBERT WAELDER [1952] Psychiatry and the Problem of Criminal Responsibility, 101 U. PA. L. REV. 378.

HENRY WEIHOFEN [1960] The Definition of Mental Illness, 21 OHIO ST. L.J. 1.

HANS WELZEL [1969] Das Deutsche Strafrecht, 11. Aufl..

HERBERT WECHSLER [1955] The Criteria of Criminal Responsibility, 22 U. CHI. L. REV. 367.

DAVID WEXLER [1985] Redefining the Insanity Problem, 53 GEO. WASH. L. REV. 528.

DAVID WIDERKER [2006] Blameworthiness and Frankfurt's Argument Against the Principle of Alternative Possibility, *in* MORAL RESPONSIBILITY AND ALTERNATIVE POSSIBILITIES (D. Widerker & M. Mckenna ed.).

JOHN WIGMORE [1940] A TREATISE ON THE ANGLO-AMERICAN SYSTEM OF EVIDENCE IN TRIALS AT COMMON LAW, 3rd ed..

GREGORY ZILBOORG [1943] MIND, MEDICINE, AND MAN.

3　その他

・アメリカ連邦議会委員会資料

—— S. Rep. No. 225, 98th Cong., 1st Sess., 1984.

—— H. R. REP. NO. 577, 98th Cong., 1st Sess., 1983.

・他害行為を行った者の責任能力鑑定に関する研究班編

——「刑事責任能力に関する精神鑑定書作成の手引き 平成18～20年度総括版（ver.4.0）」（http://www.ncnp.go.jp/nimh /shihou/tebiki40_100108.pdf 2018年7月14日最終閲覧）

——「『刑事責任能力に関する精神鑑定書作成の手引き』追補（ver1.1）」（http://www.ncnp.go.jp/nimh/shihou/tebiki_tsuiho11 _110328.pdf 2018年7月14日最終閲覧）

著者紹介
竹 川 俊 也（たけかわ としや）
1989年 愛知県に生まれる
2012年 早稲田大学法学部卒業
2014年 日本学術振興会特別研究員 DC1
2015年 ペンシルヴェニア大学ロースクール客員研究員
2017年 早稲田大学大学院法学研究科博士後期課程修了
現 在 日本学術振興会特別研究員 PD
博士（法学）（早稲田大学）

刑事責任能力論

2018年11月1日 初版第1刷発行

著 者 竹 川 俊 也
発行者 阿 部 成 一

162-0041 東京都新宿区早稲田鶴巻町514
発行所 株式会社 成 文 堂
電話 03(3203)9201(代) FAX 03(3203)9206
http://www.seibundoh.co.jp

製版・印刷 藤原印刷 製本 弘伸製本

ISBN978-4-7923-5262-2 C3032 検印省略
定価（本体7000円＋税）